“十四五”教育部高等学校
电子商务类教学指导委员会规划教材

电子商务法

E-commerce Laws

张荣刚　主编
王卫东　席晓娟　席凌云　副主编

人民邮电出版社
北京

图书在版编目（CIP）数据

电子商务法 / 张荣刚主编. -- 北京 : 人民邮电出版社, 2022.5
“十四五”教育部高等学校电子商务类教学指导委员会规划教材
ISBN 978-7-115-58794-7

Ⅰ. ①电… Ⅱ. ①张… Ⅲ. ①电子商务—法规—中国—高等学校—教材 Ⅳ. ①D922.294

中国版本图书馆CIP数据核字(2022)第038627号

内 容 提 要

本书基于电子商务专业人才的培养目标，以电子商务主体和基本业态运营为主线，对应实际流程，分模块安排内容，对电子商务法、电子商务主体、电子合同、电子支付、跨境电商、电子商务知识产权、电子商务消费者权益保护、电子商务财税、电子商务纠纷解决等方面的法律制度进行了系统全面的介绍。每章都配有学习目标、本章重点、导入案例、课堂讨论、讨论案例、关键术语、综合练习等，方便学习，也有利于任课教师评价教学成效。

本书提供PPT课件、教学大纲、电子教案、习题答案等资源，用书教师可在人邮教育社区免费下载。

全书针对性强，通用性好，可以作为高等院校电子商务、市场营销、国际贸易、经济学等相关专业的教材，也可以供相关行业从业人员、监管人员学习和培训之用。

◆ 主　　编　张荣刚
副 主 编　王卫东　席晓娟　席凌云
责任编辑　孙燕燕
责任印制　李　东　焦志炜

◆ 人民邮电出版社出版发行　　北京市丰台区成寿寺路11号
邮编　100164　　电子邮件　315@ptpress.com.cn
网址　https://www.ptpress.com.cn
固安县铭成印刷有限公司印刷

◆ 开本：787×1092　1/16
印张：11.25　　　　2022年5月第1版
字数：272千字　　　2025年9月河北第5次印刷

定价：42.00元

读者服务热线：(010)81055256　印装质量热线：(010)81055316
反盗版热线：(010)81055315

前言

党的十八大以来，党中央、国务院高度重视电子商务发展。党和国家领导人多次作出重要指示，要求促进电子商务加速发展，培育新动力，打造新引擎。在政策加持下，我国电子商务保持发展势头，商务部电子商务司发布的《中国电子商务报告（2020）》显示，2020 年，全国电子商务交易额达 37.21 万亿元，电子商务从业人员超过 6 000 万人。

电子商务法总体介绍

党的二十大报告深刻指出，“法治社会是构筑法治国家的基础”。随着电子商务的发展，消费者与商家的纠纷数量也在快速增长，纠纷问题主要涉及产品质量、预售、退货霸王条款、价格套路和促销陷阱、信息骚扰等多个方面。近年来，相关部门加速出台政策法规，为构筑良性电子商务生态提供了制度保障。随着行业监管力度的持续加大，学习电子商务知识，掌握电子商务规范，合规运营，稳健发展，已经成为经济社会发展的共需。同时，也要求我们充分结合电子商务运行的基本特征，坚持依法治国和依德治国相结合，将社会主义核心价值观融入法治建设、社会发展和日常生活中。

本书在电子商务相关法律法规和行业规范的基础上，以电子商务主体和基本业态运营为主线，对应实际流程，分模块安排内容，解决关键问题，回应行业需求。

本书针对电子商务主体，如电子商务经营者、电子商务消费者、电子商务监管者，系统地介绍了电子商务主体基本的权利与义务，以及因违规或违法应承担的责任；针对电子商务基本业态运营，如电子商务信息发布、电子支付、快递物流、跨境电子商务等，讲解了行业规范；针对关键问题，如电子商务知识产权、电子商务消费者权益保护、电子商务财税和电子商务纠纷解决等，结合相关法律法规和行业规范给出了解决方案。

本书结构清晰，导向明确，体现新应用、新发展，力求将理论与实践深度融合，即用实例贯穿知识点，以经典案例导入教学内容，再通过案例分析总结教学单元。每章配有综合练习，可供读者进行自我检测。

本书的教学学时建议为34～54学时，学时分配表如下。

学时分配表

章序	课程内容	学时
第1章	电子商务与电子商务法	2
第2章	电子商务主体的法律制度	4～6
第3章	电子合同的法律制度	6～8
第4章	电子支付的法律制度	2～4
第5章	跨境电商的法律制度	4～8
第6章	电子商务知识产权的法律制度	4～8
第7章	电子商务消费者权益保护的法律制度	4～6
第8章	电子商务财税法律制度	4～6
第9章	电子商务纠纷解决	4～6
学时总计		34～54

本书由教育部高等学校电子商务类专业教学指导委员会委员、西北政法大学副校长张荣刚教授担任主编，西北政法大学王卫东、席晓娟和席凌云担任副主编。其中，第1章和第4章由张荣刚编写，第2章和第3章由席凌云编写，第5章、第8章和第9章由席晓娟编写，第6章和第7章由王卫东编写，西北政法大学李豆豆、徐妍和郝焕宁也参与了部分内容的编写工作。

在编写本书的过程中，编者借鉴了多位专家学者的研究成果，在此深表谢意。由于编者时间和能力有限，偏颇之处在所难免，恳请各位不吝赐教。

编　者

目录

第 1 章　电子商务与电子商务法

【学习目标】

1. 掌握电子商务的定义和特征。
2. 了解电子商务的类型和业务流程。
3. 掌握电子商务法的概念及构成。
4. 了解电子商务的法律体系。
5. 了解电子商务立法。

【本章重点】

1. 电子商务的定义和特征。
2. 电子商务的类型。
3. 电子商务法的定义。

导入案例

直播带货售假、维权难题有多严重？

2018年4月25日，李某某通过某科技公司提供的广告链接在某网站订购了两箱53度酱香型白酒，共计12瓶，价款10 200元，付款方式为货到付款。2018年4月28日，李某某收到通过某快递公司从联系人为张经理（联系电话：159××××5015）处寄来的白酒两箱及某贸易公司出具的增值税普通发票一张，该增值税普通发票开具日期为2018年4月26日，发票代码为111001776011，发票号码为01077586，票面开具内容为白酒两箱，税价合计10 200元。当日，李某某将货款10 200元通过支付宝转账支付给快递员王某某。一审庭审中，李某某及某贸易公司、某科技公司均认可李某某提供的两箱53度白酒为假酒。

现李某某认为其收到通过某快递公司邮寄来的案涉白酒是假酒，并有某贸易公司出具的发票，故要求某贸易公司返还货款10 200元并赔偿损失102 000元及鉴定费800元。因某科技公司是网络平台广告宣传的提供者，所以李某某要求某科技公司承担连带责任。

一审庭审中，某科技公司陈述，经其查询，某网站主办人名称为张某某。现该网站已无法访问。

关于某贸易公司出具的增值税普通发票，经税务局征收管理科2019年8月27日出具的《发票真伪鉴定结果通知》，发票上打印的18位纳税人识别号及加盖的发票专用章上的纳税人识别号均与实际情况不符。故认定上述增值税发票为未按照规定开具的发票。

资料来源：根据连线Insight资讯改编。

【思考题】

结合案例，讨论电子商务法的出台对电子商务领域内的售假“顽疾”有何根治之策。

1.1 电子商务概述

1.1.1 电子商务的定义、特征及发展

1. 电子商务的定义

电子商务没有统一的定义。通常认为，电子商务分为广义的电子商务和狭义的电子商务。

广义的电子商务源于英文 Electronic Commerce，简写为 EC。该定义包含两个方面：一是电子方式；二是商贸活动。其泛指各商务主体以电子化、网络化的方式在各行业中开展经营活动。

《中华人民共和国电子商务法》（以下简称《电子商务法》）第二条规定，所谓电子商务是指通过互联网等信息网络销售商品或者提供服务的经营活动。狭义的电子商务，是指电子商务主体依靠互联网技术，通过电子通信手段，从事商品销售或购买、提供或者接受服务的经营活动，或者与此相关联的其他民事、商事主体之间所进行的一切商务活动。

从本质上讲，电子商务仍是一种商务活动。电子商务兴起与发展的基础是互联网的普及以及电子通信技术的迅猛发展。在当今时代，数字经济已经成为一种新型的、重要的经济模式，而电子商务已经与数字经济融为一体，二者密不可分。电子商务离不开数字经济的支持，同时，数字经济的发展也将以电子商务为载体。

2. 电子商务的特征

与传统意义上的商务活动相比，电子商务活动是依托互联网技术、运用现代电子信息技术手段所从事的商务行为。现代电子信息技术的产品主要包括电话、电报、传真、电子邮件等。电子商务活动的范围主要是商品和服务。

根据《电子商务法》第二条对电子商务的规定，结合电子商务的表现形式，本书认为电子商务具有以下特征。

（1）电子商务是依靠互联网技术，通过电子通信手段所进行的商务活动。离开了互联网技术与电子通信手段，就不会有电子商务的产生及发展。

（2）电子商务是指通过互联网等信息网络进行的销售或购买商品、提供或者接受服务的活动，以及与此相关联的其他民事、商事主体之间所进行的一切商务活动。

（3）电子商务是以营利为目的的经营活动。商务行为必须具有营利目的，营利的结果未必归经营主体自身，也可以由他人享有。

（4）电子商务的主体包括自然人、法人和非法人组织。

（5）电子商务具有虚拟性与现实性相结合的特征。任何一个线上电子商务主体都会对应

一个线下民事、商事主体。

（6）电子商务具有全球化、快捷性、便利性的特征。由于依托于互联网，电子商务实现了全球化，交易非常快速、便利。

3. 电子商务的发展阶段

（1）全球电子商务发展阶段。

① 起步阶段（20世纪70年代至20世纪90年代）。20世纪70年代末到20世纪80年代初，美国和西欧的一些主要发达国家逐渐开始采用EDI（Electronic Data Interchange，电子数据交换）技术进行商业交易。20世纪90年代，互联网技术和电子通信技术得到普及，电子商务开始出现。

② 快速发展阶段（20世纪90年代中期至20世纪末）。1996年12月6日，联合国第八十五次全体会议颁布了《联合国国际贸易法委员会电子商业示范法》，向世界各国的立法主体提供了一个国际标准。《联合国国际贸易法委员会电子商业示范法》的制定和颁布标志着电子商务进入了快速发展阶段。

③ 平稳发展阶段（21世纪的前10年）。21世纪初，互联网经济泡沫破裂，电子商务遭受了巨大打击。2005年12月，联合国第六十届会议通过了《联合国国际合同使用电子通信公约》，电子商务开始进入正常有序的平稳发展阶段。

④ 电子商务发展新阶段（2011年至今）。2011年，互联网信息碎片化以及云计算技术越发成熟，电子商务摆脱了传统的销售模式，主动式互联网营销模式出现。阿里巴巴、腾讯、eBay、京东等企业依靠电子商务技术的高速发展，从最初获得几百万元或几千万元投资迅速成长为市值高达数百亿元甚至数千亿元的巨型企业。

（2）我国电子商务发展阶段。

① 起步阶段（1993—2002年）。1993年6月，中华人民共和国国务院（以下简称“国务院”）启动了以发展我国电子货币为目的、以电子货币应用为重点的各类卡基应用系统工程——金卡工程。金卡工程的实施，推动了我国商业银行的电子化进程，为电子商务的发展打下了基础。从某种意义上说，金卡工程本身就是电子商务在我国的应用试点，并取得了显著成效。其中，包括EDI、EFT（Electronic Funds Transfer，电子资金转账）的实际应用，金卡工程的建设为实现网上支付与资金清算提供了很好的条件。2001年8月，为了进一步加强对推进我国信息化建设和维护国家信息安全工作的领导，我国成立了国家信息化领导小组，具体工作由中华人民共和国工业和信息化部（以下简称“工信部”）承担。在国家信息化领导小组的直接领导下，我国IC卡的开发生产和应用如雨后春笋般发展起来。

② 崛起阶段（2003—2007年）。2002年1月，“银联卡”开始在北京、上海等城市发行，并逐步扩展到全国几十个城市。2002年3月，中国银联股份有限公司在上海成立。2003年，国内的电子商务行业出现了淘宝网、拍拍网、eBay三足鼎立的局面。2007年，国家发布了《电子商务发展“十一五”规划》。在此阶段，电子支付、物流服务、电子认证等与电子商务密切联系的服务行业也得到了快速发展。

③ 转型融合阶段（2008年至今）。2008年，我国电子商务市场规模达到了744亿元。中华人民共和国商务部（以下简称“商务部”）统计数据显示，自2012年到2016年，我国网购用户从2.42亿人增长至4.67亿人，增长近一倍，电子交易额从8.1万亿元增长至26.1万亿

元，年均增长 34%。其中，网络零售交易额从 1.31 万亿元增长至 5.16 万亿元，年均增长 40%。电子商务的发展带动就业人数从 1 500 万人增长至 3 700 万人。2015 年，我国电子商务出现了融合转型、整合、合并等特点，如 58 同城和赶集网合并等。

中华人民共和国国家统计局（以下简称“国家统计局”）于 2021 年 1 月 18 日发布了《2020 年中国经济公报》。报告显示，2020 年社会消费品零售总额为 391 981 亿元，比上年下降 3.9%。2020 年，全国网上零售额为 117 601 亿元，比上年增长 10.9%。其中，实物商品网上零售额为 97 590 亿元，比上年增长 14.8%，占社会消费品零售总额的 24.9%，比上年提高 4.2 个百分点。

4. 电子商务的发展趋势

（1）电子商务的涉及领域将更多，范围将更广，交易额将进一步提升。

（2）电子商务的发展将更加人性化。

（3）电子商务的配套设施将不断完善，法律法规将不断健全。

1.1.2 电子商务的类型

根据电子商务的主体与交易内容，可将电子商务做如下分类。

1. 依据电子商务的交易内容分类

依据电子商务的交易内容分类，可分为销售商品的电子商务和提供服务的电子商务。

（1）销售商品的电子商务。电子商务中销售的商品具有传统意义上的有形商品的特征。在电子商务的特定环境中，商品也包括无形商品，如数字音乐、信息产品等。

（2）提供服务的电子商务。提供服务的交易所包括的内容比较多，不仅包括商务信息服务、生活信息服务等，也包括利用专业知识为客户或消费者提供某一领域的特殊服务，如法律服务、咨询服务、承揽服务等。服务交易也可以细分为两种类型：一是交易对象本身即是服务的服务交易，如法律咨询服务、在线教育服务等；二是支撑在线交易的相关活动。

2. 依据电子商务的交易方式分类

依据电子商务的交易方式分类，可分为 B2C、B2B、B2G、C2C、O2O。

（1）B2C。B2C（Business To Consumer）中文简称为“商对客”，“商对客”是电子商务的一种模式，也就是通常说的商家直接面向客户销售产品和服务的商业零售模式。

（2）B2B。B2B（Business To Business）是指商家对商家进行交易的模式。

（3）B2G 或 G2B。B2G（Business To Government）是指商家与政府方面的电子商务；G2B（Government To Business）是指政府与商家之间的电子商务。

（4）C2C。C2C（Consumer To Consumer）是指个人对个人进行交易。

（5）O2O。O2O（Online to Offline/Offline to Online）是指“从线上到线下”或“从线下到线上”进行的交易，简单地理解就是打通线上与线下，将线上的流量转化为线下的消费，或者把线下的客户引流到线上。

3. 根据电子商务发生的地域范围分类

根据电子商务发生的地域范围分类，可分为我国境内的电子商务和跨境电子商务。

（1）我国境内的电子商务。我国境内的电子商务是指在我国境内进行的电子商务活动。与电子商务主体身份无关，只以电子商务发生地为区分标准。

（2）跨境电子商务。跨境电子商务是指分属不同关境的交易主体，通过电子商务平台达成交易、进行电子支付结算，并通过跨境电子商务物流及异地仓储送达商品，从而完成交易的一种国际商业活动。

我国从立法上推动建立与不同国家、地区之间进行跨境电子商务的交流合作，参与电子商务国际规则的制定，促进电子签名、电子身份等的国际互认；推动建立与不同国家、地区之间的跨境电子商务争议解决机制。

1.1.3 电子商务的业务流程

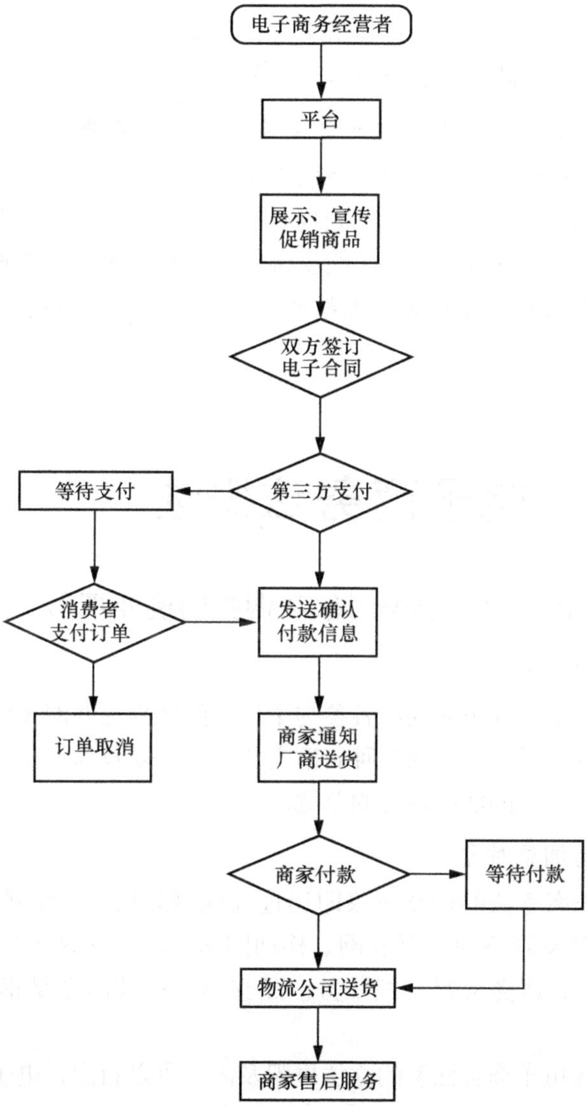

从现行的电子商务经营模式看，电子商务分为以下两类经营模式：一是利用平台进行交易的业务流程；二是电子商务经营者与消费者通过网络服务直接进行交易的业务流程。

1. 利用平台进行交易的业务流程

在这种电子商务模式下，电子商务平台相当于传统交易中的中介机构，其电子商务的业务流程如下。

（1）电子商务经营者将自己所销售的商品或者提供的服务信息通过平台进行发布。

（2）消费者通过电子商务平台网站发出的销售商品或者提供服务的信息选择商品或服务。消费者选择商品或服务的信息会通过平台反馈给平台经营者。

（3）平台经营者通过传递电子商务经营者与消费者的信息，促使双方签订电子合同。

（4）消费者通过与其关联的第三方支付者向平台网站指定的机构完成付款。

（5）平台指定的机构将收到款项的信息通知电子商务经营者，电子商务经营者再通过快递物流为消费者发货。

（6）消费者收货后，将收货信息反馈给平台，再由平台通知指定收款机构向电子商务经营者支付货款，从而完成付款收货的整个电子商务业务流程。

2. 电子商务经营者与消费者通过网络服务直接进行交易的业务流程

（1）消费者通过浏览相关网站、网页获取商品信息。

（2）消费者选中商品或者服务，通过购物对话框设置的内容填写购物信息。

（3）消费者选择电子商务经营者给出的支付方式付款，如微信转账等。

（4）电子商务经营者检查支付方的汇款额，在确认消费者成功付款后，向消费者发出商品。

1.2 电子商务法概述

电子商务法概述

1.2.1 电子商务法的定义、调整对象和调整的例外情形

1. 电子商务法的定义

电子商务法是调整电子商务活动中各参与主体之间依靠互联网等信息网络和电子通信技术，以数据电文为交易手段所产生的各种商事交易关系，以及与这种商事交易关系密切相关的社会关系、政府管理关系的法律规范的总称。

2. 电子商务法的调整对象

从狭义上讲，电子商务法的调整对象即通过互联网等信息网络销售商品或者提供服务的经营活动。其中，信息网络包括互联网、移动网络，商品交易包括有形产品和无形产品（如数字产品）的交易，服务交易是指服务产品交易，经营活动是指以营利为目的的商务活动。

从广义上讲，从《电子商务法》的立法框架及内容可以看出，电子商务法调整的对象不仅包括通过互联网等信息网络销售商品或者提供服务的经营活动，还包括因此而产生的物流服务、电子支付、电子商务监管、争议解决、电子商务治理等多种法律关系。

3. 电子商务法调整的例外情形

金融类的产品或服务，利用信息网络提供新闻信息、音视频节目、出版以及文化产品等内容方面的服务，不适用本法。

1.2.2 电子商务的法律体系

从《电子商务法》的结构体系可以看出，《电子商务法》规定了电子商务主体进入、退出电子商务的条件和机制，具有主体法的内容；规范了主体之间在电子商务中的法律关系及交易行为，具有行为法的内容；还规范了政府及社会对电子商务的纠纷解决及监管内容。同时，还具有促进电子商务交易、推动电子商务发展的促进法内容。

电子商务活动的广泛性、多样性导致参与主体类型众多。同时，电子商务的交易内容几乎涵盖了传统意义上的商业范畴。

为了避免与其他已有法律发生冲突，《电子商务法》仅对电子商务领域的特殊事项进行了规范。对于电子商务主体，因从事电子商务活动所涉及的民事、商事及其他领域的行为，还需要用民事、商事法律、经济法、知识产权法、刑法等法律法规予以调整。因此，调整电子商务的法律体系就包括《电子商务法》《中华人民共和国民法典》《中华人民共和国电子签名法》《中华人民共和国消费者权益保护法》《中华人民共和国产品质量法》《中华人民共和国著作权法》《中华人民共和国商标法》《中华人民共和国专利法》《中华人民共和国反不正当竞争法》《中华人民共和国反垄断法》《中华人民共和国企业所得税法》《中华人民共和国个人所得税法》《中华人民共和国网络安全法》《中华人民共和国刑法》等法律法规。为了便于理解电子商务的法律体系，我们从电子商务主体及其相互关系上了解相应的法律法规。

1. 调整电子商务主体的相关法律法规

电子商务主体包括自然人、法人和非法人组织。

电子商务主体参与电子商务活动，依法取得电子商务主体资格，享有权利，履行义务。对自然人而言，其必须具有民事行为能力与民事权利能力。对于法人、非法人组织而言，其要依法设立、登记，具有民事行为能力与民事权利能力。这些主体资格的取得，应该依据具体情形受到《中华人民共和国民法典》《中华人民共和国公司法》《中华人民共和国合伙企业法》《个体工商户条例》等法律法规的调整。

2. 调整电子商务主体行为的相关法律法规

电子商务主体从事经营活动，应当受到商法的约束，同时也要遵守国家关于监管方面的法律法规。比如，经营者销售的商品必须符合相关的质量标准，应受到《中华人民共和国产品质量法》《中华人民共和国消费者权益保护法》《中华人民共和国食品安全法》的约束；电子商务中的物流服务提供者、电子支付服务提供者，应受到《中华人民共和国邮政法》《中华人民共和国商业银行法》《非金融机构支付服务管理办法》等法律法规的调整；电子商务的监管与税收应受到《中华人民共和国反不正当竞争法》《中华人民共和国反垄断法》《中华人民共和国企业所得税法》《中华人民共和国个人所得税法》《中华人民共和国行政许可法》《中华人民共和国网络安全法》《中华人民共和国商标法》《中华人民共和国专利法》《中华人民共和国著作权法》《中华人民共和国刑法》等法律法规的调整。

3. 调整跨境电子商务的法律法规

跨境电子商务应受到《联合国国际贸易法委员会电子商务示范法》《联合国国际贸易法委员会电子签名示范法》《联合国国际合同使用电子通信公约》《联合国国际货物销售合同公约》等法律法规的调整。

1.2.3 《电子商务法》与其他相关部门法律之间的关系

1. 上位法优于下位法

在电子商务中，若出现《电子商务法》与其他相关部门法律均对电子商务中涉及的某一内容作出规定，而且这两个部门法不属于同一位阶的情形，应该依据“上位法优于下位法”的原则适用上位法。

2. 特别法优于一般法、新法优于旧法

在电子商务中，若出现《电子商务法》与其他相关部门法均对电子商务中涉及的某一内容作出规定，而且这两个部门法属于同一位阶的情形，应根据“特别法优于一般法”“新法优于旧法”的原则适用特别法或者新法。

3. 有规定的优于无规定的

在电子商务中，若《电子商务法》没有对某一电子商务涉及的内容作出规定，而其他相关法律有规定，那么，应该对适用作出规定的具体部门法的内容进行调整。

课堂讨论

《电子商务法》与其他部门法律之间的具体关系是什么？

1.3 电子商务立法

电子商务立法是商事交易上的程序法，它所调整的是当事人之间因交易形式的使用而引起的权利义务关系。电子商务立法是推动电子商务发展的前提和保障，已成为国际关注的重点。尽快在全球范围内营造良好的电子商务法律环境，已成为国际社会的共识。电子商务立法的目的是营造一个有利于电子商务发展的内、外部环境，并促进世界经济的健康发展。

1.3.1 电子商务立法的适用范围

1. 电子商务法的调整对象

调整对象是立法的核心问题，它揭示了立法调整的特定主体所产生的特定社会关系，也是一法区别于另一法的基本标准。根据电子商务的内在本质和特点，我们认为，电子商务法的调整对象应当是电子商务交易活动中发生的各种社会关系，而这类社会关系是在广泛采用新型信息技术并将这些技术应用于商业领域后才形成的特殊社会关系，它交叉存在于虚拟社会和实体社会之间，有别于实体社会中的各种社会关系，且完全独立于现行法律的调整范围。

2. 电子商务法所涉及的技术范围

虽然拟定电子商务法时经常提及比较先进的通信技术，如电子数据交换和电子邮件，但电子商务法所依据的原则及其条款也应适用于不太先进的通信技术，如电传、传真等。可能存在这种情况，即最初以标准化电子数据交换形式发出数字化信息，后来在发信人和收信人之间将传递过程中的某一环节改为采用计算机生成的电传形式或计算机打印的传真、复印件形式来传送。一个数据电文可能最初是口头传递的，最后改用传真、复印件，或者最初是采用传真、复印件形式的，最后变成了电子数据交换电文。

3. 电子商务法所涉及的商务范围

从本质上讲，电子商务仍然是一种商务活动。因此，电子商务法需要涵盖电子商务环境下合同、支付、商品配送的演变形式和操作规则，需要涵盖交易双方、中间商和政府的地位、作用及运行规范，也需要涵盖涉及交易安全的大量问题，同时，还需要涵盖某些现有民法、商法尚未涉及的特定领域。

1.3.2 电子商务立法的目的

1. 为电子商务的健康、快速发展创造一个良好的法律环境

随着电子商务的普及，数据电文的使用正在急剧增多。然而，以非书面电文形式来传递具有法律意义的信息可能会因使用这种电文所遇到的法律障碍或这种电文法律效力（或有效性）的不确定性而受到影响。起草《电子商务法》的目的，是要向电子商务的各类参与者提供一套虚拟环境下进行交易的规则，说明怎样去消除此类法律障碍，如何为所谓“电子商务”创造一种比较可靠的法律环境，克服进一步使用电子商务所遇到的法律障碍。

2. 弥补现有法律的缺陷和不足

电子商务单独立法，是因为国家有关传递和存储信息的现行法规不够完备或已经过时，是因为那些文件起草时还没有预见到电子商务的使用。在某些情况下，现行法规通过规定要使用“书面”“经签字的”或“原始”文件等，对现代通信手段的使用施加了某些限制或包含有限制的含义。尽管国家就信息的某些方面颁布了具体规定，但仍然没有全面涉及电子商务的立法，这种情况可能使人们无法准确地把握并非以传统的书面文件形式提供的信息的法律性质和有效性，也无法完全相信电子支付的安全性。此外，在日益广泛地使用电子邮件和电子数据交换的同时，也有必要对传真、电话和 E-mail 等通信技术制定相应的法律和规范。

3. 鼓励使用现代信息技术促进交易活动

电子商务法的目标包括使电子商务的使用成为可能或为此创造方便条件，平等对待基于书面文件的用户和基于数据电文的用户，充分发挥高科技手段在商务活动中的作用。这些目标都是促进经济增长和提高国际、国内贸易效率的关键所在。从这一点上讲，电子商务立法的目的不是要从技术角度来处理电子商务中的关系，而是创立尽可能安全的法律环境，以便通信各方之间高效率地进行电子商务活动。

1.3.3 世界电子商务的立法原则

1. 中立原则

电子商务立法的基本原则就是要在电子商务中建立公平的交易规则，这是立法的交易安全原则在电子商务法上的必然反映。参与电子商务的各类主体，出于不同的利益动机，必然会发生冲突，为达到各方利益的平衡，实现公平的目的，确立中立原则很重要。

2. 自治原则

自治原则允许当事人以协议方式订立交易规则，是交易的基本属性。因而，在电子商务的立法与司法过程中，都要以自治原则为指导，为当事人全面表达与实现自己的意愿预留充分的空间，并提供切实的保障。

3. 平等原则

平等原则主要针对交易双方进行交易过程中的知情权问题，即双方必须都拥有获知对方信息的权利，都可以通过公开的数据传输获得自己需要的信息，并且在这种传输过程中保证公正、公开、公平。同时，也包括电子交易证据的平等待遇问题，即电子签名和文件应当与书面签名和文件具有同等的法律地位。

4. 安全原则

保障电子商务的安全进行，既是电子商务法的重要任务，又是其基本原则之一。电子商务以其高效、快捷的特性，在各种商务交易形式中脱颖而出，具有强大的生命力。而这种高效、快捷的交易工具必须以安全为其前提，它不仅需要技术上的安全措施，也离不开法律上的安全规范。譬如，电子商务法确认强化电子签名的标准，规定认证机构的资格及其职责等具体的制度，都是为了在电子商务条件下，形成一个较为安全的环境，至少安全程度应与传统纸面形式相同。

1.3.4 我国电子商务的立法原则

结合我国国情，为不断完善我国电子商务发展的法律环境，电子商务立法应遵循如下原则。

1. 协调性原则

电子商务立法应充分借鉴国外先进的立法经验，与国际立法相互协调，使立法最大限度地与国际接轨，避免因过分强调国家立法权和国情而阻碍电子商务的发展。这是因为电子商务是一种世界性的经济活动，它的法律框架也不应只局限在一国范围内，而应适用国际的经济往来，得到国际的认可和遵守。

电子商务立法应与现行立法中有关方面、签名等规定和有关远程合同立法、消费者权益保护法、跨境电商法等相互协调。电子商务并没有彻底改变现行的交易环境和交易方式，如利用电话、电视、传真、电传等方式进行交易的传统电子商务也具备以网络为平台的现代电子商务所具有的交易双方当事人互不谋面、无纸化的特征；现行的国际贸易方式也具备一定的开放性等。

协调好电子商务过程中出现的各种新的利益关系，如版权保护与合理使用、商标权与域名权之间的冲突、国家对电子商务的管辖权之间的利益冲突等，尤其是要协调好电子商务商家与消费者之间的利益平衡关系，没有消费者的广泛参与，就没有电子商务的健康发展，电子商务立法应使消费者获得不低于其他交易形式的保护水平。

2. *超前性原则*

电子商务的进行离不开有关技术的支持，如保障交易安全的电子认证、电子签名、电子支付制度等都是以密码技术、信息通信技术和其他相关技术的支持为基础的，如果立法将电子签名、电子认证、电子支付等制度依附于某一特定的技术，而相关技术的不断发展将使得建立在先前某特定技术基础之上的电子认证、电子签名、电子支付等电子商务法律制度不能适应新技术条件下电子商务对安全的需要。电子商务的技术性特征，要求对电子商务所涉及的相关技术和范畴进行立法时必须采取超前性原则，以适应电子商务技术和电子商务自身不断发展的客观需要，追踪电子商务的最新发展，保持法律的连续和稳定。

3. *兼容性原则*

兼容性原则是指电子商务立法要与过去的、现在的和将来可能出现的技术手段、技术标准相兼容。

在网络和信息时代，技术进步和社会发展日新月异，这就对以网络和信息技术为基础的电子商务立法提出了特殊的要求。电子商务立法对所有涉及的诸如电子商务、签名、认证、原件、书面形式、数据电文、信息系统、相关技术等有关范畴都应遵循兼容性原则，而不能将其局限于某一特定的技术手段和技术标准，以适应技术和社会快速发展的要求。

4. *安全原则*

所谓安全原则，是指电子商务立法应充分考虑电子商务对交易安全的需要。安全性原则要求与电子商务有关的交易信息在传输、存储、交换等整个过程中不被丢失、泄露、窃听、拦截、改变等，要求网络和信息应保持可靠性、可用性、保密性、完整性、可控性和不可抵赖性。从国外立法的有关规定来看，都是通过规定电子签名、电子认证、电子支付等具体制度来保证信息和交易安全，把交易安全作为立法的基本原则和重要使命。

5. *鼓励促进原则*

21世纪是网络与电子商务的时代，电子商务将在经济发展中起到举足轻重的作用。但电子商务的发展还不是太成熟，随着电子邮件和电子数据交换等现代化通信手段在商务交易中使用的急剧增多和进一步发展，以非书面电文形式来传递具有法律意义的信息可能会因这种电文本身法律效力的不确定性而受到影响。为此，需要通过法律加以鼓励和引导，从网络基础设施建设、与电子商务相关的技术发展和技术标准、税收、市场准入等方面着手鼓励和促进电子商务的发展，向电子商务的各类参与者提供一套虚拟环境下进行交易的规则，确定如何消除此类法律障碍，创造一种比较可靠的法律环境，平等对待基于书面文件的用户和基于数据电文的用户，充分发挥高科技手段在商务活动中的作用，鼓励利用现代信息技术进行交易活动，使电子商务的应用成为可能，从而促进经济增长并提高国际、国内贸易效率。

6. *引导原则*

由于国内电子商务的发展水平和社会公众对电子商务的认同程度较低，因此，政府应担负起引导职责，从政策、法律上为电子商务创造良好、宽松的经营环境，努力引导企业和社会公众积极参与电子商务。

7. 灵活性原则

灵活性原则要求从本国的实际情况出发，在与国际接轨的同时保留鲜明的民族特色，把鼓励和发展电子商务作为立法的前提，适度规范、留有空间、利于发展。

讨论案例

未成年人电子商务纠纷案

小刚是小学二年级的男童，在某购物网站以他父亲李某的身份证号码注册了客户信息，并且订购了一台价值 1 000 元的小型打印机。但是当该网站将货物送到李某家中时，曾经学过一些法律知识的李某却以“其子未满 8 周岁，是无民事行为能力人”为由，拒绝接收打印机并拒付货款。由此交易双方产生了纠纷。

李某主张：电子商务合同订立在虚拟的世界，但却是在现实社会中得以履行，应该也能够受现行法律的调控。而依我国现行《民法典》第十九条的规定，一个不满 8 周岁的未成年人是无民事行为能力人，不能独立进行民事活动，应该由他的法定代理人代理民事活动。其子刚刚上小学二年级，未满 8 周岁，不能独立订立货物买卖合同，所以该打印机的网上购销合同无效；其父母作为其法定代理人有权拒付货款。

对此，网站主张：由于该男童是使用其父亲李某的身份证号码登录注册客户信息的，从网站所掌握的信息来看，与其达成打印机网络购销合同的当事人是一个有完全民事行为能力的正常人，而并不是此男童。由于网站是不可能审查身份证来源的，也就是说网站已经尽到了自己的注意义务，不应当就合同的无效承担民事责任。

资料来源：根据华律网资料整理。

根据本案的案情，讨论当事人是否具有民事行为能力，电子合同是否有效。

关键术语

电子商务　电子商务法　电子商务类型

综合练习

一、选择题

1. 我国电子商务转型融合阶段始于（　　）年。

A. 2002　　B. 2003　　C. 2007　　D. 2008

2. 电子商务主体包括自然人、（　　）和非法人组织。

A. 法人　　B. 用户

C. 消费者　　D. 经营者

3.《电子商务法》与其他相关部门法律之间的关系为（　　）。

A. 上位法优于下位法　　B. 特别法优于一般法、新法优于旧法

C. 有规定的优于无规定的　　D. 以上三项均对

4. 电子商务依据交易内容可划分为（　　）和（　　）。

A. 销售商品的电子商务　　B. 提供服务的电子商务

C. 提供平台的电子商务　　D. 提供商品的电子商务

5. 电子商务可以利用（　　）进行交易的完整业务流程。

A. 消费者　　B. 经销商　　C. 平台　　D. 供应商

二、填空题

1. 电子商务是指通过互联网等信息网络________或_______的经营活动。

2. 电子商务主体包括_______、_________和 ________。

3. B2C（Business To Consumer）中文简称为“商对客”，“商对客”是电子商务的一种模式，也就是_____直接面向_____销售产品和服务的商业零售模式。

4. 跨境电子商务应受到___________________《联合国国际贸易法委员会电子签名示范法》《联合国国际货物销售合同公约》_____________等法律法规的调整。

5. 电子商务法是调整电子商务活动中各参与主体之间依靠___________________技术，以_____为交易手段所产生的各种商事交易关系，以及与这种商事交易关系密切相关的社会关系、政府管理关系的法律规范的总称。

三、思考题

1. 电子商务的概念和特征是什么？

2. 电子商务的发展趋势是什么？

3. 什么是电子商务法？

4.《电子商务法》与其他部门法律之间的关系是什么？

5. 电子商务立法的目的是什么？

第2章　电子商务主体的法律制度

【学习目标】

1. 掌握电子商务经营者的概念、特征。
2. 了解电子商务平台经营者的概念、特征。
3. 了解自建网站经营者的概念、特征。
4. 掌握电子商务经营者从事经营活动的原则、权利与义务。
5. 掌握数据电文的概念、特征。
6. 掌握电子签名的概念、作用。
7. 了解电子商务主体的市场准入、退出制度。
8. 了解电子商务各主体间的法律关系。

【本章重点】

1. 电子商务主体的概念、特征。
2. 电子商务经营者与消费者的概念。
3. 数据电文的概念、特征。
4. 电子签名的概念、作用。
5. 电子商务各主体间的法律关系。

导入案例

甲、乙名誉权纠纷案

甲在淘宝网注册成立名为“W代购”的店铺，账户名称为“W奶粉”。2019年8月12日，乙向淘宝网店铺“W代购”的客服“W奶粉”询问直邮奶粉的价格及运费情况，“W奶粉”回复（直邮）包海运，不包税。同日，乙在“W代购”淘宝店铺选择海外代购直邮方式购买八桶新西兰本土罐装奶粉，合计支付1 320元。“W代购”店铺网页展示的购买须知载明：“关于发货，本店默认拍下的是上海发现货，需要直邮的客户请提供身份证正反面。关于直邮：海运一般是30～60天。EMS一般是7～10天，直邮默认是海运，不包税。”乙于2019年9月15日、2019年9月20日、2019年9月29日向该淘宝店铺询问奶粉到货情况，店铺回复耐心等待。之后乙的快递信息显示“进口海关留存待验”，乙于2019年10月3日给该淘宝网店铺经营者打电话，双方沟通不畅。乙于2019年10月4日向淘宝网申请客服介入并投诉，淘宝客服于2019年10月9

日出具介入结果，执行方案：驳回售后服务。货物状态：已收到货。维权定性：淘宝小二已处理完毕。后乙提供新闻线索并接受A市广播电视台的采访，乙在采访中陈述了上述购买经过并提出两点质疑：一是根据《电子商务法》的规定，代购需要营业执照，而淘宝网对此回复“W代购”不需要办理营业执照，是否合法；二是“W代购”应提供购买奶粉小票，否则应予以退款。A市广播电视台通过电话联系“W代购”的经营者，其拒绝采访，表示A市广播电视台可以单方面报道。于是，A市广播电视台在咨询了律师后，将制作的上述报道于2019年10月14日播出，标题为《海外直购奶粉被扣海关怎么办？》。之后，某报刊于2019年10月15日转发该报道，标题为《闹心！找代购买奶粉被扣海关，卖家当起“甩手掌柜”：不负责》。2019年10月13日，乙自付关税取回奶粉。

甲认为自己是淘宝电子购物平台电子商务经营者（名称：“W奶粉”），从进入平台之初即本着顾客至上原则合法经营，并依诚实信用原则满足各类顾客的合法、合理要求。乙在淘宝平台购买奶粉产品，在收到货物后，不遵守淘宝平台交易规则，对甲恶意投诉，经淘宝客服依交易规则裁决败诉后，乙仍然不依不饶，虚构事实，以“海外直邮的奶粉被海关扣了，卖家不管不闻”为由，四处散播虚假信息，并委托A市广播电视台对此事进行虚假宣传报道。乙、A市广播电视台的侵权行为给自己的名誉造成恶劣影响，并给自己造成经济损失和精神损害。因此，甲向法院提起诉讼。

诉讼请求为：

1. 判令乙、A市广播电视台停止侵害、消除影响、赔礼道歉、恢复名誉；
2. 判令乙、A市广播电视台赔偿经济损失70 000元、精神损害2 000元，合计72 000元。

资料来源：根据网络资料改编。

【思考题】

结合案例，讨论以下问题：

1. “W 代购”是否需要办理营业执照？为什么？
2. 乙和 A 市广播电视台是否构成侵权？

电子商务主体

2.1 电子商务主体的概念及特征

从狭义上讲，电子商务主体是指参与电子商务活动，享有权利并承担相应义务的经营者和消费者。从广义上讲，电子商务主体除了经营者与消费者外，还包括在电子商务活动中，履行管理职责、规范电子商务活动的国家机关及其他组织，如市场监督管理局、消费者协会等。本章主要介绍以下几个电子商务主体。

2.1.1 电子商务经营者的概念、特征

电子商务经营者，是指通过互联网等信息网络从事销售商品或者提供服务的经营活动的自然人、法人和非法人组织，包括电子商务平台经营者、平台内经营者以及通过自建网站、其他网络服务销售商品或者提供服务的电子商务经营者。

1. 电子商务平台经营者的概念、特征

（1）电子商务平台经营者，是指在电子商务中为交易双方或者多方提供网络经营场所、交易撮合、信息发布等服务，供交易双方或者多方独立开展交易活动的法人或者非法人组织。自然人身份不能成为平台经营者。

（2）电子商务平台经营者的特征。

① 电子商务平台经营者是电子商务平台的所有者。电子商务平台经营者对电子商务平台享有占有、使用、从中获得收益，按照自己的意愿进行处分的权利。

② 电子商务平台经营者是利用电子商务平台为电子商务活动提供服务的经营者。电子商务平台经营者服务的内容是为在平台上进行交易的双方或者多方提供平台服务。

③ 电子商务平台经营者服务的方法是提供电子商务平台，使利用电子商务平台进行交易的双方或者多方，在电子商务平台上独立开展交易活动。

④ 电子商务平台经营者的性质是法人或者非法人组织。电子商务平台经营者都必须是法人或者非法人组织。自然人身份不能成为平台经营者。

2. 电子商务平台内经营者的概念、特征

（1）电子商务平台内经营者，是指通过电子商务平台销售商品或者提供服务的电子商务经营者。自然人、法人等均可经营网店，成为平台内的经营者。

（2）电子商务平台内经营者的特征。

① 电子商务平台内经营者是利用电子商务平台进行交易活动的经营者。

② 电子商务平台内经营者在电子商务平台上的经营内容是销售商品或者提供服务。

③ 电子商务平台内经营者的主体性质是电子商务经营者，自然人、法人或者非法人组织均可为之。

在 C2C 平台上进行经营活动的电子商务平台内经营者，可以是自然人；在 B2C 平台上进行经营活动的电子商务平台内经营者，B 为法人或者非法人组织，而 C 是消费者，可以是自然人。

④ 电子商务平台内经营者在电子商务平台上的交易行为须独立为之。

在电子商务平台内进行交易的平台内经营者，都是独立的民事主体，独立进行电子商务经营活动，只不过是利用电子商务平台、接受电子商务平台经营者提供的服务和管理才得以进行而已。

3. 自建网站经营者的概念、特征

（1）通过自建网站、其他网络服务等方式从事电子商务的经营者，是指自然人、法人、非法人组织通过自建网站、其他网络服务等方式从事电子商务，成为电子商务经营者。

（2）通过自建网站、其他网络服务等方式从事电子商务的经营者的特征。

① 经营者是通过自建网站从事电子商务的。经营者自建网站进行销售商品或者提供服务的交易行为与典型的电子商务经营活动相比较，这种类似于电子商务平台的网站属于经营者所有，是经营者通过自建的网站与消费者进行交易活动，而不是利用他人的电子商务平台进行交易活动。该模式只有进行交易的双方当事人，因而属于“传统交易行为+一方自建网站”的方式。自建网站应当具有交易中的下单功能，即能够通过网站订立电子合同，进行交易。如果仅仅是企业建立门户网站或者官网，只介绍自己的产品而无下单功能的，不能认为是经

营者的自建网站。

② 经营者是通过其他网络服务从事电子商务的。随着电子商务模式的发展变化，经营者依托于社交网络等也可以从事商品销售或提供服务。例如，"微商"作为经营者是通过微信软件进行电子商务活动的。

该交易的结构流程是"其他网络服务+销售商品或者提供服务"。其他网络服务，就是非专业的电子商务网络服务。例如，在微信上进行的交易行为，就是利用微信的"朋友圈"发布商品或者服务信息，他人接收该信息，在线下用其他方式进行交易。如果微信服务提供者开设专门的交易窗口，为微信用户和消费者提供交易平台，撮合交易，就不是其他网络服务经营者，而是电子商务平台经营者。这种提供其他网络服务的经营者，就是其他电子商务经营者。

2.1.2 电子商务经营者从事经营活动的原则、权利与义务

1. 电子商务经营者从事经营活动的原则

电子商务经营者从事经营活动，要受《电子商务法》《中华人民共和国民法典》(以下简称《民法典》)《中华人民共和国消费者权益保护法》(以下简称《消费者权益保护法》)的约束。

(1) 自愿，是指电子商务经营者在电子商务中，可以按照自己的意思从事或者不从事电子商务活动。

(2) 平等，是指电子商务经营者在电子商务中的法律地位是平等的。

(3) 公平，是指电子商务经营者在电子商务中应合理确定各方的权利和义务。

(4) 诚信，是指电子商务经营者在电子商务中应当遵循诚信原则，秉持诚实，恪守承诺。

2. 电子商务经营者从事经营活动的权利、义务

电子商务经营者与线下经营者同为市场经营主体，除了享有自主经营、依法获取经营利润等合法权利外，基于电子商务本身具有的广泛性、便捷性、虚拟性特征，为了进一步规范电子商务活动，保证电子商务健康发展，国家在立法上也突出了电子商务经营者从事经营活动的义务。

(1) 遵守法律和商业道德。即指经营者要在法律及道德的约束下，通过电子商务获取经营利润。不得因获取利益而违反法律法规、违反公序良俗、违反商业伦理。

(2) 公平参与市场竞争。即指经营者不得利用技术上的优势垄断市场，损害其他电子商务主体的合法权益。

(3) 履行消费者权益保护、环境保护、知识产权保护、网络安全与个人信息保护等方面的义务。即指电子商务经营者在电子商务活动中，遵守《消费者权益保护法》《中华人民共和国环境保护法》《中华人民共和国商标法》《中华人民共和国专利法》《中华人民共和国网络安全法》等法律、法规，不得因经营电子商务而违反相关法律规定。

(4) 承担产品和服务质量责任。即指电子商务经营者在电子商务中，应遵守《中华人民共和国产品质量法》《消费者权益保护法》等关于产品和服务质量的法律规定。

(5) 接受政府和社会的监督。即指电子商务经营者在电子商务中，有义务接受政府监督部门以及工会、消费者协会等社会组织的监督，依法、规范经营。

2.1.3 消费者

1. 电子商务消费者的含义

在电子商务关系中，既然有经营者，就必然有消费者。电子商务中的消费者，是指为生活、经营需要消费、使用商品或者接受服务的自然人、法人和非法人组织。

《消费者权益保护法》第二条规定："消费者为生活消费需要购买、使用商品或者接受服务，其权益受本法保护；本法未作规定的，受其他有关法律、法规保护。"可见，消费者是为了生活需要而购买、使用或者接受服务的自然人。在电子商务中，平台内的经营者对于平台经营者来说是消费者，但其消费目的却是从事经营活动，所以，电子商务中的消费者不限于自然人。《消费者权益保护法》中的消费者与电子商务中的消费者属于不同的概念范畴。

2. 电子商务消费者的范畴

《电子商务法》中对电子商务消费者使用了3个概念。

（1）电子商务当事人。当事人的概念包含电子商务经营者和电子商务消费者。

（2）用户。电子商务领域中的用户相当于电子商务消费者。

（3）消费者。这里的消费者就是电子商务消费者，而不是一般的消费者。

这3个概念的主体因参与电子商务活动，在不同的电子商务中，成为电子商务中的消费者。

2.1.4 电子商务的监管者

1. 对电子商务活动进行监管的意义

电子商务监管者之所以成为电子商务主体，正是因为其在电子商务活动中能发挥管理职责、规范电子商务活动，确保电子商务的健康有序发展，及时解决电子商务中发生的各种纠纷。《电子商务法》从立法上对电子商务监管者的职责也作出了相应规定。

2. 电子商务监管者的类别

按照监管的主体责任及监管的范围的不同，可以从以下两个方面理解电子商务的监管主体。

（1）市场监督管理部门。市场监督管理部门对电子商务活动进行监管是其法定职责。《电子商务法》从立法上也进一步明确了市场监管部门的监督权力与职责。其对经营者的监管范围涉及纳税、行政许可、人身财产安全、发票、证照信息公示、消费者权益保护、公平竞争、个人信息保密、出口等方面。

（2）平台经营者的协助监管。基于平台经营者的市场地位，《电子商务法》也规定了平台经营者协助市场监管部门对平台内经营者进行监管的权利和职责。其协助监管的范围包括向市场监督管理部门报送平台内经营者的身份信息、提示未办理市场主体登记的经营者依法办理登记并为应当办理市场主体登记的经营者办理登记提供便利、向税务部门报送平台内经营者的身份信息和与纳税有关信息、对没有取得相关行政许可或者违法交易的采取必要的处置措施并向有关主管部门报告等。

2.2 电子商务主体的认证

在电子商务活动中，电子商务均是依托互联网，通过电子通信手段，从事商品销售或购买、提供或者接受服务所进行的商务活动。因此，电子商务主体的认证不但会涉及对电子商务责任主体的认定，在电子商务合同中还会涉及当事人的民事法律行为的效力以及权利义务的承担。在实务中，无论是对电子商务主体身份的确定，还是对其行为方式及内容的认定都是通过电子签名来实现的，而电子签名又是以数据电文所包含的数据内容形式来表达的。为了解决电子商务的虚拟性给交易带来的不确定性问题，数据电文、电子签名与电子认证就成为规范电子商务活动不可或缺的法律规范构成部分。

2.2.1 数据电文

1. 数据电文的定义、特征

数据电文，是指以电子、光学、磁或者类似手段生成、发送、接收或者储存的信息。不同的学者对数据电文的特征有不同的总结，我们从以下几个方面总结数据电文的特征。

（1）数据电文是信息，具有数据性特征。数据电文的生成、发送、接收或者储存均为信息。

（2）数据电文的虚拟性特征。作为数据电文的信息，其生成、发送、接收或者储存都必须依靠互联网、电子通信等手段来实现。而互联网信息本身具有虚拟性特征，所以，数据电文与传统意义上的纸质版信息相比，具有虚拟性特征。

（3）数据电文具有易消失及易改动的特征。数据电文是以数据形式生成、发送、接收或者储存的，在任何一个环节，都会因为电子设备、互联网的客观特征以及电子商务主体的主观意愿，导致数据电文具有易消失、易被修改的特征。

（4）数据电文具有法律效力，可以作为证据使用。不得仅因为数据电文是以电子、光学、磁或者类似手段生成、发送、接收或者储存的就拒绝作为证据使用。

2. 数据电文的发送人

在电子商务中，只有确定了数据电文的发送人，才能确定或者判断电子商务的行为主体，进而确定其相应的权利和义务。所以，如何判断数据电文的发送人就显得意义重大。

根据《电子签名法》的规定，符合下列情形之一的，视为数据电文是由发件人发送的。

① 经发件人授权发送的。

② 发件人的信息系统自动发送的。

③ 收件人按照发件人认可的方法对数据电文进行验证后结果相符的。

当事人对上述事项另有约定的，从其约定。

3. 数据电文的发送时间

在电子商务中，交易行为及内容是通过数据电文的方式表示的，数据电文的发送时间，也意味着电子商务主体对交易行为的完成时间。

《电子签名法》规定，数据电文进入发件人控制之外的某个信息系统的时间，视为该数据电文的发送时间。

4. 数据电文的接收时间

电子商务主体在接收到交易相对人发出的数据电文后，才可以确切地知悉相对人的真实交易意思，从而对是否要与相对人进行交易作出判断。因此，对接收相对人关于电子商务的数据电文的时间作出规定也很有必要。具体按照以下方式推定数据电文的接收时间。

① 收件人指定特定系统接收数据电文的，数据电文进入该特定系统的时间，视为该数据电文的接收时间；未指定特定系统的，数据电文进入收件人的任何系统的首次时间，视为该数据电文的接收时间。

② 当事人对数据电文的发送时间、接收时间另有约定的，从其约定。

③ 法律、行政法规规定或者当事人约定数据电文需要确认收讫的，应当确认收讫。发件人收到收件人的收讫确认时，数据电文视为已经收到。

2.2.2 电子签名

1. 电子签名的定义与作用

电子签名是指数据电文中以电子形式所含、所附用于识别签名人身份并表明签名人认可其中内容的数据。电子签名的作用如下。

（1）通过电子签名能识别电子签名人的身份。在电子商务中，电子签名具有唯一性的特征。一个可靠的电子签名，可以识别使用该电子签名的人的身份，通过该种识别可以确认电子商务主体。

（2）通过电子签名，可以推定签名人认可电子签名中使用的数据电文表达的内容。

（3）当事人约定使用电子签名的，对使用电子签名的当事人具有约束力。

（4）可靠的电子签名与手写签名或者盖章具有同等法律效力。

2. 可靠的电子签名

电子签名的表现形式为数据电文，要使得电子签名发挥其快捷、方便的作用，必须确保电子签名的可靠性。对电子签名可靠性的判断使用推定的方法，同时符合下列条件的电子签名，视为可靠的电子签名。

（1）制作数据用于电子签名时，属于电子签名人专有。

（2）签署时，制作数据仅由电子签名人控制。

（3）签署后，对电子签名的任何改动能够被发现。

（4）签署后，对数据电文内容和形式的任何改动能够被发现。

当事人也可以选择使用符合其约定的可靠条件的电子签名。

3. 电子签名人的保管义务及法律责任

（1）电子签名人应该妥善保管电子签名制作数据。

（2）电子签名人知悉电子签名制作数据已经失密或者可能已经失密时，应当及时告知有关各方，并终止使用该电子签名制作数据；否则，给电子签名依赖方、电子认证服务提供者造成损失的，应承担赔偿责任。

（3）伪造、冒用、盗用他人的电子签名，构成犯罪的，依法追究刑事责任；给他人造成损失的，依法承担民事责任。

2.2.3 电子认证

1. 电子认证的定义与作用

电子认证，是指由指定的可充分信任的第三方机构，出具电子商务参与者的身份、资格、产品、服务等符合特定标准或规范性文件的证明活动。电子认证的作用如下。

（1）证明电子商务主体的身份。通过第三方机构对使用数据电文的电子签名进行认证，能够确定电子商务交易主体的身份，可以消除电子商务当事人对交易主体身份的顾虑。

（2）证明电子商务的交易内容。通过对使用数据电文的电子签名进行认证，能够确认电子商务当事人交易的具体内容，明确电子商务当事人的权利和义务关系，便于当事人行使权利、履行义务。

（3）促进电子商务规范发展。电子认证的普遍应用，便于建立电子商务经营者等各主体的信用机制，能够起到预防欺诈、保证交易安全的作用。

2. 电子认证服务提供者的法定义务及责任

（1）电子认证服务提供者的法定义务。

① 对电子签名认证申请人的检验和审查义务。电子认证服务提供者收到申请后，应当对申请人的身份进行查验，并对有关材料进行审查。

② 对电子签名依赖方的义务。电子认证服务提供者应当保证电子签名认证证书内容在有效期内完整、准确，并保证电子签名依赖方能够证实或者了解电子签名认证证书的所载内容及其他有关事项。

③ 妥善保存与认证相关的信息的义务。信息保存期限至少为电子签名认证证书失效后五年。

（2）电子认证服务提供者的法律责任。

① 赔偿责任。电子认证服务提供者在不能证明自己无过错的情形下，对电子签名人或者电子签名依赖方因电子签名认证服务从事民事活动所遭受的损失承担赔偿责任。

② 其他法律责任。电子认证服务提供者未经许可提供电子认证服务、不遵守认证业务规则，或者有其他违法行为或者犯罪行为的，将受到相应的行政处罚、承担民事责任或者刑事责任。

3. 电子签名认证证书的法律效力

（1）确认电子签名的真实性和有效性。电子认证服务提供者是依法设立的从事电子认证的第三方机构，其在认证过程中，也需依法执业。因此，经过认证的电子签名具有真实性和有效性。

（2）电子签名认证证书具有证明力。当电子商务当事人发生纠纷时，电子签名认证证书具有证明效力，可以作为证据使用。

（3）电子认证服务提供者承担赔偿责任的依据。电子签名人或者电子签名依赖方因依据电子签名认证服务从事民事活动而遭受的损失，电子认证服务提供者不能证明自己无过错的，须承担赔偿责任。

课堂讨论

请根据自建网站经营者的概念和特征，分析自然人作为经营者，如何行使电子商务经营者的权利、履行相应的义务，如何利用电子商务平台推销自产的农副产品。

2.3 电子商务主体的市场准入与退出

2.3.1 市场准入与退出制度的定义

电子商务主体的市场准入与退出制度实际是指电子商务主体资格取得、审核、确认、丧失的有关法律、法规。

《电子商务法》规定，电子商务经营者包括自然人、法人和非法人组织，同时规定，电子商务经营者应当依法办理市场主体登记。广义的电子商务主体既包括电子商务经营者，也包括消费者、物流快递服务提供者、电子支付服务提供者、监管部门等。在各类主体中，既包括传统意义上的商事主体，也包括自然人等民事主体。物流快递服务提供者、电子支付服务提供者的准入依据相应行业规范要求，消费者是电子商务经营者的相对方，除了尊重交易规则外，无需对消费者设立准入、退出的限制。监管部门因履行监管职责，不应涉及准入制度的调整范围。因此，电子商务的准入和退出，只从电子商务经营者的角度予以考虑。

2.3.2 电子商务主体的准入

1. 平台经营者的准入

平台经营者为法人或非法人组织，自然人不能成为平台经营者。《电子商务法》要求的电子商务经营者应依法办理市场主体登记，并非针对电子商务平台经营活动的特别登记方式，而是等同于线下主体的登记，线下主体的登记受《中华人民共和国公司法》《中华人民共和国合伙企业法》等法律法规的调整。也就是说，已经登记成立的法人、非法人组织，在登记范围内从事电子商务平台经营，无需另外进行市场主体登记。

2. 平台内经营者的准入

（1）电子商务平台内经营者在平台上进行电子商务，应向平台经营者提交申请。

（2）向平台经营者提交身份、地址、联系方式、行政许可等真实信息，由平台经营者进行核验、登记，建立登记档案，并定期核验更新。

（3）与平台经营者订立平台服务协议，遵守平台制定的交易规则。

（4）依法需要取得相关行政许可的，应当依法取得行政许可。

（5）接受市场监管部门及平台经营者的监管。

3. 自然人的准入

（1）不需要办理准入手续的情形。《电子商务法》规定，个人销售自产农副产品、家庭手工业产品，个人利用自己的技能从事依法无需取得许可的便民劳务活动和零星小额交易活动，以及依照法律、行政法规不需要进行登记的，无需登记。在自然人从事上述交易时，不设准入门槛。此类经营者的实际经营地亦应当认定为通过互联网开展经营活动的地点，即网络经营场所。

（2）需要办理个体户登记的情形。自然人从事非自产农副产品、家庭手工业产品的电子商务，应依《个体工商户条例》办理登记，然后向平台经营者申请进入平台经营。

2.3.3 电子商务主体的退出

1. 自行退出

（1）平台内经营者不接受平台经营者修改的平台服务协议和交易规则的内容，可以自行退出。

（2）电子商务经营者因其他原因，可以自行退出经营。比如，线下企业自行解散等。电子商务经营者自行终止从事电子商务的,应当提前三十日在首页显著位置持续公示有关信息。

2. 强制退出

被吊销营业执照。电子商务经营者违法经营，被吊销营业执照或许可证照，应强制其退出电子商务市场。

2.4 电子商务主体间的法律关系

电子商务法律关系的主体，包括电子商务经营者、电子商务平台经营者、平台内经营者、消费者、快递物流服务提供者、电子支付服务提供者等，这些主体之间的相互联系、配合构成了电子商务的整个运营体系。各主体之间受《电子商务法》《民法典》《中华人民共和国邮政法》(以下简称《邮政法》)《中华人民共和国商业银行法》(以下简称《商业银行法》) 等法律法规的规范与调整，从而形成了不同的法律关系。

2.4.1 经营者与消费者

电子商务经营者包括电子商务平台经营者、电子商务平台内经营者以及通过自建网站、其他网络服务销售商品、提供服务的经营者。因此，电子商务经营者与消费者的法律关系也应从电子商务平台经营者与消费者之间的法律关系、电子商务平台内经营者与消费者之间的法律关系以及通过自建网站、其他网络服务销售商品或者提供服务的电子商务经营者与消费者之间的法律关系几个层面进行理解。

1. 电子商务平台经营者与电子商务平台内经营者

电子商务平台内经营者对于电子商务平台经营者而言，也是一种消费者。二者之间通过订立平台服务协议设立各自的权利和义务。同时，基于《电子商务法》的规定，电子商务平台经营者对电子商务平台内经营者负有监督管理职责，协助市场监管部门对电子商务平台内经营者进行管理。

（1）电子商务平台经营者依法对电子商务平台内经营者进行监管，履行法定义务；依据平台服务协议的约定内容，对电子商务平台内经营者行使合同权利，履行合同义务。

（2）电子商务平台内经营者依据《电子商务法》的规定，服从电子商务平台经营者的监管；依据平台服务协议的约定和平台交易规则，行使合同权利，履行合同义务；电子商务平台内经营者通过电子商务平台服务协议，有偿或者无偿取得电子商务平台经营者所有的网络店铺的使用权，对网络店铺行使占有、使用、收益的经营权。

2. 电子商务平台经营者与消费者

电子商务平台经营者与消费者之间的法律关系不仅包括《电子商务法》所规定的权利、义务关系，还包括双方因交易规则、用户协议所建立起来的合同关系。

（1）在电子商务平台经营者只是提供交易平台供电子商务平台内经营者与消费者之间进行交易的情形下，电子商务平台经营者最突出的作用是监督管理电子商务平台内经营者与消费者之间的交易，并提供交易的便利条件，保障消费者的合法权益。

（2）在电子商务平台经营者也开展自营业务的情形下，其与消费者之间直接建立起交易关系，此种关系需要受到电子合同的约束。电子商务平台经营者对其标记为自营的业务依法承担商品销售者或者服务提供者的民事责任。

（3）电子商务平台经营者与消费者交易关系的特点如下。

第一，交易关系的性质是电子商务平台的服务合同关系，即消费者取得这个资格之后，可以在电子商务平台上进行交易活动。

第二，这种交易关系的性质是无偿的，即电子商务消费者进入电子商务平台接受平台服务，无需支付对价，电子商务平台经营者并不通过收取平台服务价金的方式来营利，而是通过电子商务消费者加入电子商务平台，与电子商务平台内经营者进行交易活动而使其增加流量等获得利益。

第三，电子商务消费者利用电子商务平台进行交易，应当遵守电子商务平台的交易规则和用户协议，接受电子商务平台经营者对交易活动的管理，如果违反交易规则和用户协议，电子商务平台经营者有权依照交易规则和用户协议对其进行处罚。

3. 电子商务平台内经营者与消费者

（1）电子商务平台内经营者通过买卖合同、服务合同与消费者建立电子商务合同关系，双方依据电子商务合同的约定行使权利，履行义务。

（2）电子商务平台内经营者与消费者都应遵守电子商务平台制定的交易规则与服务协议，并在此基础上进行交易，接受交易规则与服务协议的约束。

（3）电子商务平台内经营者与消费者双方具体的法律关系会因销售商品、提供服务的具体内容的不同而不同。除了以点击形式订立的电子合同，双方可以依据《民法典》及相关法律另行约定合同的内容，确定合同的订立形式。

4. 自建网站经营者与消费者

（1）通过自建网站、其他网络服务进行电子商务的经营者与消费者之间的法律关系中，没有第三方平台参与，双方直接进行商品交易、提供服务，该种情形下的电子商务当事人只有经营者与消费者。

（2）交易和服务的基础是双方订立的电子合同，依据合同约定的内容行使权利、履行义务。

该种电子商务行为是利用非专业的电子商务网络服务从事销售商品或者提供服务。例如，利用微信的“朋友圈”发布商品或者服务信息，他人接收该信息，在线下用其他方式进行交易。双方之间的法律关系仍然是买卖、服务合同关系。

2.4.2 经营者、消费者与快递物流服务提供者

快递物流服务是为电子商务中的交易提供服务的中间环节。将经营者与消费者以方便、快捷、专业的服务方式与服务内容连接起来，在电子商务整个流程中处于重要的位置。正是快递物流行业的快速发展为电子商务的发展提供了服务基础。

1. 法定的权利、义务关系

电子商务经营者与快递物流服务提供者之间的法律关系要受《邮政法》《电子商务法》《中华人民共和国快递市场管理办法》(以下简称《快递市场管理办法》)等法律法规的调整，电子商务经营者与快递物流服务提供者依法行使法定权利，履行法定义务。

2. 服务合同关系

(1)平台内经营者与快递物流服务提供者订立快递物流服务合同或者协议形成服务合同关系。委托快递物流服务提供者按照经营者与消费者订立的电子商务合同约定的交货时间、方式向消费者交付商品等物品。在此种关系中，商品运输中的风险和责任由经营者负担。

快递物流服务提供者在提供快递物流服务的同时，可以接受电子商务经营者的委托提供代收货款服务。

(2)快递物流服务提供者与消费者之间也存在服务合同关系。消费者购买商品后，也可以自行选择快递物流服务提供者，并与其订立服务合同。在此种关系中，商品运输中的风险和责任由消费者负担。

2.4.3 经营者、消费者与电子支付服务提供者

在电子商务经营者、消费者与电子支付服务提供者的法律关系中，电子支付服务提供者通常被称为第三方支付。第三方电子支付是指由第三方支付机构参与的电子支付，是目前最主流的电子支付方式。第三方支付机构利用计算机和智能移动设备等通信媒介，连接商业银行等金融机构、卖家和买家，确保货币资金在三者之间安全、高效地转移。

在电子商务中，根据支付过程中有无第三方电子支付机构参与，分为如下两类情形，其法律关系也各不相同。

1. 无第三方电子支付机构的情形

在无第三方电子支付机构参与的电子支付中，参与主体包括电子商务的收款人、付款人及其各自委托的银行。在该电子支付情形中，各主体之间的关系如下。

(1)经营者与消费者之间存在的电子交易是电子支付发生的基础关系。因交易内容不同，对支付的方式、要求均不相同。

(2)收款人、付款人各自与其相关联的银行之间的法律关系为金融服务合同关系。基于各自的金融服务合同关系，相关的银行才会根据客户的指令完成货币的转移，使收款人与付款人之间实现收款与支付的目的。

（3）收款人、付款人各自关联的银行与银行之间存在资金划拨法律关系。发起行和接收行可能是同一银行，也可能是不同银行，银行是货币划拨的执行者。

2. 有第三方电子支付机构的情形

有第三方电子支付机构参与的电子支付中，参与主体包括第三方支付机构、电子商务的收款人与付款人及其各自委托的银行。

（1）第三方电子支付机构与银行之间存在电子支付协议，协议具有委托服务的内容。双方的权利义务依据电子协议约定。我国《电子支付指引》明确要求客户申请电子支付业务，必须与银行签订电子支付协议。签订电子支付协议，可以使用户充分了解电子支付的注意事项和基本内容，确定电子支付相关主体的权利义务。

（2）第三方电子支付机构与消费者之间也存在电子支付协议，协议具有委托服务的内容，以规范双方的权利义务。

（3）收款人、付款人各自关联的银行与银行之间存在资金划拨法律关系。

2.4.4 电子商务监管的法律适用

1. 电子商务监管中涉及的法律关系

电子商务监管涉及的法律关系，是指在电子商务活动中，负有管理职责的部门与从事电子商务的主体之间形成的监督管理与接受监督管理的关系。本书仅从市场监管部门对电子商务经营者的监管方面阐述电子商务监管法律关系。

2. 市场监管部门对电子商务经营者从事经营活动内容的监管及处罚

（1）对从事经营活动行政许可的监管。电子商务经营者从事经营活动不得违反行政许可制度。电子商务经营者有下列行为之一的，由市场监督管理部门责令限期改正，可以处一万元以下的罚款，对其中的电子商务平台经营者，依照《电子商务法》第八十一条第一款的规定处罚：

① 未在首页显著位置公示营业执照信息、行政许可信息、属于不需要办理市场主体登记情形等信息，或者上述信息的链接标识的；

② 未在首页显著位置持续公示终止电子商务的有关信息的；

③ 未明示用户信息查询、更正、删除以及用户注销的方式、程序，或者对用户信息查询、更正、删除以及用户注销设置不合理条件的。

电子商务平台经营者对违反前款规定的平台内经营者未采取必要措施的，由市场监督管理部门责令限期改正，可以处二万元以上十万元以下的罚款。

（2）对电子商务经营者违法搭售商品、服务的行为进行监管。电子商务经营者违反《电子商务法》第十八条第一款规定提供搜索结果，或者违反《电子商务法》第十九条规定搭售商品、服务的，由市场监督管理部门责令限期改正，没收违法所得，可以并处五万元以上二十万元以下的罚款；情节严重的，并处二十万元以上五十万元以下的罚款。

（3）对电子商务经营者向消费者退还押金的行为进行监管。电子商务经营者违反《电子商务法》第二十一条规定，未向消费者明示押金退还的方式、程序，对押金退还设置不合理条件，或者不及时退还押金的，由有关主管部门责令限期改正，可以处五万元以上二十万元以下的罚款；情节严重的，处二十万元以上五十万元以下的罚款。

（4）对电子商务经营者侵害消费者个人信息的行为进行监管。电子商务经营者违反法律、行政法规有关个人信息保护的规定，或者不履行《电子商务法》第三十条和有关法律、行政法规规定的网络安全保障义务的，依照《中华人民共和国网络安全法》等法律、行政法规的规定处罚。

对电子商务经营者销售的商品或者提供的服务不符合保障人身、财产安全的要求，实施虚假或者引人误解的商业宣传等不正当竞争行为，滥用市场支配地位，或者实施侵犯知识产权、侵害消费者权益等行为，有权依照有关法律的规定处罚，记入信用档案，并予以公示。

3. 市场监管部门对平台经营者的监管及处罚

（1）对平台经营者履行协助监管义务和信息保密义务的监管。电子商务平台经营者有下列行为之一的，由有关主管部门责令限期改正；逾期不改正的，处二万元以上十万元以下的罚款；情节严重的，责令停业整顿，并处十万元以上五十万元以下的罚款。

① 不履行《电子商务法》第二十七条规定的核验、登记义务的。

② 不按照《电子商务法》第二十八条规定向市场监督管理部门、税务部门报送有关信息的。

③ 不按照《电子商务法》第二十九条规定对违法情形采取必要的处置措施，或者未向有关主管部门报告的。

④ 不履行《电子商务法》第三十一条规定的商品和服务信息、交易信息保存义务的。

法律、行政法规对前款规定的违法行为的处罚另有规定的，依照其规定。

（2）对平台经营者违反公示义务和侵犯消费者评价权的监管。电子商务平台经营者违反《电子商务法》规定，有下列行为之一的，由市场监督管理部门责令限期改正，可以处二万元以上十万元以下的罚款；情节严重的，处十万元以上五十万元以下的罚款。

① 未在首页显著位置持续公示平台服务协议、交易规则信息或者上述信息的链接标识的。

② 修改交易规则未在首页显著位置公开征求意见，未按照规定的时间提前公示修改内容，或者阻止平台内经营者退出的。

③ 未以显著方式区分标记自营业务和平台内经营者开展的业务的。

④ 未为消费者提供对平台内销售的商品或者提供的服务进行评价的途径，或者擅自删除消费者的评价的。

电子商务平台经营者违反《电子商务法》第四十条规定，对竞价排名的商品或者服务未显著标明“广告”的，依照《中华人民共和国广告法》的规定处罚。

（3）对平台经营者侵犯平台内经营者合法权益的监管。电子商务平台经营者违反《电子商务法》第三十五条规定，对平台内经营者在平台内的交易、交易价格或者与其他经营者的交易等进行不合理限制或者附加不合理条件，或者向平台内经营者收取不合理费用的，由市场监督管理部门责令限期改正，可以处五万元以上五十万元以下的罚款；情节严重的，处五十万元以上二百万元以下的罚款。

（4）对平台经营者未尽义务侵害消费者合法权益的监管。电子商务平台经营者违反《电子商务法》第三十八条规定，对平台内经营者侵害消费者合法权益行为未采取必要措施，或者对平台内经营者未尽到资质资格审核义务，或者对消费者未尽到安全保障义务的，由市场监督管理部门责令限期改正，可以处五万元以上五十万元以下的罚款；情节严重的，责令停业整顿，并处五十万元以上二百万元以下的罚款。

（5）对平台经营者履行保护知识产权责任的监管。电子商务平台经营者违反《电子商务法》第四十二条、第四十五条规定，对平台内经营者实施侵犯知识产权行为未依法采取必要措施的，由有关知识产权行政部门责令限期改正；逾期不改正的，处五万元以上五十万元以下的罚款；情节严重的，处五十万元以上二百万元以下的罚款。

讨论案例

甲、A航空公司服务合同纠纷案

2019 年 8 月 17 日，甲在 A 航空公司运营的网络平台上购买了 2020 年 1 月 26 日零时自上海起飞前往马来西亚的马印航空航班往返机票，该机票由 B 公司提供国内代销代售服务。

与甲同行的还有另外四人，均系甲的家属。甲为此支付 17 165 元。2020 年 1 月 25 日晚 8 时许，甲一行人来到上海浦东机场，在其等待登机过程中发现有身着防疫防护服的工作人员进出某国际航班，甲一行人最终未能按时起飞。

随后消息证实，在 2020 年 1 月 25 日晚，甲乘坐的国际航班上发现有一名乘客受到感染，同机其他乘客以及机组人员全部接受隔离医学观察。

在甲随后的退票中，机票款仅退回 1 875 元，因此，甲将 A 航空公司及 B 公司起诉至人民法院。

资料来源：根据中国裁判文书网内容改编。

根据本案案情，结合本章所学内容，回答下列问题：

1. 该案件中存在哪几种法律关系？
2. A 航空公司是否应当连带承担退票责任？

关键术语

电子商务经营者 平台经营者 平台内经营者 消费者 电子商务的监管者 数据电文 电子签名法 电子商务主体的市场准入和退出 电子商务各主体间的法律关系

综合练习

一、选择题

1. 从狭义上讲，电子商务主体是指参与电子商务活动，享有权利并承担相应义务的(　　)。

A. 经营者　　B. 用户

C. 消费者　　D. 购买者

2. 电子商务平台内经营者的特征包括下列哪些内容？(　　)

A. 电子商务平台内经营者是利用电子商务平台进行交易活动的经营者

B. 电子商务平台内经营者在电子商务平台上的经营内容是销售商品或者提供服务

C. 电子商务平台内经营者的主体性质是电子商务经营者，自然人、法人或者非法人组织均可为之

D. 电子商务平台内经营者在电子商务平台上的交易行为须独立为之

3. 电子商务经营者从事经营活动的原则包括（　　）。

A. 获得利润　　　　B. 平等

C. 公平　　　　D. 诚信

4. 电子签名的表现形式为数据电文，要使得电子签名发挥其快捷、方便的作用，必须确保电子签名的可靠性。对电子签名可靠性的判断使用推定的方法，同时符合下列哪些条件的电子签名，视为可靠的电子签名？（　　）

A. 制作数据用于电子签名时，属于电子签名人专有

B. 签署时，制作数据仅由电子签名人控制

C. 签署后，对电子签名的任何改动能够被发现

D. 签署后，对数据电文内容和形式的任何改动能够被发现

5. 电子商务经营者有下列（　　）行为的，由市场监督管理部门责令限期改正，可以处一万元以下的罚款，对其中的电子商务平台经营者，依照《电子商务法》第八十一条第一款的规定处罚。

A. 未在首页显著位置公示营业执照信息、行政许可信息、属于不需要办理市场主体登记情形等信息，或者上述信息的链接标识的

B. 未在首页显著位置持续公示终止电子商务的有关信息的

C. 未明示用户信息查询、更正、删除以及用户注销的方式、程序，或者对用户信息查询、更正、删除以及用户注销设置不合理条件的

D. 市场监督管理部门无权对电子商务平台经营者进行监管

二、填空题

1. 电子商务经营者，是指通过互联网等信息网络从事销售商品或者提供服务的经营活动的自然人、法人和非法人组织，包括__________、__________以及__________。

2. 自建网站应当具有交易中的下单功能，即能够通过网站订立__________，__________。

3. 遵守法律和商业道德，是指经营者要在法律及道德约束下，通过电子商务获取经营利润，不得因获取利益而__________、__________、__________。

4. 电子签名是指数据电文中以电子形式所含、所附用于__________并__________的数据。

5. 电子商务监管涉及的法律关系，是指在电子商务活动中，__________与__________之间形成的监督管理与接受监督管理的关系。

三、思考题

1. 如何理解平台经营者的概念、特征？

2. 如何理解自建网站经营者的概念、特征？

3. 如何理解电子签名人的保管义务及法律责任？

4. 如何理解电子商务主体的市场准入？

5. 如何理解经营者、消费者与快递物流服务提供者之间的法律关系？

第3章　电子合同的法律制度

【学习目标】

1. 掌握电子合同的定义和特征。
2. 掌握电子商务合同的定义和类型。
3. 理解电子合同要约的定义和构成要件。
4. 理解电子合同承诺的定义和构成要件。
5. 掌握电子合同成立的时间及地点。
6. 掌握电子格式合同的定义及限制。
7. 理解电子合同履行的原则。
8. 掌握电子合同的违约责任。

【本章重点】

1. 电子合同和电子商务合同的定义。
2. 电子合同要约和电子合同承诺的生效。
3. 电子合同的成立时间及地点。
4. 电子合同的效力类型。
5. 无效的电子格式合同及条款无效的情形。
6. 电子合同履行的规则。
7. 电子合同标的的交付。
8. 履行的抗辩权。
9. 违约责任的形式。

导入案例

甲、A公司网络购物合同纠纷案

A公司通过线上平台B“直播带货”，向直播间用户销售商品。2020年11月7日，A公司通过线上平台B开展直播间5折抢iPhone手机活动。活动商品为iPhone手机，用户进入“A公司官方账号”直播间，点击购物车链接跳转至A公司经营的线上店铺后可下单抢购活动商品。

甲、A公司均是B平台的用户，A公司在B平台上经营线上店铺。

甲在庭审中承认，其未全程在直播间观看直播，在直播间停留时间一两分钟，不知晓主持人宣布的活动规则。其进入直播间时商品链接显示有库存且已是优惠价格，因此立即下单，并在线支付价款3 149元，完成付款。订单详情页显示了订单号和商品型号，及“下单后7天内发货”、支持“7天无理由退货”等字样。

2020年11月8日，A公司向甲发送通知称“您好，经核实，您所下的订单不符合本次本店双11活动规则，这边显示您的订单为无效订单，建议您申请退款处理，我们会在一日内给您进行退款”。同年11月16日，A公司通知甲称“您好，经核实，您11月7日在A公司直播间购买的iPhone手机，不符合直播间抢购活动规则。第一轮规则：仅限A公司5G用户购买，且每人仅限一台，共十台。第二轮规则：主播口播上架后，开始抢购，同时运营人员对后台显示的第一个订单进行截图，以主播展示的截图用户为购买成功用户，共十个名额。请您在‘我的订单’中申请退款……”

2021年4月8日，B平台将甲支付的3 149元退还甲。

甲主张其已经成功创建交易订单并付款，其与A公司之间的买卖合同已成立，且甲已履行付款义务，故A公司应当依约交付商品，如A公司拒绝履行，应承担违约责任。A公司则认为，甲未在直播间主持人要求的时间下单，双方买卖合同不成立，A公司无需履行交付订单商品的合同义务。

之后，甲向法院提起诉讼，要求A公司按照订单要求进行半价差价赔偿3 149元或者补发手机；案件受理费100元由A公司承担。

资料来源：根据中国裁判文书网内容改编。

【思考题】

结合案例，讨论以下问题：

1. 本案合同性质如何认定？
2. 本案合同是否成立？请用相关法律进行分析。

3.1 电子合同概述

电子合同

3.1.1 合同概述

1. 合同的定义和特征

（1）合同的定义。依据《民法典》的规定，合同是指民事主体之间设立、变更、终止民事法律关系的协议。

民事主体包括自然人、法人、非法人组织。

（2）合同的特征。

① 合同行为是民事法律行为，不是事实行为。合同必须以当事人的意思表示为核心要素，合同行为的后果是当事人所期待的后果。

② 合同是双方或者多方当事人意思表示一致的民事法律行为。双方或者多方当事人的意思表示一致时，合同才可以成立。单方的民事法律行为是指仅有单方的意思表示即可成立的

法律行为，如抛弃动产所有权。合同的多方民事法律行为不同于单方民事法律行为。

③ 合同是民事主体以设立、变更、终止民事法律关系为目的的民事法律行为。设立是指当事人为了在相互之间形成某种民事法律关系而所为的行为；变更则是指当事人对其相互间已经形成的某种民事法律关系进行调整，改变他们之间已经形成的民事法律关系；终止则是指当事人通过合同的履行、新的协议等民事行为，消灭其相互间存在的民事法律关系。

④ 签订合同是当事人在平等互利基础上的行为。所谓平等，是指当事人在合同关系中的地位是平等的。所谓互利，是指当事人通过合同的约定，享有权利，履行义务，相互可以获取所需要的价值或利益。平等互利是民商事活动的基础，只有在平等互利的基础上，当事人才有通过合同关系进行民商事活动的动力。

2. 合同的分类

依照不同的标准，可以将合同分为不同种类，以下为常见的合同分类。

（1）有名合同与无名合同。有名合同与无名合同是根据合同在现实生活中是否经常出现所进行的区分。

有名合同又称典型合同，是指在现实生活中经常出现的合同类型。《民法典》总共规定了 19 类有名合同，分别为：买卖合同，供用电、水、气、热力合同，赠与合同，借款合同，保证合同，租赁合同，融资租赁合同，保理合同，承揽合同，建设工程合同，运输合同，技术合同，保管合同，仓储合同，委托合同，物业服务合同，行纪合同，中介合同，合伙合同。

有名合同不是为了限制当事人的意思自治权利，而是为了指导、补充当事人订立的该种类型的合同。

无名合同又称非典型合同，是指在现实生活中不经常出现的合同类型。

（2）双务合同与单务合同。双务合同与单务合同是根据双方当事人在合同中履行权利、承担义务方式的不同进行的区分。

双务合同是指在合同关系中，双方当事人相互承担对待给付义务的合同，双方当事人享有权利的同时也负担对待义务，如买卖合同。

单务合同是指在合同关系中，一方当事人承担给付义务，另一方当事人享有权利，如赠与合同。

（3）要式合同与不要式合同。要式合同与不要式合同是根据法律对合同的形式是否有要求进行的区分。

要式合同，是指法律规定必须具备一定形式和手续的合同。

不要式合同，是指法律对形式和手续没有特别要求的合同。

依据法律规定，没有采取书面形式订立的合同，一方已经履行主要义务，对方接受时，该合同成立。

（4）诺成合同与实践合同。诺成合同与实践合同是根据合同成立除了当事人意思表示一致外，是否还要以标的物的交付为必要条件所进行的分类。

诺成合同，是指不需要交付标的物，仅以当事人意思表示一致作为合同成立的条件。诺成合同，又称不要物合同。

实践合同，是指除了当事人意思表示一致外，还必须交付标的物，合同才能成立。实践合同，又称要物合同，如自然人之间的借贷合同、保管合同、定金合同。

（5）有偿合同与无偿合同。有偿合同与无偿合同是根据当事人之间的权利义务是否互为对价所进行的区分。

有偿合同，是指当事人之间的权利义务互为对价的合同，如买卖合同。

无偿合同，是指当事人之间的权利义务不构成互为对价的合同，如赠与合同。

（6）主合同与从合同。主合同与从合同是根据合同之间的主从关系所进行的区分。

主合同，是指不以其他合同的存在为前提而能独立存在的合同。

从合同，是指必须以其他合同的存在为前提，自己不能独立存在的合同。如借款合同为主合同，保证合同为从合同。

3. 合同的原则

合同行为为民事法律行为。在《民法典》规定的基本原则中，与合同编的适用关系密切的原则主要有：

（1）平等原则。《民法典》第四条规定："民事主体在民事活动中的法律地位一律平等。"在合同中，当事人之间的法律地位是平等的，这包括订立合同、履行合同、承担合同责任、受法律保护时的地位平等。

（2）自由原则。《民法典》第五条规定："民事主体从事民事活动，应当遵循自愿原则，按照自己的意思设立、变更、终止民事法律关系。"自愿原则实际上确立的是合同中最重要、最基本的原则，即合同自由原则。在合同中，合同自由原则的主要内容包括：

① 缔结合同自由；

② 选择合同相对人自由；

③ 决定合同内容自由；

④ 决定合同形式自由；

⑤ 变更和解除合同自由；

⑥ 选择解决争议方式自由。

（3）公平原则。《民法典》第六条规定："民事主体从事民事活动，应当遵循公平原则，合理确定各方的权利和义务。"合同的公平原则要求当事人在订立合同、履行合同的过程中，以公平的理念来调整当事人之间的权利和义务。

（4）诚实信用原则。《民法典》第七条规定："民事主体从事民事活动，应当遵循诚信原则，秉持诚实，恪守承诺。"诚实信用原则要求合同当事人在行使合同权利、履行合同义务时，秉持诚实、善良的态度，恪守信用，以善意的方式履行其义务，不得滥用权利及规避法律规定或合同约定的义务。

（5）遵守法律与公序良俗原则。《民法典》第八条规定："民事主体从事民事活动，不得违反法律，不得违背公序良俗。"这要求合同当事人在订立、履行合同时，应当遵守法律、行政法规，尊重社会公德，不得扰乱社会经济秩序、损害社会公共利益，不得违背公序良俗。

公序良俗是指公共秩序与善良风俗，违背公序良俗原则的民事法律行为无效。

（6）绿色原则。《民法典》第九条规定："民事主体从事民事活动，应当有利于节约资源、保护生态环境。"这要求合同当事人在订立、履行合同时，应考虑节约资源，保护环境，不得以牺牲环境为代价追求合同利益。

3.1.2 电子合同

1. 电子合同的定义

依据商务部公布的《电子合同在线订立流程规范》的定义，电子合同（Electronic Contract）是指平等主体的自然人、法人或其他组织之间以数据电文为载体，并利用电子通信手段设立、变更、终止民事权利义务关系的协议。

将电子合同与《民法典》中的合同概念相比较可以看出，电子合同强调了民事主体在订立合同时以数据电文为载体，并利用电子通信手段设立、变更、终止民事权利义务关系。除此之外，电子合同与传统民法意义上的合同没有区别。

2. 电子合同的特征

电子合同是合同的一种形式，关于电子合同的相关规定，都是零散见于《民法典》《电子合同在线订立流程规范》《电子签名法》《消费者权益保护法》等法律法规之中。对于电子合同所具有的传统意义上合同的特征，应依据《民法典》等法律法规予以调整。本章并未将电子合同的全部内容从相应的法律中单独提取出来，只是对电子合同突出的个别问题进行了强调，以便于读者更好地理解与掌握电子合同的概念、电子合同的订立、电子合同的效力、电子合同的履行等问题。

电子合同具有以下特征。

（1）电子合同应当具有《民法典》中关于合同所规定的特征。电子合同属于合同的一个类型，必然具备法律规定的合同的特征。与其他合同特征相比，电子合同还具有自身的特征。

（2）电子合同是以数据电文为载体的书面合同。电子合同是以数据电文形式为意思表示的，依据《民法典》第四百六十九条的规定，数据电文被视为书面形式。因此，电子合同应当属于书面合同。

（3）电子合同是利用电子通信手段订立的合同。在订立电子合同的过程中，当事人的意思表示是通过电子通信手段，或者借助电子通信媒介进行的，当事人以此为凭借相互磋商，最后达成合意，进而订立电子合同。

（4）电子合同的签署可以适用电子签名。传统意义上，合同的签署需要当事人的签字盖章，签字盖章后即发生合同成立或者生效的后果。但在电子合同中，当事人无需见面，合同签字的形式可以采用电子签名，合法有效的电子签名对当事人具有约束力。

3. 电子合同的类型

电子合同理论上按照传统意义上的合同进行分类，这里不再重复。除了传统意义上的分类，电子合同从订立的方式上可以分为：以数据电文发出生效承诺而订立的合同、以签订确认书订立的电子合同、以点击方式订立的电子格式合同。

（1）以数据电文发出生效承诺而订立的合同。在电子合同的订立中，当事人是以数据电文的形式发出要约、作出承诺订立合同的。一般而言，承诺生效，合同成立。那么，以数据电文形式作出的承诺生效时，电子合同成立。

例如，电子合同当事人通过电子邮件（E-mail）将作出承诺意思表示的信件、便条、文件、图片或声音等发送给另一方，该电子邮件形式的承诺到达对方当事人时，电子合同成立。

比如，微信已经成为人们生活中使用最多、最普遍的一种传递信息的方式。当事人通过微信方式发出、接收双方磋商、订立电子合同的意思表示的客观情况也越来越多。

（2）以签订确认书订立的电子合同。《民法典》第四百九十一条规定："当事人采用信件、数据电文等形式订立合同要求签订确认书的，签订确认书时合同成立。"

当事人在订立电子合同的过程中，双方除以数据电文形式磋商合同之外，还进一步要求签订确认书的，那么在签订对数据电文内容的确认书时，电子合同成立。

（3）以点击方式订立的电子格式合同。格式条款是一方当事人为了重复使用而预先拟定，并在订立合同时未与对方协商的条款。在电子商务中，电子商务格式合同是指由提供商品或者服务的一方事先拟定好的合同，消费者一般采用点击方式表示同意格式合同条款。

3.1.3 电子商务合同

1. 电子商务合同的定义

《电子商务法》第三章对电子商务合同的订立与履行作出了规定，提出了电子商务合同的概念。《电子商务法》第四十七条规定："电子商务当事人订立和履行合同，适用本章和《中华人民共和国民法总则》《中华人民共和国合同法》《中华人民共和国电子签名法》等法律的规定。"

电子商务，是指电子商务当事人通过互联网等信息网络销售商品或者提供服务的经营活动。那么，电子商务合同也可以定义为，电子商务当事人以数据电文为载体，通过互联网等信息网络，设立、变更、终止关于销售商品或者提供服务的民事法律关系的协议。

也有学者认为，电子商务合同是以数据电文形式订立的电子合同，属于电子合同的一个重要类型。

2. 电子商务合同的类型

（1）根据电子商务合同当事人之间关系的不同，可以分为 B2C 合同、B2B 合同、B2G 合同、C2C 合同、O2O 合同等。

① B2C 合同，即商家与个人进行交易而签订的电子商务合同。

② B2B 合同，即企业之间从事电子商务活动所形成的合同。

③ B2G、G2B 合同，即企业与政府进行电子商务活动或者政府与企业进行电子商务活动所形成的合同。

④ C2C 合同，即个人与个人之间因电子商务而订立的合同。

⑤ O2O 合同，即因线上对线下或者线下对线上交易而形成的合同。

（2）根据电子商务内容的不同，可以分为经营者销售商品的电子商务合同、经营者提供服务的电子商务合同。

① 销售商品的电子商务合同。该类电子商务合同的标的物与传统意义上合同的标的物是相同的，是指在电子商务中，当事人以销售商品为内容订立合同。在线下交易中，当事人订立的是买卖合同。

② 提供服务的电子商务合同。提供服务的电子商务合同，是指电子商务经营者与消费者以提供服务为内容而订立、履行的合同，如生活信息服务等涉及服务的合同。

3. 合同、电子合同、电子商务合同的联系与区别

（1）联系。合同是电子合同的上位概念，电子合同又是电子商务合同的上位概念。电子合同强调订立合同时以数据电文为载体，是利用电子通信手段所订立的合同。《民法典》第四百六十九条规定：“以电子数据交换、电子邮件等方式能够有形地表现所载内容，并可以随时调取查用的数据电文，视为书面形式。”该规定不但从立法上确立了以数据电文为形式订立的电子合同、电子商务合同的法律效力，同时将以数据电文为形式订立的电子合同、电子商务合同视为书面形式的合同。《民法典》第四百九十一条第二款规定：“当事人一方通过互联网等信息网络发布的商品或者服务信息符合要约条件的，对方选择该商品或者服务并提交订单成功时合同成立，但是当事人另有约定的除外。”该规定是对《电子商务法》第四十九条内容的编纂，从《民法典》的角度对电子商务合同的概念、订立方式、调整范围作出了规定。

（2）区别。从调整的内容看，电子合同属于合同的一种订立形式，合同与电子合同的内容并无明显的区别。电子商务合同是电子商务当事人以数据电文形式，通过互联网通信手段为销售商品、提供服务而设立、变更、终止民事法律关系的协议。

电子商务不仅包括当事人通过特定系统进行的线上交易，还包括使用互联网进行的线上对线下交易、线下交易等多种交易方式。

3.2 电子合同的订立

3.2.1 电子合同订立的定义和特点

1. 电子合同订立的定义

电子合同的订立，是指合同当事人在电子商务中，为了交易商品、提供服务，以数据电文形式，通过互联网通信手段进行相互意思表示，以形成合意的过程。

2. 电子合同订立的特点

（1）当事人是为了从事电子商务而订立电子合同的。

（2）当事人订立电子合同过程中，是以数据电文方式，通过互联网通信手段进行意思表示的。

（3）当事人订立电子合同是一个动态的过程，订立电子合同要经过要约和承诺两个阶段。

3.2.2 电子合同要约

1. 电子合同要约的定义和构成要件

（1）电子合同要约的定义。要约是希望与他人订立合同的意思表示。在商业习惯上，要约也被称为发盘、发价、报价等。发出要约的一方当事人为要约人，接收要约的一方当事人为受要约人。电子合同要约，是指在电子商务中，一方当事人以数据电文方式，通过互联网通信手段向另一方当事人发出的订立电子合同的意思表示。

（2）合法有效的电子合同要约的构成要件。

① 电子合同要约必须是特定人的意思表示。受要约人或者社会公众可以通过一定的客观

事实，明确地知道谁是电子合同要约人、电子合同要约人想干什么。

② 电子合同要约必须是向特定相对人发出的意思表示。一般来说，电子合同要约的相对人是特定的。也有向不特定人发出的电子合同要约，如悬赏广告是一种特殊形式的要约。

③ 电子合同要约的内容具体、确定，具有特定合同的必要条款。电子合同要约人通过电子合同要约发出的信息必须是事关电子合同权利义务的信息。电子合同要约的用语必须是肯定的，内容是确定的。

④ 电子合同要约的发出者以订立电子合同为目的，并且受该要约的约束。电子合同要约发出人以订立电子合同为目的，发出的要约对其有约束力。在受要约人作出电子合同承诺并生效后，双方即受电子合同的约束。

2. 电子合同要约邀请

（1）要约邀请也称要约引诱，是希望他人向自己发出要约的意思表示。在实践中，寄送的价目表、拍卖公告、招股说明书、商品广告等均为要约邀请。

电子合同要约邀请，是指希望他人以数据电文方式，通过互联网通信手段向自己发出要约的意思表示。

（2）电子合同要约与电子合同要约邀请的区别。

① 从目的上看，电子合同要约的目的是与相对人订立电子合同；电子合同要约邀请的目的是让他人向自己发出电子合同要约。

② 从法律效果上看，电子合同要约中含有当事人愿意承受电子合同要约约束的意图，一旦对方承诺，电子合同即成立；电子合同要约邀请方可以不受电子合同要约邀请的约束，电子合同要约邀请方可以选择是否接受对方发出的电子合同要约。

③ 从内容上看，电子合同要约的内容具备足以使电子合同成立的主要条款；电子合同要约邀请则不具备这些主要条款。

（3）如何在电子商务中识别当事人发出的信息是否为电子合同要约。

① 在交易实物的电子商务中。如果相关网页展示的商品包含有明码标价、货物的数量、承诺在一定的时间内送达等明确约束的意思表示，该种信息就属于电子合同要约。

② 在交易信息产品的电子商务中。由于信息产品可以被无限地复制下载，所以不存在该类产品存货数量问题。因此，在电子平台上有明码标价的信息产品的信息为电子合同要约。

③ 在通过第三方平台进行交易的电子商务中。第三方平台会通过《平台服务协议》等格式条款内容，对电子合同要约与电子合同要约邀请进行约定，如果该约定不属于无效的格式条款内容，应以《平台服务协议》等格式条款中对电子合同要约、电子合同要约邀请的规定来判断是否属于电子合同要约。

3. 电子合同要约的生效时间

电子合同要约，是指电子商务当事人一方以数据电文形式，通过互联网通信手段向另一方发出的希望与他人订立电子合同的意思表示。电子合同要约属于非对话方式的数据电文形式的意思表示。以非对话方式作出的意思表示，到达相对人时生效。

依据《民法典》的规定，电子合同要约生效的时间为：

（1）相对人指定特定系统接收数据电文的，该数据电文进入该特定系统时生效；

（2）相对人未指定特定系统的，相对人知道或者应当知道该数据电文进入其系统时生效；

（3）当事人对采用数据电文形式的意思表示的生效时间另有约定的，按照其约定。

例如，当事人可以约定数据电文形式的电子合同要约采用确认收讫制度，即接收人在收到数据电文后，通过一定方式通知发出人，对收到的数据电文进行确认，发件人收到收件人的收讫确认时，数据电文视为已经收到。

4. 电子合同要约的撤回及撤销

（1）电子合同要约的撤回。电子合同要约的撤回，是指在电子合同要约人发出电子合同要约后，于电子合同要约生效前，通知撤回该电子合同要约。撤回电子合同要约的通知应当在电子合同要约到达受要约人之前或者与电子合同要约同时到达受要约人。当事人发出的数据电文瞬间即可到达对方当事人，数据电文到达对方当事人指定的系统的时间为生效时间，因此，电子合同要约人撤回电子合同要约的时间非常短暂。

撤回电子合同要约是当事人的权利，如果线路故障、网络病毒等原因致使当事人发出的电子合同要约不能及时到达对方，在此期间内，电子合同要约人在客观上存在撤回电子合同要约的可能，有权向对方发出撤回电子合同要约的通知，只有该通知在电子合同要约的意思表示到达相对人之前或者与该意思表示同时到达相对人，才可发生撤回电子合同要约的法律效果。

（2）电子合同要约的撤销。电子合同要约的撤销，是指在要约生效后，使要约的法律效力归于消灭的行为。撤销电子合同要约的通知应当在受要约人发出电子合同承诺通知之前到达受要约人。在不同的电子商务交易模式中，电子合同要约能否被撤销的情形也不同，具体如下：

① 在自动交易系统进行电子商务，承诺是即刻作出的，要约人没有机会撤销要约；

② 如果当事人使用电子邮件发出电子合同要约，再以电子邮件作出承诺，那么，电子合同要约到达受要约人，与受要约人发出电子合同承诺之间会产生时间间隔，电子合同要约人在受要约人发出电子合同承诺前，可以撤销已经作出的电子合同要约。

5. 不可撤销的、失效的电子合同要约

（1）不可撤销的电子合同要约。

① 电子合同要约人以确定承诺期限或者其他形式明示电子合同要约不可撤销；

② 受要约人有理由认为电子合同要约是不可撤销的，并已经为履行合同做了合理的准备工作。

（2）失效的电子合同要约。出现下列情形之一的，电子合同要约失效。

① 电子合同要约被拒绝。

② 电子合同要约被依法撤销。

③ 承诺期限届满，受要约人未作出承诺。

④ 受要约人对电子合同要约的内容作出实质性变更。

3.2.3 电子合同承诺

1. 电子合同承诺的定义

电子合同承诺，是指受要约人以数据电文形式，通过互联网通信手段，同意电子合同要约内容并愿意与电子合同要约人订立电子合同的意思表示。

2. 电子合同承诺的构成要件

（1）电子合同承诺必须由受要约人作出；受要约人以外的第三人无资格向电子合同要约人作出电子合同承诺。

（2）电子合同承诺必须向电子合同要约人作出；电子合同承诺人不能向电子合同要约人以外的其他人发出电子合同承诺。

（3）电子合同承诺的内容必须与电子合同要约的内容相一致；只有电子合同承诺的内容与电子合同要约的内容一致时，才构成双方意思表示一致，电子合同才能成立。

（4）电子合同承诺必须在电子合同要约的有效期内作出；电子合同要约规定了承诺期限的，电子合同承诺应在承诺期限内到达电子合同要约人；没有规定承诺期限的，电子合同承诺则应在合理期限内到达电子合同要约人。

（5）电子合同承诺的意思表示，是以数据电文方式，通过互联网通信手段通知电子合同要约人的。

3. 电子合同承诺的撤回

电子合同承诺可以撤回，但是不得撤销。因为电子合同承诺到达电子合同要约人时生效，所以撤回电子合同承诺的通知应当在作出电子合同承诺的通知到达电子合同要约人之前到达电子合同要约人，或与作出电子合同承诺的通知同时到达电子合同要约人。

电子商务中，合同当事人经常以点击成交的方式作出电子合同承诺。电子合同承诺的数据电文到达当事人指定系统的时间为生效时间，电子合同承诺生效的时间非常短暂，瞬间完成。在电子合同承诺生效之前要撤回该电子合同承诺的意思表示几乎无法实现。但撤回电子合同承诺是合同当事人的权利，电子合同承诺人在因线路故障、网络病毒等致使发出的电子合同承诺不能及时到达电子合同要约人时，可以行使撤回电子合同承诺的权利。

4. 电子合同承诺的生效时间

电子合同承诺是数据电文形式的意思表示，判断该意思表示生效的时间如下所示。

（1）电子合同要约人指定特定系统接收数据电文的，该数据电文进入该特定系统时生效。

（2）电子合同要约人未指定特定系统的，相对人知道或者应当知道该数据电文进入其系统时生效。

（3）当事人对采用数据电文形式的意思表示的生效时间另有约定的，按照其约定。

当事人可以约定数据电文形式的意思表示接收采用确认收讫制度，即接收人在收到数据电文后，通过一定方式通知发出人对收到的数据电文进行确认。发件人收到收件人的收讫确认时，数据电文视为已经收到。

（4）用户选择该商品或者服务并提交订单成功时，电子合同承诺生效。

《电子商务法》第四十九条第一款规定："电子商务经营者发布的商品或者服务信息符合要约条件的，用户选择该商品或者服务并提交订单成功，合同成立。"据此，电子合同承诺的生效时间为用户选择该商品或者服务并提交订单成功的时间。

3.2.4 电子合同成立的时间和地点

1. 电子合同成立的时间

（1）签订确认书时电子合同成立。当事人采用信件、数据电文等形式订立合同的，可以在合同成立之前要求签订确认书。要求签订确认书的，签订确认书时电子合同成立。

（2）电子合同承诺生效时电子合同成立。电子合同承诺的通知到达电子合同要约人时，电子合同承诺生效，电子合同成立。

（3）电子商务消费者在电子商务中选择经营者发布的商品或者服务信息，并提交订单成功时电子合同成立。

电子商务中，当事人一方通过互联网等信息网络发布的商品或者服务信息符合要约条件的，对方选择该商品或者服务且提交订单成功时合同成立。

（4）当事人可以另行约定电子合同成立的时间。

2. 电子合同成立的地点

电子合同成立的地点为电子合同承诺生效的地点。

（1）接收电子合同承诺的接收人主营业地为电子合同成立的地点。

（2）接收电子合同承诺的接收人没有主营业地的，其住所地为电子合同成立的地点。

（3）当事人对电子合同的成立地点另有约定的，按其约定。

3.2.5 电子合同缔约过失责任

1. 电子合同缔约过失责任的定义

电子合同缔约过失责任，是指当事人在订立电子合同的过程中，因违反先合同义务造成相对人损失，对相对人的损失应承担的赔偿责任。

当事人在订立电子合同的过程中，应当遵守诚实信用原则，否则会给对方当事人造成信赖利益的损失，针对对方当事人遭受的损失，由责任人承担弥补性的责任。

2. 电子合同缔约过失责任构成要件

（1）缔约当事人违反的是先合同义务。先合同义务不是合同义务，是当事人在订立合同的过程中所应承担的协助、通知、保护、保密等义务，该义务产生的基础是诚实信用原则。

（2）相对人受到了损失。因缔约一方当事人违反先合同义务，造成了相对人信赖利益的损失。

（3）违反先合同义务一方当事人具有过错，其承担的是过错责任。

（4）过错和损失之间具有因果关系。

3. 电子合同缔约过失责任的类型

（1）假借订立合同，恶意进行磋商。

（2）故意隐瞒与订立合同有关的重要事实或者提供虚假情况。

（3）有其他违背诚信原则的行为。

课堂讨论

1. 电子合同要约的构成要件有哪些？

2. 电子合同承诺的生效时间有哪些情形？

3.3 电子合同的效力

3.3.1 电子合同法律效力概述

1. 电子合同效力的定义

电子合同的效力，是指电子合同对合同当事人的约束力及在法律上的强制力。依法成立的电子合同受法律保护。

2. 电子合同的生效要件

（1）法律规定的电子合同生效要件。根据《民法典》的规定，具备下列条件的民事法律行为有效：

① 行为人具有相应的民事行为能力；

② 意思表示真实；

③ 不违反法律、行政法规的强制性规定，不违背公序良俗。

（2）当事人约定的电子合同生效要件。在满足法律规定的生效要件的基础上，电子合同当事人还可以约定电子合同生效的条件，如附期限的电子合同、附条件的电子合同。

3. 电子合同效力的类型

电子合同成立，并不一定会发生法律效力。对于成立的电子合同，从效力角度可划分为以下四类。

（1）有效的电子合同。有效的电子合同，是指完全具备法律规定的生效要件的电子合同。当事人有约定生效条件的，在满足法定生效要件的基础上，电子合同还应满足约定的生效条件，才可以发生法律效力。

（2）无效的电子合同。无效的电子合同，是指欠缺合同生效的要件，根本不能产生电子合同当事人所追求的民事法律后果的电子合同。无效的电子合同自始无效。

生效的“要件”是法律明文规定的。根据“要件”的不同，可以将无效电子合同分为：无民事行为能力人签订的电子合同；合同双方以虚假的意思表示签订的电子合同；违反法律、行政法规的强制性规定签订的电子合同；违背公序良俗签订的电子合同；双方恶意串通，损害他人合法权益而签订的电子合同。

（3）可撤销的电子合同。可撤销的电子合同，是指因当事人在订立合同时意思表示不真实，法律允许撤销权人通过行使撤销权而使已经生效的合同归于无效的电子合同。在撤销权人行使撤销权之前，电子合同是有效的。

可撤销的电子合同情形如下：

因重大误解订立的电子合同；一方以欺诈、胁迫的手段，使对方在违背真实意思的情况下订立的电子合同；在订立电子合同时显失公平。

（4）效力待定的电子合同。效力待定的电子合同也称可追认的电子合同，是指合同已经成立，但因不符合生效要件的规定，合同效力处于悬而未决的不确定状态，尚待有形成权的第三人的同意或追认后才能生效的电子合同。

效力待定的电子合同包括限制民事行为能力人订立的合同和因无权代理订立的合同。限制民事行为能力人订立的纯获利益的合同或者与其年龄、智力、精神健康状况相适应的合同有效，若非此情形所订立的合同，需要在合同成立后取得其法定代理人的追认才有效。行为人没有代理权、超越代理权或者代理权终止以后订立的电子合同发生法律效力需要经过被代理人的追认。若不追认，则对被代理人不发生法律效力。

4. 电子合同被确认无效或者被撤销的法律后果

电子合同被确认无效或被撤销后，自始不能发生法律效力。因此，在电子合同被确认无效或被撤销后，合同未履行的，不得履行；正在履行的，应当停止履行。

（1）已经履行的，对所涉及的财产依下列规则处理：

①返还财产。无论当事人一方是否有过错，都负有返还受领财物的义务。如果在事实上或者法律上不能返还，则应折价补偿。

②赔偿损失。电子合同被确认无效或被撤销后，有过错的一方应赔偿对方因此遭受的损失，双方都有过错的，应当各自承担相应的民事责任。

（2）承担损害赔偿责任的构成要件有：当事人有遭受损失的事实存在，损失包括订立合同的损失或者履行合同过程中的损失；赔偿义务人具有过错；过错行为与遭受损失之间有因果关系。

（3）赔偿损失的范围包括：缔约费用，在订立合同过程中所支出的必要合理费用；履约费用，为准备履约和实际履约合同所支出的费用；合理的间接损失。

（4）电子合同中解决争议方法的合同条款的效力。

电子合同不生效、被确认无效、被撤销或者终止的，不影响合同中有关解决争议方法的合同条款的效力。但是，解决争议方法的合同条款不能违反《民事诉讼法》关于级别管辖或者专属管辖的规定。

5. 附条件、附期限的电子合同

除了法定的“要件”外，电子合同当事人还可以约定电子合同生效的条件。

（1）附条件的电子合同。附条件的电子合同，是指当事人在订立合同时，在合同中约定一定条件，以条件的成就与否来决定电子合同法律效力发生与消灭的电子合同。当条件成就时，电子合同生效或者失去效力。

（2）附期限的电子合同。附期限的电子合同，是指当事人在订立合同时，在合同中约定将来确定到来的事实到来时，合同发生法律效力或者合同效力终止的电子合同。当约定的事实到来时，电子合同生效或者失去效力。

3.3.2 影响电子合同效力的几种情形

1. 推定原则

（1）推定原则的定义。在电子商务中，因为使用互联网通信手段进行交易，当事人不用见面就能订立合同、履行合同，因此无法判断交易相对人是否具有民事行为能力，也无法判断相对人的意思表示是否真实。《电子商务法》第四十八条规定，对使用自动信息系统订立或者履行合同的当事人的行为能力适用推定原则，即推定使用自动信息系统订立或者履行合同

的当事人具有行为能力，并推定其订立或者履行合同的意思表示真实。

（2）推定原则的适用。推定原则只适用于一般情形下对订立或者履行合同的当事人具有行为能力和意思表示真实的推定，当事人有相反证据足以推翻的除外。具体适用推定原则应注意以下几个方面：

① 在电子合同的订立过程中，如果双方当事人通过相互磋商，已经能够确切地判断相对人是否具有民事行为能力，就不能适用推定原则；如果已经能够判断出相对人的意思表示真实与否，就不能适用推定原则再次推定。

例如，通过实名认证等形式已经能够判断出对方当事人具备完全的民事行为能力，则适用《民法典》关于民事行为能力的规定认定对方当事人的民事行为能力，而不再适用推定原则。

② 在电子合同的订立过程中，如果双方当事人不能判断相对方是否具有民事行为能力、不能判断相对人的意思表示是否真实，而且双方当事人是使用自动信息系统订立或者履行合同的，在此情形下适用推定原则，推定相对人具有民事行为能力且意思表示真实。

③ 在适用推定原则的情形中，持有相反意见的一方应承担举证责任。

2. 匿名交易

电子商务中会经常出现当事人以虚拟身份订立电子合同进行匿名交易的情形，如登录交易的身份和线下真实的民商事主体身份不一致的情形。匿名交易所导致的合同效力等问题比较复杂，常见的有下列情形。

（1）在消费者因考虑个人隐私的需要以虚构账号信息进行的匿名简单交易中，如果双方能够实现交易目的，在不违反法律、行政法规的强制性规定，不违背公序良俗的情形下，依据推定原则，推定双方订立的电子合同有效。

（2）在消费者借用或者冒用他人账号信息进行的简单交易中，如果消费者实际履行了电子合同义务，又以获得交易成果为目的，交易相对人对交易主体身份没有特别要求，不能仅因为无法查证消费者真实身份就认为电子合同无效。

3. 电子代理人

（1）电子代理人的含义。电子代理人，即电子商务中的智能交易系统，能够自动发送、接收和处理交易订单。这些电子交易系统，能按照预设程序进行要约、承诺，按预定标准进行简单判断，完成合同订立，并自动履行合同。从性质上看，电子代理人既不是自然人，也不是法人或者其他任何机构，而属于计算机程序和自动化手段，是一种能够执行人的意思的、智能化的交易工具，能够在没有人进行干预的情况下去完成某些行为，起到了代理人的作用，因此被叫作电子代理人。

（2）电子代理人代理行为后果的承受。电子代理人遵从使用人既定的程序进行信息交流和处理，同时又确保使用人介入该交易进程的及时性。因此，电子代理人与使用人在意思表示上一致，电子代理人代使用人订立的合同也是双方意思表示一致的结果，代理行为的法律后果由程序使用人承担。

4. 电子错误

电子错误，是指在电子合同订立过程中出现的合同内容与当事人内心真实意思不一致的瑕疵。主要有主观瑕疵与客观瑕疵两种。

主观瑕疵是指发出信息一方输入错误，比如点击错误；客观瑕疵是指由于信息系统在生成、发送、接收或者储存信息时可能发生难以预料和控制的技术故障，信息在到达前或者到达后都有可能发生错误或丢失等风险，比如电子故障。

针对可能出现的电子错误，《电子商务法》对经营者与消费者做了相应的规定：

（1）电子商务经营者应当清晰、全面、明确地告知用户订立合同的步骤、注意事项、下载方法等事项，并保证用户能够便利、完整地阅览和下载；

（2）电子商务经营者应当保证用户在提交订单前可以更正输入错误；

（3）用户在发出支付指令前，应当核对支付指令所包含的金额、收款人等完整信息；

（4）支付指令发生错误的，电子支付服务提供者应及时查找原因，并采取相关措施予以纠正。造成用户损失的，电子支付服务提供者应当承担赔偿责任，但能够证明支付错误非自身原因造成的除外。

3.3.3 电子格式合同

1. 电子格式合同、点击合同

（1）电子格式合同。电子格式合同，是指在电子商务活动中，电子商务经营者与消费者订立的合同的内容是由电子商务的经营者或者服务者事先拟定好的，消费者无权就合同的内容进行磋商，只能做出是否接受其条款的电子合同。电子格式合同最常见的表现形式就是点击合同。

（2）点击合同。点击合同，是指在电子商务中，由提供商品或服务的经营者通过计算机程序预先设定合同条款的一部分或全部，消费者必须以点击的方式表示同意才能订立合同，点击“同意”后即发生订立合同的法律后果的电子合同。点击合同是电子合同的一种。

2. 对电子格式合同的限制

在现实生活中，提供格式条款的一方往往在经济方面占有绝对优势，可能将预定的合同条款强加给对方，更多地考虑制定者的利益，减轻制定者的责任，对另一方的权利考虑较少或者附加种种限制条件，甚至加重对方责任。为了保护处于相对弱势地位的消费者的合法权益，法律对提供格式条款的一方作出如下限制。

（1）不得违反公平原则确定当事人之间的权利和义务。提供格式条款的一方不能在格式条款中享有大量的权利而只承担极少的义务，或者确定对方承担大量的义务而只享受极少的权利。

（2）采取合理的方式履行提示及说明义务。提供格式条款的一方应采取合理的方式提示对方注意免除或者限制责任的条款。如果对方有要求，应对该条款予以说明。未履行提示或者说明义务，致使对方没有注意或者理解与其有重大利害关系的条款的，对方可以主张该条款不成为合同的内容。

3. 无效的电子格式合同及条款无效的情形

为了确保消费者的合法权益，除了对提供格式条款的一方作出限制外，法律还明确规定了格式合同无效及条款无效的情形。

（1）无效的电子格式合同。无民事行为能力人签订的电子格式合同；合同双方以虚假的意思表示签订的电子格式合同；违反法律、行政法规的强制性规定签订的电子格式合同；违背公序良俗签订的电子格式合同；双方恶意串通，损害他人合法权益而签订的电子格式合同。

（2）电子格式合同中免责条款无效的情形。

① 电子格式合同中免除造成对方人身损害的责任的条款；免除因故意或者重大过失造成对方财产损失的责任的条款；

② 提供格式条款一方不合理地免除或者减轻其责任、加重对方责任、限制对方主要权利的条款；

③ 提供格式条款一方排除对方主要权利的条款。

4. 电子格式合同的解释规则

电子格式合同的解释规则，是指在履行电子格式合同的过程中，双方对合同的条款含义发生争议时所使用的解释规则。

《民法典》第四百九十八条规定："对格式条款的理解发生争议的，应当按照通常理解予以解释。对格式条款有两种以上解释的，应当作出不利于提供格式条款一方的解释。格式条款和非格式条款不一致的，应当采用非格式条款。"

3.4 电子合同的履行

3.4.1 电子合同履行的定义和原则

1. 电子合同履行的定义

电子合同的履行，是指电子合同当事人按照合同的约定或法律规定，全面地、正确地履行自己所承担的电子合同义务的行为。

履行既可以表现为积极的作为，如积极支付价款；也可以表现为消极的不作为，如不以某价格出售相同品质的商品。合同的履行是导致合同关系消灭的主要原因。

2. 电子合同履行的原则

电子合同的履行也应遵循合同履行的原则，具体如下。

《民法典》第五百零九条规定："当事人应当按照约定全面履行自己的义务。"

当事人应当遵循诚信原则，根据合同的性质、目的和交易习惯履行通知、协助、保密等义务。

当事人在履行合同的过程中，应当避免浪费资源、污染环境和破坏生态。

（1）全面履行原则。全面履行原则又称适当履行原则或正确履行原则，是指当事人应当按照合同的约定或者法律规定全面、适当地履行电子合同。

全面履行是指合同当事人按照电子合同约定的标的物品种、规格、数量、质量，由适当的主体在适当的期限、适当的地点，以适当的方式全面、正确地完成合同义务。只有债务人全面履行合同义务，债权人的合同权利才能够实现。

电子商务经营者应当按照承诺或者与消费者约定的方式、时限向消费者交付商品或者服务，并承担商品运输中的风险和责任。但是，消费者另行选择快递物流服务提供者的除外。

（2）诚实信用原则。诚实信用原则是民法的基本原则，是合同履行时必须遵守的根本性准则，也是电子合同履行的原则。

诚实信用原则要求合同当事人信守合同关系中的给付义务，诚实、善意地实施给付。除此之外，电子合同当事人仍需根据合同的性质、目的和交易习惯履行通知、协助、保密等义务。比如，电子合同的消费者在提交订单后，需要告知经营者自己的住址，协助经营者履行发货义务。

（3）电子合同当事人履行合同，应避免浪费资源、污染环境和破坏生态。

3.4.2 电子合同履行的规则

电子合同履行的具体规则如下。

1. 给付义务的履行

（1）履行主体适当。电子合同的履行主体是订立合同的经营者和消费者。经营者依据合同约定交付销售的商品或者提供服务，消费者依照约定支付价款，并接受购买的商品或服务。

（2）履行标的适当。电子合同履行的标的包括商品、服务。履行标的适当是指债务履行的标的应当完全符合电子合同约定的内容，包括标的数量适当、标的质量适当、价格适当。

（3）履行期限适当。履行期限适当是指电子合同的当事人应按合同约定的期限履行债务和接受履行义务，任何一方不得无故逾期或者迟延。

（4）履行地点适当。履行地点适当是指电子合同的当事人按照约定的履行地点履行债务。经营者需要按照约定的地点向消费者交付销售的商品或者提供的服务。

2. 附随义务的履行

在给付义务之外，基于诚实信用原则的要求，根据合同的性质、目的和交易习惯，电子合同的当事人还需履行通知、协助、保密等附随义务。一般情况下，对附随义务履行的要求，主要有以下几个方面。

（1）通知义务。比如，经营者在委托物流服务提供者将货物运送到消费者提供的收货地后，应通知消费者及时收取商品。

（2）协助义务。当事人在履行电子合同的过程中应相互配合，配合对方履行义务，给对方履行义务提供便利。

（3）保密义务。如果当事人因电子合同的订立、履行而了解到对方的商业秘密或者个人信息，不得向任何人泄露其秘密或者隐私。

3.4.3 电子合同标的的交付

电子合同履行中的给付可以有多种方式，交付一定标的物是电子合同给付中极为重要的一种类型。电子合同的标的不同，交付的方式也不同。

1. 通过快递物流方式交付标的

通过快递物流方式交付标的，收货人的签收时间为交付时间。对于以快递方式交付的商品，一般由卖方承担送货或递送义务，在收货方签收前，货物处于卖方或物流公司的控制之下，收货方无法实际控制商品，因此规定以买方签收时间为商品交付的时间。通过快递物流方式交付的时间是收货人实际占有商品的时间。

2. 标的物为提供服务的

电子合同的标的物为提供服务的，标的交付时间为生成的电子凭证或者实物凭证中载明的时间。例如，双方当事人约定一方在一定的时间内向他方提供劳务，另一方支付报酬的合同，服务产品交付的时间为电子或者实物凭证中所载明的时间。

凭证没有载明时间或者载明时间与实际提供服务时间不一致的，以实际提供服务的时间为准。

3. 标的物为在线传输的数字产品的

电子合同的标的物为在线传输的数字产品的，标的物交付时间为标的物进入对方当事人指定的特定系统且能够检索识别的时间。以在线传输的数字产品为标的物的，标的物是无形的信息产品，电子合同当事人通过网络传输相应的数据信息，完成标的的交付。该类标的交付时间不应以签收时间为准，而应以发送的信息产品进入消费者的特定系统且能够为消费者检索识别的时间为准，如在线游戏道具、各类软件等。

4. 法律允许电子合同当事人对交付时间进行约定

电子合同当事人对交付商品或者提供服务的方式、时间另有约定的，按照其约定。

3.4.4 电子合同履行中的抗辩权

1. 电子合同抗辩权概述

抗辩权又称异议权，是指义务人在合同履行中对抗他人请求权的权利，能起到延缓权利人请求权的行使或使请求权归于消灭的作用。《民法典》规定了同时履行抗辩权、不安抗辩权、先履行抗辩权三种类型的抗辩权，这三种抗辩权也同样适用于电子合同的履行。

行使电子合同抗辩权的目的是避免自己履行合同义务后得不到对方履行的风险，并使对方当事人产生及时履行或者提供担保的压力，从而使自己的合同权利得到保障。

2. 同时履行抗辩权

（1）同时履行抗辩权的概念。同时履行抗辩权，是指在双务合同中当事人互负债务且没有先后履行顺序的，应当同时履行。一方在对方履行之前有权拒绝其履行请求，另一方在对方履行债务不符合约定时，有权拒绝其相应的履行请求。

在双务合同中当事人的权利义务是对等的，如果一方不履行自己的义务却要求对方履行义务，这是不公平的。

（2）电子合同中同时履行抗辩权的适用条件。

① 当事人须因同一双务合同而互负债务。

② 当事人双方互负的债务没有先后履行顺序，且均已届清偿期。

比如，电子商务中的商品买卖，商家没有发货就请求买家支付货款，买家可以行使同时履行抗辩权，在商家没有发货时拒绝支付货款。

③ 对方未履行债务或未提出履行债务。

当事人一方行使同时履行抗辩权，必须以对方未履行债务或者未提出履行债务为前提。

未履行债务通常包括拒绝履行、迟延履行、履行不适当等。

④ 相对方在客观上有履行的可能。

如果相对方因不可归责于双方当事人的事由导致履行不能而免责，不发生同时履行抗辩权。

（3）行使同时履行抗辩权产生的法律效果。电子合同的当事人行使同时履行抗辩权，只能发生债务延期履行的效果，相对方并不因此丧失其在电子合同上的请求权。

3. 先履行抗辩权

（1）先履行抗辩权的概念。先履行抗辩权，是指在双务合同中当事人互负债务，有先后履行顺序，应当先履行债务一方未履行的，后履行债务一方有权拒绝其履行请求。先履行债务一方履行债务不符合约定的，后履行债务一方有权拒绝其相应的履行请求。

（2）先履行抗辩权的适用条件。先履行抗辩权须符合以下条件：

① 当事人因同一双务合同而互负债务；

② 合同双方债务的履行有先后顺序；

先后顺序可以是合同约定，也可以是法律规定。主张先履行抗辩权的只能是负有后履行合同债务的一方当事人。

③ 先履行债务一方未履行债务或未按约定履行债务；

④ 先履行债务一方当事人应当先履行的债务客观上是可能的。如果履行已无可能，则无需行使先履行抗辩权。

（3）行使先履行抗辩权产生的法律后果：

① 行使先履行抗辩权的一方当事人在履行期届满时，拒绝履行自己的合同义务；

② 行使先履行抗辩权可以不通知对方；

③ 先履行义务一方的履行有重大瑕疵或者只部分履行时，后履行义务一方债务人行使先履行抗辩权时应通知对方；

④ 先履行义务人采取了补救措施，使合同的履行趋于正常，能满足另一方履行利益时，先履行抗辩权消灭，行使先履行抗辩权的一方应及时恢复履行，否则构成违约；

⑤ 当事人行使履行抗辩权无果时，可以根据法定条件通知对方解除合同。

4. 不安抗辩权

（1）不安抗辩权的概念。不安抗辩权，是指在双务合同中，应当先履行债务的当事人在有确切证据证明相对方有丧失或可能丧失履行能力的情形时，有权要求后履行一方提供必要的担保，否则可以中止履行自己的债务的权利。

（2）不安抗辩权的适用条件。不安抚辩权须符合以下条件：

① 当事人须因同一双务合同互负债务；

② 当事人各自债务的履行有先后顺序之分；

不安抗辩权是先履行义务一方所享有的权利，行使该权利无需以诉讼方式进行，权利人可以通过通知对方当事人的方式直接行使不安抗辩权。应当及时通知对方当事人，未经通知，不得对抗对方当事人。

③ 须先履行义务的一方当事人有确切证据证明后履行义务一方当事人有丧失或可能丧失履行债务能力的情形。这是行使不安抗辩权的实质要件。

先履行一方可以适用不安抗辩权的四种情形：一是后履行义务一方经营状况严重恶化的；

二是后履行义务一方转移财产、抽逃资金，以逃避债务的；三是后履行义务一方严重丧失商业信誉的；四是后履行义务一方有其他丧失或者可能丧失履行债务能力的情形。

（3）行使不安抗辩权产生的法律效果。当事人行使不安抗辩权后，会产生以下法律效力。

① 行使不安抗辩权的一方中止履行。这种中止履行不构成违约。行使不安抗辩权的一方应当及时通知对方当事人，未经通知，不得对抗对方当事人。在诉讼或者仲裁中，主张不安抗辩权的一方负有举证责任。

② 行使不安抗辩权的一方有权要求对方提供适当担保。

③ 恢复履行或者解除合同。中止履行后，对方在合理期限内恢复履行能力或者提供担保的，中止履行的一方应恢复履行。如果对方当事人在合理期间内未恢复履行能力，也未提供担保，主张不安抗辩权的一方当事人有权解除合同。

3.4.5 电子合同的违约责任

1. 违约责任的定义

电子合同的违约责任即违反电子合同的民事责任，是指合同当事人因违反电子合同义务所应承担的民事法律后果。

2. 违约责任的特征

（1）违约责任是发生在有效的电子合同关系之上的民事责任。无效的电子合同谈不上合同债务，也就没有违约责任。电子合同被宣告无效或撤销，承担的是缔约过失责任，而不是违约责任。

（2）违约责任具有相对性。违约责任只能发生在特定的电子合同当事人之间，即便违约责任是由第三人造成的，债务人仍要向债权人承担违约责任，而非由第三人承担违约责任。

（3）违约责任具有一定的任意性。电子合同当事人可以在合同中约定违约责任计算方法。

《民法典》第五百八十五条规定："当事人可以约定一方违约时应当根据违约情况向对方支付一定数额的违约金，也可以约定因违约产生的损失赔偿额的计算方法。"

（4）违约责任是一种以补偿为目的的财产责任。违约责任只能通过支付违约金、赔偿金等方式来弥补对方的损失。

3. 违约责任的归责原则和构成要件

（1）违约责任的归责原则。违约责任的归责原则是确定违约方承担违约责任的根据和标准。归责原则分为过错责任原则和无过错责任原则。

① 过错责任，是指一方不履行或者不适当履行电子合同义务，应以其主观上是否有过错作为其是否承担及承担何种违约责任的依据。

② 无过错责任，是指当事人一方不履行或者不适当履行电子合同义务，无论其主观上是否有过错，均应承担违约责任。只要受害人一方的损失与另一方的违约行为之间存在因果关系，违约方就应对其违约行为承担违约责任。

（2）违约责任的构成要件。由于违约责任的具体承担形式不同，承担责任的条件也就各不相同。违约责任的一般构成要件为违约行为及无法定的免责事由：

① 违约行为是指电子合同债务人不履行合同义务或者履行合同义务不符合法律规定或

者合同约定；

② 无法定或者约定的免责事由。违约责任的免责事由又称免责条件，是指法律规定的或者当事人约定的免除违约当事人承担违约责任的条件。

4. 违约责任形式

（1）支付违约金。支付违约金是违约责任中最常见的一种责任方式，是指一方当事人违反电子合同约定的义务时，根据合同约定或者法律规定向对方当事人支付一定数额的金钱的责任。根据我国《民法典》的规定，在适用违约金责任时，应注意以下几点。

① 违约方未给对方造成损失的情况下，按约定支付违约金。

② 当事人约定了违约金，一方违约，给对方造成损失时，确定违约金数额参考的标准就是损失数额。

约定的违约金低于造成的损失的，当事人可以请求人民法院或者仲裁机构予以增加；约定的违约金过分高于造成的损失的，当事人可以请求人民法院或者仲裁机构予以适当减少。

③ 当事人就迟延履行约定违约金的，违约方支付违约金后，还应当履行债务。

（2）赔偿损失。赔偿损失责任，是指当事人一方不履行电子合同义务或者履行电子合同义务不符合约定，造成对方损失的，损失赔偿额应当相当于因违约造成的损失，包括合同履行后可以获得的利益。但是，不得超过违约一方订立合同时预见到或者应当预见到的因违约可能造成的损失。

（3）继续履行。继续履行又称强制履行，是指当事人一方不履行电子合同义务或者履行电子合同义务不符合约定时，另一方可以请求人民法院强制违约方继续履行电子合同义务。无论债务人是否愿意，也无论其是否已经履行了赔偿责任或者违约责任，只要具备条件，就承担该种形式的违约责任。

我国《民法典》规定，具有下列情形之一的，不适用继续履行。

① 法律上或者事实上不能履行。

② 债务的标的不适用强制履行或者履行费用过高。

③ 债权人在合理期限内未请求履行。

（4）定金罚则。定金，是指电子合同一方当事人为保证电子合同义务的履行，预先给付另一方当事人的一定数额的金钱。定金的数额由当事人约定，但是不得超过主合同标的额的百分之二十，超过部分不产生定金的效力。实际交付的定金数额多于或者少于约定数额的，视为变更约定的定金数额。定金既可以作为一种担保方式，也可以作为一种承担民事责任的方式。

定金罚则包括以下几点内容。

① 定金由双方当事人在电子合同中明确约定，定金合同自实际交付定金时成立。

② 债务人履行债务后，定金应当抵作价款或者收回。

③ 给付定金的一方不履行约定的债务的，无权要求返还定金；收受定金的一方不履行约定的债务的，应当双倍返还定金。

④ 定金与违约金并存时，若一方违约，对方当事人可以选择适用定金或违约金，二者不能同时适用。

（5）采取补救措施。采取补救措施，是指当事人一方履行电子合同义务不符合约定时，对方可以依照法律规定或者合同约定，请求违约方采取处理、更换、重做、退货、减少价款或者报酬、补充数量等措施，以防止损失发生或者扩大。采取补救措施并不免除承担赔偿损失等其他违约责任。

讨论案例

A电子商务有限公司、甲网络买卖合同纠纷案

甲于2020年10月21日在网上商城A电子商务有限公司经营的食品专营店购买30桶糖果，付款3 360元。2020年10月25日，甲再次在该店购买50桶糖果，付款5 600元。甲分别于2020年10月25日、10月28日收货。甲在第二次购买50桶并在收货后立即进行投诉。

经人民法院审理查明，A电子商务有限公司没有证据证明其经营的上述产品的生产厂家，案涉产品（糖果）被认定为不符合食品安全国家标准的食品。

甲于2021年1月21日向一审人民法院起诉，请求：判令解除购物合同；判令A电子商务有限公司向甲退还购物款8 960元并赔偿10倍购物款89 600元。

资料来源：根据威科先行 · 法律信息库内容改编。

根据本案案情，结合本章所学内容，回答下列问题：

1. 甲和A电子商务有限公司订立的合同是否有效？
2. 如果判决解除甲和A电子商务有限公司订立的合同，应如何处理？
3. A电子商务有限公司是否承担“退一赔十”的责任？

关键术语

合同　电子合同　电子商务合同　电子合同要约　电子合同承诺　电子格式合同　电子合同的效力　电子合同的履行

综合练习

一、选择题

1. 根据双方当事人在合同中履行权利、承担义务方式的不同进行区分，合同可分为（　　）。

   A. 有名合同　　　B. 双务合同

   C. 要式合同　　　D. 单务合同

2. 要约是希望与他人订立合同的意思表示。在商业习惯上，要约也被称为（　　）。

   A. 发盘　　　B. 询价

   C. 报价　　　D. 发价

3. 依据下列哪些情形可以判断电子合同成立的地点？（　　）

   A. 接收电子合同承诺的接收人主营业地

   B. 接收电子合同承诺的接收人没有主营业地的，其住所地为电子合同成立的地点

   C. 接收电子合同承诺的接收人没有主营业地的，发出电子合同承诺人主营业地为电子合同成立的地点

   D. 当事人对电子合同的成立地点另有约定的，双方约定的地点为电子合同成立的地点

4. 在电子合同被确认无效或者被撤销后，对于已经履行的部分所涉及的财产依下列(　　)规则处理。

A. 返还财产　　B. 不用返还财产

C. 无需赔偿损失　　D. 赔偿损失

5. 适用不安抗辩权的情形包括(　　)。

A. 后履行义务一方经营状况严重恶化的

B. 后履行义务一方转移财产、抽逃资金，以逃避债务的

C. 后履行义务一方严重丧失商业信誉的

D. 后履行义务一方有其他丧失或者可能丧失履行债务能力的情形

二、填空题

1. 依据《民法典》的规定，合同是指民事主体之间________、________、________民事法律关系的协议。

2. 实践合同，是指除了当事人意思表示一致外，还____________________，合同才能成立。

3. 电子错误，是指在电子合同订立过程中出现的合同内容与当事人内心真实意思不一致的瑕疵。主要有____________与____________两种。

4. 如果对方当事人在合理期间内未恢复履行能力，也未提供担保，主张不安抗辩权的一方当事人有权______________。

5. 违约责任的归责原则是确定违约方承担违约责任的__________和__________。

三、思考题

1. 如何理解合同的原则？

2. 如何理解电子合同的概念、特征？

3. 如何理解无效的电子格式合同及条款无效的情形？

4. 如何理解电子合同标的的交付时间？

5. 如何理解电子合同的违约责任形式？

第4章 电子支付的法律制度

【学习目标】

1. 掌握电子支付结算的类型与特征。
2. 掌握电子支付结算中的民事法律关系。
3. 掌握第三方支付结算的机构准入。
4. 掌握第三方支付结算的运行管理、风险管理以及客户权益管理。
5. 掌握网络银行的分类及特点。
6. 掌握网络金融的风险防控。

电子支付的
法律制度

【本章重点】

1. 电子支付结算的民事法律关系及行政法律关系。
2. 第三方支付结算的风险管理具体操作规定。
3. 网络金融的相关法律法规及风险防范措施。

导入案例

支付宝的经营模式

支付宝前期为淘宝网定制，后扩展到阿里巴巴中国站和非阿里巴巴旗下网站。2003年10月，阿里巴巴公司推出支付宝的目的就是解决旗下C2C网站——淘宝网支付困难的问题，从而推动淘宝网的发展。后来随着产品的成熟，开始在阿里巴巴中国站和非阿里巴巴旗下网站推广，且不收取任何费用。

与各大银行、金融机构合作，圈地电子支付市场。支付宝目前已和中国工商银行、中国农业银行、中国建设银行、招商银行、上海浦发银行等各大商业银行以及中国邮政、VISA国际组织等各大机构建立战略合作，成为金融机构在网上支付领域极为信任的合作伙伴。另外，支付宝还与中国建设银行合作，发布了国内首张真正专注于电子商务的联名借记卡——支付宝龙卡及电子支付新产品——支付宝卡通业务。该卡除了具有建行龙卡借记卡的所有功能外，还能使持卡人享受到电子支付创新产品支付宝卡通的服务。持卡人将支付宝账户与支付宝龙卡通过建行柜台签约绑定后，可登录支付宝账户，直接通过支付宝龙卡账户，完成持卡人在支付宝平台的在线支付业务。同时，持卡人还能通过支付宝卡通完成支付宝龙卡账户余额和支付限额的查询服务。

支付宝于2005年2月率先推出"全额赔付"制度。在使用支付宝支付的网站，如果成交协议后，卖家没有向买家寄送货品或者买家收到的货品与描述不符，淘宝作为第三方监管平台将为买家提供与货品价值等额的"全额赔付"。2006年6月，支付宝又推出国内支付领域首张数字证书，并向所有经过认证的网民免费发放，使网上购物者有了身份确认和全额赔付的双重保障。2006年10月，支付宝再推出"电子机票"全额赔付制度，凡是支付宝的用户，只要用其支付宝账户登录游易网进行机票订购，都可享受全额赔付待遇。另外，为了消除用户担心支付宝挪用"沉淀资金"的疑虑，支付宝于2006年5月与中国工商银行签订托管协议，支付宝所有的客户交易保证金都将统一存放在中国工商银行备案允许的资金托管账户，由中国工商银行总行对支付宝公司交易资金情况进行综合审计，每月提交资金托管报告，披露客户保证金存管情况，并出具支付宝客户交易保证金专用存款账户的资金存管情况，在支付宝客户交易保证金出现重大异常情况时，向相关部门报告并可以根据相关规定拒绝支付宝不符合规定的业务请求。

资料来源：根据中华网考试专题资讯改编。

【思考题】

结合案例，讨论支付宝的经营模式存在哪些创新之处。

4.1 电子支付结算的法律制度

4.1.1 电子支付结算概述

1. 电子支付结算的定义与内容

电子支付结算又称电子资金转账，是指单位、个人直接或授权他人通过电子终端发出支付指令，实现货币支付与资金转移的行为。

《电子支付指引（第一号）》规定，发出支付指令的电子终端是指客户可用以发起支付指令的计算机、电话、移动通信工具、销售点终端、自动柜员机或其他电子设备等，也就是说电子支付可以通过使用计算机、电话等方式实现支付的"无纸化"。简单来说，电子支付就是消费者、厂商和金融机构之间使用安全电子手段，通过网络传递支付信息进行货币支付或资金流转的行为。

2. 电子支付结算的类型与特征

（1）电子支付结算的类型。

《电子支付指引（第一号）》规定，电子支付结算根据发起电子支付指令终端的不同，可以分为网上支付、电话支付、移动支付、销售点终端交易、自动柜员机交易等。

第一，网上支付是以互联网为基础，利用银行支持的数字金融工具，发生在购买者和销售者之间的金融交换，从而实现从购买者到金融机构、商家之间的在线货币支付、现金流转、资金清算、查询统计等过程，由此为电子商务服务和其他服务提供金融支持。

第二，电话支付是电子支付的一种线下实现形式。电话支付是指消费者使用电话或其他类似电话的终端设备，通过银行系统从个人银行账户里直接完成付款的方式。

第三，移动支付是使用移动设备通过无线方式完成支付的一种新型支付方式。移动支付所使用的移动终端可以是手机、电子计算机等。最常见的是通过短信确认来完成的支付，款项直接从手机相关的账户中扣除等。

第四，销售点终端交易是使用信用卡等各种联名卡在电子商务设备刷卡付款，款项在相关银行卡账户中扣除的电子支付结算方式。

第五，自动柜员机交易是指持卡人可以到银行设的自动柜员机使用信用卡或储蓄卡，输入密码，根据相应提示办理转账支付等电子支付结算业务。

（2）电子支付结算的特征。

与传统支付方式相比，电子支付具有以下特征。

第一，电子支付具有数字化的特点，它是采用先进的技术通过数字流转来完成信息传输的，其各种支付方式都是通过数字化的方式进行的。

第二，电子支付的工作环境基于一个开放的系统平台（互联网）。

第三，电子支付使用的是最先进的通信手段，如互联网；电子支付对软、硬件设施的要求很高，一般要求有联网的电子计算机、相关的软件及其他一些配套设施。

第四，电子支付具有方便、快捷、高效、经济的优势。用户只要拥有一台可以上网的电子计算机，便可足不出户，在很短的时间内完成整个支付过程。支付的费用仅相当于传统支付的几十分之一，甚至几百分之一。

4.1.2 电子支付结算的法律关系介绍

1. 电子支付对电子商务的价值和规制需要

（1）电子支付对电子商务的价值。电子支付对电子商务的价值主要体现在引导银行介入我国电子商务交易资金的支付清算、促进联合发展和打造信任环境等方面。

第一，引导银行介入我国电子商务交易资金的支付清算。我国目前主要有三种清算模式：第一，经营电子商务的企业自行办理交易资金支付结算业务；第二，经营电子商务的企业通过第三方交易资金支付清算公司办理交易资金支付结算业务；第三，由银行充当第三方交易资金支付清算公司这一角色，为企业提供交易资金支付结算服务。第三种清算模式是最近几年才兴起的，是直接将银行引入电子商务的清算模式。电子商务的发展要求信息流、资金流和物流三流畅通，以保证交易速度。在电子商务交易中，如果依赖传统的支付方式，如现金、支票等，则很可能不能完成在线的实时支付。

第二，促进联合发展。我国电子商务网上支付业务最大的障碍已经不再是技术限制，而是如何形成一个良性的商业循环体系。在线支付正是电子商务良性循环体系的核心所在，在线支付将电子商务的商家、消费者、银行、第三方支付平台，以及网络运营商等多个涉及电子商务的对象联系到了一起，只有各个对象联合发展、和谐发展，才能最终实现电子商务的同创共赢。

第三，打造信任环境。支付安全问题一直都是电子商务发展的重要阻碍。随着电子商务的快速发展，在线支付得到了空前发展，为电子商务交易信任环境建立了强有力的保障。另外，随着第三方支付平台的迅速兴起，在线支付交易成了电子商务交易安全便捷的通道，在线支付业务的发展，不仅促进了电子商务信任环境的建设，还促进了整个网络信任环境的建设。在线支付为电子商务迅猛发展的态势增加了新的动力。

（2）电子支付对电子商务的规制需要。电子支付对电子商务的规制需要主要集中在电子支付信息的规制和电子支付安全保障的规制这两方面。

第一，电子支付信息的规制。《电子商务法》第五十三条规定，电子商务当事人可以约定采用电子支付方式支付价款。电子支付服务提供者为电子商务提供电子支付服务，应当遵守国家规定，告知用户电子支付服务的功能、使用方法、注意事项、相关风险和收费标准等，不得附加不合理的交易条件。电子支付服务提供者应当确保电子支付指令的完整性、一致性、可跟踪稽核和不可篡改。电子支付服务提供者应当向用户免费提供对账服务以及最近三年的交易记录。

第二，电子支付安全保障的规制。《电子商务法》第五十四条规定，电子支付服务提供者提供电子支付服务不符合国家有关支付安全管理要求，造成用户损失的，应当承担赔偿责任。第五十五条规定，用户在发出支付指令前，应当核对支付指令所包含的金额、收款人等完整信息。支付指令发生错误的，电子支付服务提供者应当及时查找原因，并采取相关措施予以纠正。造成用户损失的，电子支付服务提供者应当承担赔偿责任，但能够证明支付错误非自身原因造成的除外。第五十七条规定，用户应当妥善保管交易密码、电子签名数据等安全工具。用户发现安全工具遗失、被盗用或者未经授权的支付的，应当及时通知电子支付服务提供者。未经授权的支付造成的损失，由电子支付服务提供者承担；电子支付服务提供者能够证明未经授权的支付是因用户的过错造成的，则不承担责任。电子支付服务提供者发现支付指令未经授权，或者收到用户支付指令未经授权的通知时，应当立即采取措施防止损失扩大。电子支付服务提供者未及时采取措施导致损失扩大的，对损失扩大部分承担责任。

2. 电子支付结算的关系解读

电子支付结算中的法律关系根据其性质主要可以分为三大类：民事法律关系、行政法律关系和刑事法律关系。

（1）电子支付结算中的民事法律关系。

电子支付使用了技术手段和技术系统，导致电子支付的当事人不同于传统支付的当事人。电子支付的当事人可以分为五方主体：付款人、收款人、银行及网上支付平台、认证机构、网络服务提供商。

第一，银行与付款人的法律关系。电子支付中，银行和发出支付指令的付款人之间的关系是一种委托合同关系，在这个以银行和委托支付付款人为主体的委托关系中，银行在技术和操作环节上处于优势地位，相对来说，付款人处于一个弱势地位。银行在电子支付中的基本义务是按照付款人的指示，准确、及时地完成电子支付的指令。

第二，银行之间的法律关系。电子支付银行之间的权利义务受到一系列相互关联的合同的约束。当支付指令发出时，发出银行应按照客户要求按时、足量地将资金划转到接收银行，构成了付款人对接收行的一个要约，当接收银行收到这个要求并确认后，就视同该接收行做出了对该要约的承诺，于是信息发出行和信息接收行之间就发生了合同关系。

第三，银行与网络服务提供商之间的法律关系。开展电子支付业务的银行与网络服务提供商之间的关系是合同关系。网络传输服务提供商的义务主要有：按正确的模式、依据银行之间的协议传递信息；采取各种安全措施防止信息传递的失误以及信息的丢失；确保传递信息的准确性，使其准确地被接收人收到；保证信息的机密性和安全性。

第四，收款人之间的法律关系。资金的转移是因为客户之间存在债权债务关系。一般是合同中的买方向银行发出支付指令，银行向卖方划转资金，但是，如果资金并未到达卖方账户，买方的付款义务并不因其发出支付指令而完成，而应在资金到达并被卖方确认时方可认定买方支付义务的解除。

（2）电子支付结算中的行政法律关系。

电子支付结算中的行政法律关系主要是因银行业监管机构对电子银行业务和主体进行监管所形成的。行政法律关系主要可以分为行政许可法律关系和行政处罚法律关系。在我国目前的法律框架下，行政许可法律关系主要针对银行业金融机构，依据《网上银行业务管理暂行办法》和《电子银行业务管理办法》，申请开办网上银行业务和电子银行业务会形成相应的行政许可法律关系。行政处罚法律关系则是由于银行业金融机构在办理网上银行业务和电子银行业务时违反相应的法律法规，被行政处罚时形成的法律关系。

（3）电子支付结算中的刑事法律关系。

刑事法律关系是指相关行为人由于在电子支付中或利用电子支付实施了破坏金融秩序、进行金融诈骗、盗窃财产、破坏计算机信息系统或实施网上赌博行为而形成的相应的法律关系。具体可见《中华人民共和国刑法》第一百七十条至第一百九十二条的关于破坏金融管理秩序罪、金融诈骗罪的有关规定及第二百六十四条关于盗窃罪，第二百六十六条关于诈骗罪，第二百八十六条关于破坏计算机信息系统罪、网络服务渎职罪，第三百零三条关于赌博罪、开设赌场罪的有关规定。

4.1.3 电子支付结算的相关法律法规

1. 电子支付结算的流程

（1）电子支付结算的申请。

① 对办理电子支付业务的银行的要求。按照相关法律法规和《电子支付指引（第一号）》的规定，办理电子支付结算的银行，应当符合以下相关要求和规定。

第一，符合要求，公开信息。银行开展电子支付业务应当遵守国家有关法律、行政法规的规定，不得损害客户和社会公共利益。银行与其他机构合作开展电子支付业务的，其合作机构的资质要求应符合有关法规制度的规定，银行要根据公平交易的原则，签订书面协议并建立相应的监督机制。

《电子支付指引（第一号）》第八条规定，办理电子支付业务的银行应公开披露以下信息：一是银行名称、营业地址及联系方式；二是客户办理电子支付业务的条件；三是所提供的电子支付业务品种、操作程序和收费标准等；四是电子支付交易品种可能存在的全部风险，包括该品种的操作风险、未采取的安全措施、无法采取安全措施的安全漏洞等；五是客户使用电子支付交易品种可能产生的风险；六是提醒客户妥善保管、使用或授权他人使用电子支付交易存取工具（如卡、密码、密钥、电子签名制作数据等）的警示性信息；七是争议及差错处理方式。

第二，签订合同。银行应根据审慎性原则，确定办理电子支付业务客户的条件。银行应认真审核客户申请办理电子支付业务的基本资料，并以书面或电子方式与客户签订协议。银行应按会计档案的管理要求妥善保存客户的申请资料，保存期限为该客户撤销电子支付业务后5年。

第三，业务办理。银行为客户办理电子支付业务，应根据客户的性质、电子支付的类型、支付金额等，与客户约定适当的认证方式，如密码、密钥、数字证书、电子签名等。认证方式的约定和使用应遵循《电子签名法》等法律法规的规定。银行要求客户提供有关资料信息时，应告知客户所提供信息的使用目的和范围、安全保护措施以及客户未提供或未真实提供相关资料信息的后果。

② 办理电子支付结算的要求。

第一，开立银行结算账户。客户办理电子支付业务应在银行开立银行结算账户，账户的开立和使用应符合《人民币银行结算账户管理办法》《境内外汇账户管理规定》等的规定。客户可以在其已开立的银行结算账户中指定办理电子支付业务的账户。该账户也可用于办理其他支付结算业务。客户未指定的银行结算账户不得办理电子支付业务。

第二，签订合同的内容。《电子支付指引（第一号）》第十三条规定，客户与银行签订的电子支付协议应包括以下内容：一是客户指定办理电子支付业务的账户名称和账号；二是客户应保证办理电子支付业务账户的支付能力；三是双方约定的电子支付类型、交易规则、认证方式等；四是银行对客户提供的申请资料和其他信息的保密义务；五是银行根据客户要求提供交易记录的时间和方式；六是争议、差错处理和损害赔偿责任。

第三，发生特殊情形的申请。《电子支付指引（第一号）》第十四条规定，有以下情形之一的，客户应及时向银行提出电子或书面申请：一是终止电子支付协议的；二是客户基本资料发生变更的；三是约定的认证方式需要变更的；四是有关电子支付业务资料、存取工具被盗或遗失的；五是客户与银行约定的其他情形。

（2）电子支付指令的发起和接收。

① 电子支付指令的发起。根据《电子支付指引（第一号）》第十七条至第十九条的规定，电子支付指令的发起行应建立必要的安全程序，对客户身份和电子支付指令进行确认，并形成日志文件等记录，保存至交易后第五年。发起行应采取有效措施，在客户发出电子支付指令前，提示客户对指令的准确性和完整性进行确认。发起行应确保正确执行客户的电子支付指令，对电子支付指令进行确认后，应能够向客户提供纸质或电子交易回单。发起行执行通过安全程序的电子支付指令后，客户不得要求变更或撤销电子支付指令。

② 电子支付指令的接收。《电子支付指引（第一号）》第二十二条规定，电子支付指令需转换为纸质支付凭证的，其纸质支付凭证必须记载以下事项（具体格式由银行确定）：第一，付款人开户行名称和签章；第二，付款人名称、账号；第三，接收行名称；第四，收款人名称、账号；第五，大写金额和小写金额；第六，发起日期和交易序列号。

③ 电子支付指令的发起和接收要求。《电子支付指引（第一号）》第二十条规定，发起行、接收行应确保电子支付指令传递的可跟踪稽核和不可篡改。第二十一条规定，发起行、接收行之间应按照协议规定及时发送、接收和执行电子支付指令，并回复确认。

（3）电子支付结算的安全控制。

① 电子支付结算系统的安全。银行开展电子支付业务采用的信息安全标准、技术标准、业务标准等应当符合有关规定。银行应针对与电子支付业务活动相关的风险，建立有效的管

理制度。

② 电子支付结算的金额控制。银行应根据审慎性原则并针对不同客户，在电子支付类型、单笔支付金额和每日累计支付金额等方面做出合理限制。银行通过互联网为个人客户办理电子支付业务，除采用数字证书、电子签名等安全认证方式外，单笔金额不应超过 1 000 元人民币，每日累计金额不应超过 5 000 元人民币。银行为客户办理电子支付业务，单位客户从其银行结算账户支付给个人银行结算账户的款项，其单笔金额不得超过 50 000 元人民币，但银行与客户通过协议约定，能够事先提供有效付款依据的除外。银行应在客户的信用卡授信额度内，设定用于网上支付交易的额度以供客户选择，但该额度不得超过信用卡的预借现金额度。

③ 电子支付结算的客户信息安全。银行应确保电子支付业务处理系统的安全性，保证重要交易数据的不可抵赖性、数据存储的完整性、客户身份的真实性，并妥善管理在电子支付业务处理系统中使用的密码、密钥等认证数据。银行使用客户资料、交易记录等，不得超出法律法规许可和客户授权的范围。银行应依法对客户的资料信息、交易记录等保密。除国家法律、行政法规另有规定外，银行应当拒绝除客户本人以外的任何单位或个人的查询。

银行应妥善保管电子支付业务的交易记录，对电子支付业务的差错应详细备案登记。记录内容应包括差错时间、差错内容与处理部门及人员姓名、客户资料、差错影响或损失、差错原因、处理结果等。银行保管、使用不当，导致客户资料信息泄露或被篡改的，银行应采取有效措施防止由此造成的客户损失，并及时通知和协助客户补救。

④ 电子支付交易数据的完整性、可靠性和保密。

一是电子支付交易数据的完整性和可靠性。《电子支付指引（第一号）》第二十九条规定，银行应采取必要措施保护电子支付交易数据的完整性和可靠性：第一，制定相应的风险控制策略，防止电子支付业务处理系统发生有意或无意的危害数据完整性和可靠性的变化，并具备有效的业务容量、业务连续性计划和应急计划；第二，保证电子支付交易与数据记录程序的设计发生擅自变更时能被有效侦测；第三，有效防止电子支付交易数据在传送、处理、存储、使用和修改过程中被篡改，任何对电子支付交易数据的篡改能通过交易处理、监测和数据记录功能被侦测；第四，按照会计档案管理的要求，对电子支付交易数据，以纸介质或磁性介质的方式进行妥善保存，保存期限为五年，并方便调阅。

《电子商务法》第五十四条规定，电子支付服务提供者提供电子支付服务不符合国家有关支付安全管理要求，造成用户损失的，应当承担赔偿责任。

二是电子支付交易数据保密。《电子支付指引（第一号）》第三十条规定，银行应采取必要措施为电子支付交易数据保密：第一，对电子支付交易数据的访问须经合理授权和确认；第二，电子支付交易数据须以安全方式保存，并防止其在公共、私人或内部网络上传输时被擅自查看或非法截取；第三，第三方获取电子支付交易数据必须符合有关法律法规的规定以及银行关于数据使用和保护的标准与控制制度；第四，对电子支付交易数据的访问均须登记，并确保该登记不被篡改。

（4）电子支付结算的差错处理。《电子商务法》第五十五条规定，用户在发出支付指令前，应当核对支付指令所包含的金额、收款人等完整信息。支付指令发生错误的，电子支付服务提供者应当及时查找原因，并采取相关措施予以纠正。造成用户损失的，电子支付服务提供者应当承担赔偿责任，但能够证明支付错误非自身原因造成的除外。

2. 互联网金融的规范与发展

互联网金融是传统金融机构与互联网企业利用互联网技术和信息通信技术实现资金融通、支付、投资和信息中介服务的新型金融业务模式。互联网金融的主要业态包括互联网支付、网络借贷、股权众筹融资、互联网基金销售、互联网保险、互联网信托和互联网消费金融等。互联网金融的发展对促进金融包容具有重要意义，为大众创业、万众创新打开了大门，在满足小微企业、中低收入阶层投融资需求，提高金融服务质量和效率，引导民间金融走向规范化，以及扩大金融业对内对外开放等方面可以发挥独特的功能和作用。

随着互联网金融的快速发展，其影响范围越来越广泛，逐渐成为主要的金融模式，其促进了金融创新，提高了金融资源配置效率，但也存在一些问题和风险隐患。从金融业健康发展的全局看，为进一步推进金融改革创新和对外开放，促进互联网金融健康发展，根据《关于促进互联网金融健康发展的指导意见》，提出以下三个建议。

（1）促进创新，保证互联网金融稳步发展。互联网与金融深度融合是大势所趋，将对金融产品、业务、组织和服务等方面产生更加深刻的影响。互联网金融对促进小微企业发展和扩大就业发挥了现有金融机构难以替代的积极作用，能促进互联网金融健康发展，有利于提高金融服务质量和效率，深化金融改革，促进金融创新发展，扩大金融业对内对外开放，构建多层次的金融体系。

（2）协同指导，履行互联网金融监管责任。互联网金融本质仍是金融，仍具有金融风险隐蔽性、传染性、广泛性和突发性的特点。加强互联网金融监管，是促进互联网金融健康发展的内在要求。同时，互联网金融是新生事物和新兴业态，要制定适度宽松的监管政策，为互联网金融创新留有空间。通过鼓励创新和加强监管、相互支撑，促进互联网金融健康发展，更好地服务实体经济。互联网金融监管应遵循“依法监管、适度监管、分类监管、协同监管、创新监管”的原则，科学合理界定各业态的业务边界及准入条件，落实监管责任，明确风险底线，保护合法经营，坚决打击违法和违规行为。

（3）健全制度，规范互联网金融市场秩序。发展互联网金融要以市场为导向，遵循服务实体经济、服从宏观调控和维护金融稳定的总体目标，切实保障消费者合法权益，维护公平竞争的市场秩序。要细化管理制度，为互联网金融健康发展营造良好的环境。

4.2 第三方支付结算的法律制度

4.2.1 第三方支付结算的机构

第三方支付结算是指具备一定实力和信誉保障的独立机构，通过银联或网联对接而促成交易的网络支付结算模式。在第三方支付结算模式下，买方选购商品后，使用第三方支付结算平台提供的账户进行货款支付（支付给第三方支付结算机构），该机构通知卖家货款到账、要求发货；买方收到货物，检验货物，并且进行确认后，再通知该机构付款；该机构将款项转至卖方账户。

《非银行支付机构网络支付业务管理办法》第二、三、四款规定，网络支付业务，是指收款人或付款人通过计算机、移动终端等电子设备，依托公共网络信息系统远程发起支付指令，且付款人电子设备不与收款人特定专属设备交互，由支付机构为收付款人提供货币资金转移服务的活动。本办法所称收款人特定专属设备，是指专门用于交易收款，在交易过程中与支付机构业务系统交互并参与生成、传输、处理支付指令的电子设备。

2010 年，中国人民银行发布的《非金融机构支付服务管理办法》中提到，非金融机构支付服务，是指非金融机构在收付款人之间作为中介机构提供网络支付、预付卡的发行与受理、银行卡收单等部分或全部货币资金转移服务。当时的第三方支付结算是通过与网联对接而促成交易的网络支付模式，其机构一般实力较强且信誉高。

1. 广义的第三方支付结算

广义的第三方支付结算，又称非金融机构支付结算，是指非金融机构在收付款人之间作为中介机构提供资金的支付、结算和转移的一种支付结算方式。

广义的第三方支付结算包括网络支付、预付卡的发行与受理、银行卡收单和中国人民银行确定的其他支付服务的部分或全部货币资金转移服务的业务。其中，网络支付，是指依托公共网络或专用网络在收付款人之间转移货币资金的行为，包括货币汇兑、互联网支付、移动电话支付、固定电话支付、数字电视支付等。预付卡，是指以营利为目的发行的、在发行机构之外购买商品或服务的预付凭证，包括采用磁条、芯片等技术以卡片、密码等形式发行的预付卡。银行卡收单，是指通过销售点（Point of Sales，POS）终端等为银行卡特约商户代收货币资金的行为。但是，预付卡不包括仅限于发放社会保障金、乘坐公共交通工具、缴纳电话费等通信费用的预付卡和发行机构与特约商户为同一法人的预付卡。

2. 狭义的第三方支付结算

狭义的第三方支付结算，又称网络支付结算、第三方支付平台支付结算或者电子商务第三方支付结算，是指依法取得支付业务许可证的非银行第三方支付结算机构，获准办理互联网支付、移动电话支付、固定电话支付、数字电视支付等网络支付业务的一种支付结算方式。

3. 第三方支付结算的四种方式

（1）平台依托型。此类互联网金融公司拥有成熟的电商平台和庞大的用户基础，通过与各大银行、通信服务商等合作，搭建“网上线下”全覆盖的支付渠道，在牢牢把握支付终端的基础上，经过整合、包装商业银行的产品和服务，从中赚取手续费，并进一步推广其他增值金融服务。该方式的代表企业包括阿里巴巴集团旗下的支付宝、腾讯旗下的财付通、盛大集团旗下的盛付通等。

（2）行业应用型。流动资金是企业生存发展的命脉。在信息技术高速发展的今天，电子商务的应用范畴已经由最初的 B2C 零售扩展到更为广阔的 B2B 领域，越来越多的传统企业依托电子商务来提高产、供、销整体效率，以提高竞争力。此类第三方支付机构主要面向企业用户，通过深度挖掘行业，为供应链上下游提供包括金融服务、营销推广、行业解决方案的一揽子服务，获取服务费、信贷滞纳金等收入。该方式的代表企业包括汇付天下、快钱和易宝。

（3）银行收单型。银行收单型，也可称为 POS 收单型。所谓银行收单即通过销售终端收取账单的支付方式，而随着支付方式及功能的不断扩大，其定义也不断扩大，现在银行收单统指通过 POS 机进行的消费、预授权、余额查询和转账等交易。此类模式在发展初期是互联网金融公司通过电子账单处理平台和银联 POS 终端为线上商户提供账单号收款、账户直充等服务，获得支付牌照后转为银行卡收单盈利模式。目前，国内拉卡拉为银行收单型第三方支付结算中较为成功的企业。

（4）预付卡型。预付卡，是指发卡机构以特定载体和形式发行的，可在发卡机构之外购买商品或服务的预付凭证。该方式下，企业通过发行面向企业或者个人的预付卡，向购买人收取手续费，与银行产品形成替代，挤占银行用户资源，代表企业包括资和信、商服通、百联集团等。

4.2.2　第三方支付结算的机构及其准入

1. 第三方支付结算的机构

根据中国人民银行颁发的《非金融机构支付服务管理办法》，第三方支付结算机构作为收款方与付款方之间的桥梁，为双方提供资金划拨与清结算、技术服务等，主要包括网络支付、线下收单、预付卡等业务。

《非金融机构支付服务管理办法》第二条规定，非金融机构支付服务是指非金融机构在收付款人之间作为中介机构提供下列部分或全部货币资金转移服务：网络支付、预付卡的发行与受理、银行卡收单、中国人民银行确定的其他支付服务。

《非金融机构支付服务管理办法》第四条、第五条规定，支付机构之间的货币资金转移应当委托银行业金融机构办理，不得通过支付机构相互存放货币资金或委托其他支付机构等形式办理。支付机构不得办理银行业金融机构之间的货币资金转移，经特别许可的除外。支付机构应当遵循安全、效率、诚信和公平竞争的原则，不得损害国家利益、社会公共利益和客户合法权益。支付机构应当遵守反洗钱的有关规定，履行反洗钱义务。

2. 第三方支付结算的机构准入

《非金融机构支付服务管理办法》第三条规定，非金融机构提供支付服务，应当依据本办法规定取得支付业务许可证，成为支付机构。支付机构依法接受中国人民银行的监督管理。未经中国人民银行批准，任何非金融机构和个人不得从事或变相从事支付业务。

《非金融机构支付服务管理办法》第二章规定，第三方支付结算的机构申请与许可必须遵从《非金融机构支付服务管理办法》及其细则。

（1）申请。非金融机构申请支付业务许可证，需经所在地中国人民银行分支机构审查后，报中国人民银行批准。中国人民银行分支机构，是指中国人民银行副省级城市中心支行以上的分支机构。

（2）条件。《非金融机构支付服务管理办法》第八条规定，支付业务许可证的申请人应当具备下列条件：第一，在中华人民共和国境内依法设立的有限责任公司或股份有限公司，且为非金融机构法人；第二，有符合本办法规定的注册资本最低限额；第三，有符合本办法规定的出资人；第四，有 5 名以上熟悉支付业务的高级管理人员；第五，有符合要求的反洗钱措施；第六，有符合要求的支付业务设施；第七，有健全的组织机构、内部控制制度和风险管理措施；第八，有符合要求的营业场所和安全保障措施；第九，申请人及其高级管理人员最近3年内未因利用支付业务实施违法犯罪活动或为违法犯罪活动办理支付业务等受过处罚。

关于以上条件的具体要求如下。

① 关于注册资本最低限额的规定。申请人拟在全国范围内从事支付业务的，其注册资本最低限额为1亿元人民币；拟在省（自治区、直辖市）范围内从事支付业务的，其注册资本最低限额为3 000万元人民币。注册资本最低限额为实缴货币资本。在全国范围内从事支付业务，包括申请人跨省（自治区、直辖市）设立分支机构从事支付业务，或客户可跨省（自治区、直辖市）办理支付业务的情形。中国人民银行根据国家有关法律法规和政策规定，调整申请人的注册资本最低限额。外商投资支付机构的业务范围、境外出资人的资格条件和出资比例等，由中国人民银行另行规定，报国务院批准。

② 关于出资人的规定。申请人的主要出资人（包括拥有申请人实际控制权的出资人和持有申请人10%以上股权的出资人）应当符合以下条件：第一，为依法设立的有限责任公司或股份有限公司；第二，截至申请日，连续为金融机构提供信息处理支持服务2年以上，或连续为电子商务活动提供信息处理支持服务2年以上；第三，截至申请日，连续盈利2年以上；第四，最近3年内未因利用支付业务实施违法犯罪活动或为违法犯罪活动办理支付业务等受过处罚。

③ 关于高级管理人员的规定。申请人要有5名以上熟悉支付业务的高级管理人员，指高级管理人员（包括总经理、副总经理、财务负责人、技术负责人或实际履行上述职责的人员）中至少有5名人员具备下列条件：第一，具有大学本科以上学历或具有会计、经济、金融、计算机、电子通信、信息安全等专业的中级技术职称；第二，从事支付结算业务或金融信息处理业务2年以上或从事会计、经济、金融、计算机、电子通信、信息安全工作3年以上。

④ 关于符合要求的反洗钱措施的规定。反洗钱措施，具体包括反洗钱内部控制、客户身份识别、可疑交易报告、客户身份资料和交易记录保存等预防洗钱、恐怖融资等金融犯罪活动的措施。

⑤ 关于符合要求的支付业务设施的规定。支付业务设施，具体包括支付业务处理系统、网络通信系统以及容纳上述系统的专用机房。

⑥ 关于组织机构的规定。组织机构，具体包括具有合规管理、风险管理、资金管理和系统运行维护职能的部门。

（3）提交的文件和资料。《非金融机构支付服务管理办法》第十一条规定，申请人应当向所在地中国人民银行分支机构提交下列文件和资料：第一，书面申请，载明申请人的名称、住所、注册资本、组织机构设置、拟申请支付业务等；第二，公司营业执照（副本）复印件；第三，公司章程；第四，验资证明；第五，经会计师事务所审计的财务会计报告；第六，支付业务可行性研究报告；第七，反洗钱措施验收材料；第八，技术安全检测认证证明；第九，高级管理人员的履历材料；第十，申请人及其高级管理人员的无犯罪记录证明材料；第十一，主要出资人的相关材料；第十二，申请资料真实性声明。

（4）受理公告。《非金融机构支付服务管理办法》第十二条规定，申请人应当在收到受理通知后按规定公告下列事项：第一，申请人的注册资本及股权结构；第二，主要出资人的名单、持股比例及其财务状况；第三，拟申请的支付业务；第四，申请人的营业场所；第五，支付业务设施的技术安全检测认证证明。

（5）颁发支付业务许可证。《非金融机构支付服务管理办法》第十三条规定，中国人民银行分支机构依法受理符合要求的各项申请，并将初审意见和申请资料报送中国人民银行。中国人民银行审查批准的，依法颁发支付业务许可证，并予以公告。

支付业务许可证自颁发之日起，有效期为 5 年。支付机构拟于支付业务许可证期满后继续从事支付业务的，应当在期满前 6 个月内向所在地中国人民银行分支机构提出续展申请。中国人民银行准予续展的，每次续展的有效期为 5 年。支付机构不得转让、出租、出借支付业务许可证。

第三方支付机构变更规定事项的，应当在向公司登记机关申请变更登记前报中国人民银行同意。申请终止支付业务的，应当向所在地中国人民银行分支机构提交规定的文件、资料。准予终止的，支付机构应当按照中国人民银行的批复完成终止工作，交回支付业务许可证。

4.2.3 第三方支付结算的运行管理

2015 年 12 月 28 日中国人民银行发布《非银行支付机构网络支付业务管理办法》，自 2016 年 7 月 1 日起施行。为规范非银行支付机构网络支付业务，《非银行支付机构网络支付业务管理办法》根据《中华人民共和国人民银行法》《非金融机构支付服务管理办法》等规定，对第三方支付结算机构做出以下规定。

支付机构从事网络支付业务，适用《非银行支付机构网络支付业务管理办法》。支付机构是指依法取得支付业务许可证，获准办理互联网支付、移动电话支付、固定电话支付、数字电视支付等网络支付业务的非银行机构。网络支付业务，是指收款人或付款人通过计算机、移动终端等电子设备，依托公共网络信息系统远程发起支付指令，且付款人电子设备不与收款人特定专属设备交互，由支付机构为收付款人提供货币资金转移服务的活动。收款人特定专属设备，是指专门用于交易收款，在交易过程中与支付机构业务系统交互并参与生成、传输、处理支付指令的电子设备。

其中，《非银行支付机构网络支付业务管理办法》第九条规定，在第三方支付结算运行管理过程中，支付机构不得经营或者变相经营证券、保险、信贷、融资、理财、担保、信托、货币兑换、现金存取等业务。

在具体业务管理中，支付机构应遵守以下规定。

1．关于扣划银行账户资金的规定

支付机构向客户开户银行发送支付指令，扣划客户银行账户资金的，支付机构和银行应当执行下列要求：第一，支付机构应当事先或在首笔交易时自主识别客户身份并分别取得客户和银行的协议授权，同意其向客户的银行账户发起支付指令扣划资金；第二，银行应当事先或在首笔交易时自主识别客户身份并与客户直接签订授权协议，明确约定扣款适用范围和交易验证方式，设立与客户风险承受能力相匹配的单笔和单日累计交易限额，承诺无条件全额承担此类交易的风险损失先行赔付责任；第三，除单笔金额不超过 200 元的小额支付业务，公共事业缴费、税费缴纳、信用卡还款等收款人固定并且定期发生的支付业务，以及符合《非银行支付机构网络支付业务管理办法》第三十七条规定的情形以外，支付机构不得代替银行进行交易验证。

2. 关于客户账户管理的规定

支付机构应根据客户身份对同一客户在本机构开立的所有支付账户进行关联管理，并按照下列要求对个人支付账户进行分类管理：第一，对于以非面对面方式通过至少一个合法安全的外部渠道进行身份基本信息验证，且为首次在本机构开立支付账户的个人客户，支付机构可以为其开立Ⅰ类支付账户，账户余额仅可用于消费和转账，余额付款交易自账户开立起累计不超过 1 000 元（包括支付账户向客户本人同名银行账户转账）；第二，对于支付机构自主或委托合作机构以面对面方式核实身份的个人客户，或以非面对面方式通过至少三个合法安全的外部渠道进行身份基本信息多重交叉验证的个人客户，支付机构可以为其开立Ⅱ类支付账户，账户余额仅可用于消费和转账，其所有支付账户的余额付款交易年累计不超过 10 万元（不包括支付账户向客户本人同名银行账户转账）；第三，对于支付机构自主或委托合作机构以面对面方式核实身份的个人客户，或以非面对面方式通过至少五个合法安全的外部渠道进行身份基本信息多重交叉验证的个人客户，支付机构可以为其开立Ⅲ类支付账户，账户余额可以用于消费、转账以及购买投资理财等金融类产品，其所有支付账户的余额付款交易年累计不超过 20 万元（不包括支付账户向客户本人同名银行账户转账）。客户身份基本信息外部验证渠道包括但不限于政府部门数据库、商业银行信息系统、商业化数据库等。其中，通过商业银行验证个人客户身份基本信息的，应为Ⅰ类银行账户或信用卡。

支付机构办理银行账户与支付账户之间转账业务的，相关银行账户与支付账户应属于同一客户。支付机构应按照与客户的约定及时办理支付账户向客户本人银行账户的转账业务，不得对Ⅱ类、Ⅲ类支付账户向客户本人银行账户转账设置限额。

支付机构为客户办理本机构发行的预付卡向支付账户转账的，应当按照《支付机构预付卡业务管理办法》（中国人民银行公告〔2012〕第 12 号公布）相关规定对预付卡转账至支付账户的余额单独管理，仅限其用于消费，不得通过转账、购买投资理财等金融类产品等形式进行套现或者变相套现。

3. 关于交易信息的规定

支付机构应当确保交易信息的真实性、完整性、可追溯性以及在支付全流程中的一致性，不得篡改或者隐匿交易信息。交易信息包括但不限于下列内容：第一，交易渠道、交易终端或接口类型、交易类型、交易金额、交易时间，以及直接向客户提供商品或者服务的特约商户名称、编码和按照国家与金融行业标准设置的商户类别码；第二，收付款客户名称，收付款支付账户账号或者银行账户的开户银行名称及账号；第三，付款客户的身份验证和交易授权信息；第四，有效追溯交易的标识；第五，单位客户单笔超过 5 万元的转账业务的付款用途和事由。

4. 关于客户支付操作管理的规定

因交易取消（撤销）、退货、交易不成功或者投资理财等金融类产品赎回等需划回资金的，相应款项应当划回原扣款账户。

对于客户的网络支付业务操作行为，支付机构应当在确认客户身份及真实意愿后及时办理，并在操作生效之日起至少 5 年内，真实、完整地保存操作记录。客户操作行为包括但不限于登录和注销登录、身份识别和交易验证、变更身份信息和联系方式、调整业务功能、调整交易限额、变更资金收付方式，以及变更或挂失密码、数字证书、电子签名等。

4.2.4 第三方支付结算的风险管理

在第三方支付结算领域中，信息不对称现象普遍存在，第三方支付结算机构不论是与商户之间还是与客户之间，都存在着第三方支付结算的潜在风险。且第三方支付结算目前面对的主要风险有系统风险、信用风险、洗钱风险等，为应对这些潜在风险，防范支付风险，《非银行支付机构网络支付业务管理办法》第四章第十七条规定，支付机构应当综合客户类型、身份核实方式、交易行为特征、资信状况等因素，建立客户风险评级管理制度和机制，并动态调整客户风险评级及相关风险控制措施。支付机构应当根据客户风险评级、交易验证方式、交易渠道、交易终端或接口类型、交易类型、交易金额、交易时间、商户类别等因素，建立交易风险管理制度和交易监测系统，对疑似欺诈、套现、洗钱、非法融资、恐怖融资等交易，及时采取调查核实、延迟结算、终止服务等措施。

第三方支付结算机构可以采用以下措施进行风险管理。

（1）警示潜在风险。支付机构应当向客户充分提示网络支付业务的潜在风险，及时揭示不法分子的新型作案手段，对客户进行必要的安全教育，并对高风险业务在操作前、操作中进行风险警示。支付机构为客户购买合作机构的金融类产品提供网络支付服务的，应当确保合作机构为取得相应经营资质并依法开展业务的机构，并在首次购买时向客户展示合作机构信息和产品信息，充分提示相关责任、权利、义务及潜在风险，协助客户与合作机构完成协议签订。

（2）建立健全风险应对制度。支付机构应当建立健全风险准备金制度和交易赔付制度，并对不能有效证明因客户导致的资金损失及时先行全额赔付，保障客户合法权益。支付机构应于每年 1 月 31 日前，将前一年度发生的风险事件、客户风险损失发生和赔付等情况在网站上对外公告。支付机构应在年度监管报告中如实反映上述内容和风险准备金计提、使用及结余等情况。

（3）健全信息保护规范。支付机构应当依照中国人民银行有关客户信息保护的规定，制定有效的客户信息保护措施和风险控制机制，履行客户信息保护责任。支付机构不得存储客户银行卡的磁条信息或芯片信息、验证码、密码等敏感信息，原则上不得存储银行卡有效期。因特殊业务需要，支付机构确需存储客户银行卡有效期的，应当取得客户和开户银行的授权，以加密形式存储。支付机构应当以“最小化”原则采集、使用、存储和传输客户信息，并告知客户相关信息的使用目的和范围。支付机构不得向其他机构或个人提供客户信息，法律法规另有规定，以及经客户本人逐项确认并授权的除外。

4.2.5 第三方支付结算的客户权益管理

第三方支付结算的客户权益保护在实践中面临许多问题。涉及的具体问题有格式合同问题、客户备付金的孳息归属问题、未授权支付的责任承担问题等，在宏观上还存在立法缺失、法律协调难、监管及退出机制不完善等问题。这些问题的出现，使第三方支付结算的客户权益保护变得尤为重要。为规范第三方支付结算机构，保护客户合法权益，《非银行支付机构网络支付业务管理办法》第一章第三、四条规定，第三方支付结算机构应当遵循主要服务电子商务发展和为社会提供小额、快捷、便民小微支付服务的宗旨，基于客户的银行账户或者按照本办法规定为客户开立支付账户提供网络支付服务。支付机构基于银行卡为客户提供网络支付服务的，应当执行银行卡业务相关监管规定和银行卡行业规范。支付机构对特约商户的拓展与管理、业务与风险管理应当执行《银行卡收单业务管理办法》（中国人民银行公告〔2013〕第9号公布）等相关规定。支付机构网络支付服务涉及跨境人民币结算和外汇支付的，应当执行中国人民银行、国家外汇管理局相关规定。支付机构应当依法维护当事人的合法权益，遵守反洗钱和反恐怖融资的相关规定，履行反洗钱和反恐怖融资义务。

1. 关于客户管理的规定

支付机构应当遵循"了解你的客户"原则，建立健全客户身份识别机制。支付机构为客户开立支付账户的，应当对客户实行实名制管理，登记并采取有效措施以验证客户身份基本信息，按规定核对有效身份证件并留存有效身份证件复印件或者影印件，建立客户唯一识别编码，并在与客户业务关系存续期间采取持续的身份识别措施，确保有效核实客户身份及其真实意愿，不得开立匿名、假名支付账户。

支付机构应当与客户签订服务协议，约定双方责任、权利和义务，至少明确业务规则（包括但不限于业务功能和流程、身份识别和交易验证方式、资金结算方式等），收费项目和标准，查询、差错争议及投诉等服务流程和规则，业务风险和非法活动防范及处置措施，客户损失责任划分和赔付规则等内容。支付机构为客户开立支付账户的，还应在服务协议中以显著方式告知客户，并采取有效方式确认客户充分知晓并清晰理解下列内容："支付账户所记录的资金余额不同于客户本人的银行存款，不受《存款保险条例》保护，其实质为客户委托支付机构保管的、所有权归属于客户的预付价值。该预付价值对应的货币资金虽然属于客户，但不以客户本人名义存放在银行，而是以支付机构名义存放在银行，并且由支付机构向银行发起资金调拨指令。"支付机构应当确保协议内容清晰、易懂，并以显著方式提示客户注意与其有重大利害关系的事项。

获得互联网支付业务许可的支付机构，经客户主动提出申请，可为其开立支付账户；仅获得移动电话支付、固定电话支付、数字电视支付业务许可的支付机构，不得为客户开立支付账户。支付机构不得为金融机构，以及从事信贷、融资、理财、担保、信托、货币兑换等金融业务的其他机构开立支付账户。

2. 关于客户权益保护的规定

支付机构应当通过协议约定禁止特约商户存储客户银行卡的磁条信息或芯片信息、验证码、有效期、密码等敏感信息，并采取定期检查、技术监测等必要监督措施。特约商户违反协议约定存储上述敏感信息的，支付机构应当立即暂停或者终止为其提供网络支付服务，采取有效措施删除敏感信息，防止信息泄露，并依法承担因相关信息泄露造成的损失和责任。

支付机构可以组合选用下列三类要素，对客户使用支付账户余额付款的交易进行验证：第一，仅客户本人知悉的要素，如静态密码等；第二，仅客户本人持有并特有的，不可复制或者不可重复利用的要素，如经过安全认证的数字证书、电子签名，以及通过安全渠道生成和传输的一次性密码等；第三，客户本人生理特征要素，如指纹等。支付机构应当确保采用的要素相互独立，部分要素的损坏或者泄露不应导致其他要素损坏或者泄露。

支付机构采用数字证书、电子签名作为验证要素的，数字证书及生成电子签名的过程应符合《中华人民共和国电子签名法》《金融电子认证规范》（JR/T 0118—2015）等有关规定，确保数字证书的唯一性、完整性及交易的不可抵赖性。支付机构采用一次性密码作为验证要素的，应当切实防范一次性密码获取端与支付指令发起端为相同物理设备而带来的风险，并将一次性密码有效期严格限制在最短的必要时间内。支付机构采用客户本人生理特征作为验证要素的，应当符合国家、金融行业标准和相关信息安全管理要求，防止被非法存储、复制或重放。

3. 关于支付安全的规定

支付机构应根据交易验证方式的安全级别，按照下列要求对个人客户使用支付账户余额付款的交易进行限额管理：第一，支付机构采用包括数字证书或电子签名在内的两类（含）以上有效要素进行验证的交易，单日累计限额由支付机构与客户通过协议自主约定；第二，支付机构采用不包括数字证书、电子签名在内的两类（含）以上有效要素进行验证的交易，单个客户所有支付账户单日累计金额应不超过 5 000 元（不包括支付账户向客户本人同名银行账户转账）；第三，支付机构采用不足两类有效要素进行验证的交易，单个客户所有支付账户单日累计金额应不超过 1 000 元（不包括支付账户向客户本人同名银行账户转账），且支付机构应当承诺无条件全额承担此类交易的风险损失赔付责任。

支付机构网络支付业务相关系统设施和技术，应当持续符合国家、金融行业标准和相关信息安全管理要求。如未符合相关标准和要求，或者尚未形成国家、金融行业标准，支付机构应当无条件全额承担客户直接风险损失的先行赔付责任。

支付机构应当在境内拥有安全、规范的网络支付业务处理系统及其备份系统，制定突发事件应急预案，保障系统安全性和业务连续性。支付机构为境内交易提供服务的，应当通过境内业务处理系统完成交易处理，并在境内完成资金结算。

支付机构应当采取有效措施，确保客户在执行支付指令前可对收付款客户名称和账号、交易金额等交易信息进行确认，并在支付指令完成后及时将结果通知客户。因交易超时、无响应或者系统故障导致支付指令无法正常处理的，支付机构应当及时提示客户；因客户造成支付指令未执行、未适当执行、延迟执行的，支付机构应当主动通知客户更改或者协助客户采取补救措施。

支付机构应当通过具有合法独立域名的网站和统一的服务电话等渠道，为客户免费提供至少最近一年以内交易信息查询服务，并建立健全差错争议和纠纷投诉处理制度，配备专业部门和人员据实、准确、及时处理交易差错和客户投诉。支付机构应当告知客户相关服务的正确获取途径，指导客户有效辨识服务渠道的真实性。支付机构应当于每年 1 月 31 日前，将前一年度发生的客户投诉数量和类型、处理完毕的投诉占比、投诉处理速度等情况在网站上对外公告。

支付机构应当充分尊重客户自主选择权，不得强迫客户使用本机构提供的支付服务，不得阻碍客户使用其他机构提供的支付服务。支付机构应当公平展示客户可选用的各种资金收付方式，不得以任何形式诱导、强迫客户开立支付账户或者通过支付账户办理资金收付，不得附加不合理条件。

支付机构因系统升级、调试等，需暂停网络支付服务的，应当至少提前5个工作日予以公告。支付机构变更协议条款、提高服务收费标准或者新设收费项目的，应当于实施之前在网站等服务渠道以显著方式连续公示30日，并于客户首次办理相关业务前确认客户知悉且接受拟调整的全部详细内容。

课堂讨论

电子支付结算中的民事法律关系是什么？

4.3 网络金融及其风险防范

4.3.1 网络金融及其发展

1. 网络金融的发展阶段

（1）网络金融萌芽阶段。网络金融萌芽阶段在2005年以前，该阶段主要通过互联网技术帮助金融机构做传统业务。

（2）第三方支付崛起阶段。第三方支付崛起阶段为2005年到2012年，在这个过程中，网络开始在我国逐渐普及，第三方支付机构随着电子商务逐渐成长起来，网络与金融的结合从技术领域深入金融业务领域，这一阶段的标志性事件是2011年中国人民银行开始发放第三方支付牌照，至此，第三方支付机构进入规范发展的轨道。

（3）网络金融爆发式发展阶段。网络金融爆发式发展阶段为2012年到2013年，应该说2013年是我国网络金融元年，是网络金融得到爆发式发展的一年，从这一年开始，P2P平台发展迅速，各类依托网络的“众筹”融资平台开始起步，第一家从事网络保险的公司获批，一些银行、电商以网络为依托对传统业务模式进行重组改造，加速建设线上创新型平台。

（4）网络金融开始向全方位金融服务方向发展阶段。从2014年开始，网络金融的发展进入网络金融开始向全方位金融服务方向发展阶段。移动支付、云计算、社交网络、搜索引擎等新兴技术与传统金融深入结合，催生出形态各异的网络金融模式，可以为客户提供全方位、无缝、快捷、安全高效的金融服务。目前网络金融的创新运营模式层出不穷，如第三方支付平台模式、点对点网络借款（Peer-to-Peer，P2P）模式、个人向小型企业提供贷款（Person-to-Business，P2B）模式、“众筹”模式、虚拟货币及交易等，以及电商发起创立的网络银行模式，还有搜索比价模式，即通过金融产品搜索引擎，在一个金融平台把有投资理财需求的个人和有资金需求的中小银行与贷款机构进行对接，使得商业银行能通过网络，批量获得客户。

2. 网络银行

（1）网络银行的定义与内容。网络银行是指设在互联网上的金融站点，没有银行大厅，没有营业网点，是能让客户通过与互联网连接的计算机在任何地方24小时进行银行各项业务办理的一种金融机构，又被称作“虚拟银行”。

一般意义上的网络银行包括三个要素：一是需要具备互联网或其他电子通信网络；二是

基于电子通信的金融服务提供者；三是基于电子通信的金融客户。这种全新的为客户服务的方式，可以使客户不受时空的限制，只要能上网，就能够在任何地方方便快捷地管理自己的资产、了解各种信息及享受银行的各种服务。

（2）网络银行的分类。

① 按照有无实体网点分类。一类是完全依赖于互联网的无形的电子银行，也叫“虚拟银行”。虚拟银行，就是指没有实际的物理柜台支持的网络银行，这种网络银行一般只有一个办公地址，没有分支机构，也没有营业网点，采用国际互联网等高科技服务手段与客户建立密切联系，提供全方位的金融服务。另一类是在现有的传统银行的基础上，利用互联网开展传统的银行业务交易服务，即传统银行利用互联网为客户提供在线服务，实际上是传统银行服务在互联网上的延伸。这是网络银行存在的主要形式，也是绝大多数商业银行采取的网络银行发展模式。

② 按照服务对象分类。一类是个人网络银行。个人网络银行主要适用于个人和家庭的日常消费支付与转账。客户可以通过个人网络银行服务，完成实时查询、转账、网上支付和汇款功能。个人网络银行服务的出现，标志着银行的业务直接延展到个人客户的家庭计算机桌面上，方便使用，真正体现了家庭银行的特点。另一类是企业网络银行。企业网络银行主要针对企业与政府部门等企事业客户。企事业组织可以通过企业网络银行实时了解企业财务运作情况，及时在组织内部调配资金，轻松处理大批量的网络支付和工资发放业务，并可处理信用证相关业务。

（3）网络银行的特点。

① 全面实现无纸化交易。传统的票据和单据大部分被电子支票、电子汇票和电子收据代替；原有的纸币被电子货币，即电子现金、电子钱包、电子信用卡代替；原有纸质文件的邮寄变为通过数据通信网络进行传送。

② 高安全性。网络银行与银行系统内部的互联网与公网完全隔离，提高了网络安全性。系统采用一级防火墙，将外部网与银行内部网隔离。系统采用二级防火墙，将银行内部网与账务主机进行网络隔离。系统还采用硬件防火墙进行实时入侵检测，对于检测到的入侵，可报警或直接与路由器联动进行阻挡。

③ 服务方便、快捷、高效、可靠。通过网络银行，用户可以享受到方便、快捷、高效和可靠的全方位服务，可以在任何需要的时候使用网络银行，不受时间、地域的限制。

④ 经营成本低廉。由于网络银行采用了虚拟现实信息处理技术，网络银行可以在保证原有业务量不降低的前提下，减少营业点的数量。

3. 其他网络金融服务

其他网络金融服务包括P2P、“众筹”和大数据金融等。

（1）P2P。P2P是个人与个人之间的小额信用借贷交易。由于准入门槛、行业标准等一系列监管体制仍未完善，P2P运营模式较多且尚未完全定型，行业质量参差不齐，仍面临着用户认知程度不足和风控体系不健全等一系列发展障碍，但P2P凭着其自身的互联网特性，降低了市场信息的不对称性，以个人与中小企业为主要服务对象，对推动惠普金融以及利率市场化有重要意义。

（2）“众筹”。“众筹”是利用互联网传播的特性，集中大家的资金，为初创企业、个人进行某项活动或某个项目或创办企业向大众筹集必要资金的一种融资服务模式。所需资金的初创企业、个人需设定筹资目标和筹资时间，并承诺一定回报，在“众筹”平台上发布自己的项目。由于国内严格的公开募资规定以及容易涉及非法集资，“众筹”现阶段相对冷清，“众筹”网站更应注重自身的差异化，避免千篇一律，出现一窝蜂兴起又一大片倒闭的局面。

（3）大数据金融。大数据金融是依托海量、非结构化的数据，通过互联网和“云计算”等对数据进行专业化的挖掘和分析，在此基础上创新性开展相关资金融通的模式。其运营模式有以阿里小额信贷为代表的平台模式和以京东、苏宁为代表的“供应链金融”模式，都是通过分析客户交易消费信息，掌握消费习惯，并准确预测客户行为，凭借对这些海量数据的核查评定，做到精细化服务，并增加对风险的可控性。

4.3.2 网络金融的相关法律法规

1. 网络银行法规

2006 年 1 月 26 日，中国银行保险监督管理委员会（以下简称“银监会”）颁布《电子银行业务管理办法》（中国银行业监督管理委员会令 2006 年第 5 号）。该办法所称电子银行业务，是指商业银行等银行业金融机构利用面向社会公众开放的通信通道或开放型公众网络，以及银行为特定自助服务设施或客户建立的专用网络，向客户提供的银行服务。

电子银行业务包括利用计算机和互联网开展的银行业务、利用电话等声讯设备和电信网络开展的银行业务、利用移动电话和无线网络开展的银行业务，以及其他利用电子服务设备和网络，由客户通过自助服务方式完成金融交易的银行业务。《电子银行业务管理办法》是网络银行的重要监管法规。

2. P2P 监管法规

2011 年 8 月 23 日，银监会发布《中国银监会办公厅关于人人贷有关风险提示的通知》（银监办发〔2011〕254 号）。该通知指出，在当前银行信贷偏紧的情况下，人人贷（简称“P2P”）信贷服务中介公司呈现快速发展态势。这类中介公司收集借款人、出借人信息，评估借款人的抵押物，如房产、汽车、设备等，然后进行配对，并收取中介服务费。有关媒体对这类中介公司的运作及影响进行了大量报道，引起多方关注。对此，银监会组织开展了专门调研，发现了大量潜在风险并予以提示。由此可见，该通知只是对 P2P 的一个风险提示文件。

在 2013 年 11 月 25 日举行的九部委处置非法集资部际联席会议上，央行对 P2P 行业非法集资行为进行了清晰的界定，主要包括三类情况：资金池模式、不合格借款人导致的非法集资风险以及庞氏骗局。

3. “众筹”融资法规

美国证券交易委员会批准了对“众筹”融资进行监管的草案，面向公众的“众筹”融资在 2012 年得到了《2012 年促进创业企业融资法》的认可，即在互联网上为各种项目、事业甚至公司筹集资金得到法律确认。这是美国政府对“众筹”融资进行监管的重要措施。

2013 年 9 月 16 日，中国证券监督管理委员会通报了淘宝网上，部分公司涉嫌擅自发行股票的行为并予以叫停。叫停依据是《国务院办公厅关于严厉打击非法发行股票和非法经营证券业务有关问题的通知》（国办发〔2006〕99 号）。该通知规定：“严禁任何公司股东自行或委托他人以公开方式向社会公众转让股票。”至此，中国式“众筹”，即利用网络平台向社会公众发行股票的行为被首次界定为“非法证券活动”。虽然“众筹”模式有利于解决中小微企业融资难的顽疾，但考虑到现行法律框架，国内的“众筹”网站不能简单复制美国模式，走出一条适合我国国情的“众筹”之路才更具现实意义。

依据我国《最高人民法院关于审理非法集资刑事案件具体应用法律若干问题的解释》，“众筹”模式在形式上很容易踩压违法的红线，即未经许可、通过网站公开推荐、承诺一定的回报、向不特定对象吸收资金，构成非法集资的行为。美国为“众筹”立法，我们可借鉴美国的《2012年促进创业企业融资法》对“众筹”模式进行规范，但这是一个循序渐进的过程。

4. 虚拟货币法规

2009年6月4日，文化部和商务部联合发布了《关于加强网络游戏虚拟货币管理工作的通知》（文市发〔2009〕20号），该通知规定要严格市场准入，加强对网络游戏虚拟货币发行主体和网络游戏虚拟货币交易服务提供主体的管理。从事“网络游戏虚拟货币交易服务”业务须符合商务主管部门关于电子商务（平台）服务的有关规定。除利用法定货币购买之外，网络游戏运营企业不得采用其他任何方式向用户提供网络游戏虚拟货币。2009年7月20日，文化部发布《“网络游戏虚拟货币发行企业”“网络游戏虚拟货币交易企业”申报指南》，为开展经营性互联网文化单位申请从事“网络游戏虚拟货币发行服务”业务的申报和审批工作提供了可操作性指导规则。

2008年9月28日，国家税务总局发布了《国家税务总局关于个人通过网络买卖虚拟货币取得收入征收个人所得税问题的批复》（国税函〔2008〕818号），明确了虚拟货币的税务处理，即个人通过网络收购玩家的虚拟货币，加价后向他人出售取得的收入，属于个人所得税应税所得，应按照“财产转让所得”项目计算缴纳个人所得税。

4.3.3 网络金融的风险防控

1. 网络金融的风险

传统金融行业面临的风险在网络金融行业依然存在。信用风险、信息安全风险、流动性风险、法律风险、技术风险等仍然是互联网金融企业需要面对的风险。

第一，信用风险。信用风险指交易对手没有能力继续履约而给其交易对手带来的风险。从互联网金融企业看，由于互联网企业大数据主要是基于电子商务交易的数据，数据来源单一，数据有效性、真实性不足，其数据质量的可靠性存疑。此外，在目前社会信用体系建设仍不完善的情况下，互联网企业不具备类似银行的风控、合规机制，其风控机制往往要服从便捷性等用户体验优先的设计，在一定程度上也制约了对客户尽职调查的深度。从互联网金融企业客户看，互联网交易客户具有分散的特点，交易双方地域分布分散化，这种信息不对称的问题导致潜在信用风险更加严重。在现实中，大部分网络贷款平台对投融资双方的资质审查不严格，在融资端和资产端审查不够，准入门槛低，加之交易平台的信息披露制度普遍不够完善，构成潜在的信用风险。

第二，信息安全风险。信息安全风险是指信息系统安全系数不足，存在一定的漏洞，进而导致风险发生。此处信息安全风险是指在网络金融业务开展的过程中，由于信息系统自身的缺陷和不足，以及人为破坏和攻击，带来不可预测的风险和无法挽回的损失。长时间以来，信息安全风险是金融行业始终无法回避的风险，无论是经营多年的商业银行还是新兴的网络金融平台，都面临着此类风险。现实中网络金融开展业务，都是借助计算机网络和程序来完成的，一旦计算机系统出现问题，如病毒侵袭、黑客攻击等都可能会造成金融系统的全面瘫痪，导致原有的业务无法正常开展。

第三，流动性风险。流动性风险是金融资产流动性不足或负债发生波动而造成的风险。互联网金融的融资方经常在高杠杆比率下经营，无抵押、无担保状态下的借款比较多。为了开拓市场，吸引更多投资者，互联网金融平台纷纷推出高收益、高流动性的产品，看似诱人的回报可能隐藏着期限错配问题，容易导致流动性风险。

第四，法律风险。法律风险是金融企业在经营过程中违反法律法规和监管政策导致的风险。互联网金融企业的经营必须符合国家的法律法规，但在互联网金融发展初期，互联网金融处于无准入门槛、无监管机构、无行业规则的“三无”状态。为了适应互联网金融的发展，相关监管部门已经颁布《关于促进互联网金融健康发展的指导意见》《网络借贷信息中介机构业务活动管理暂行办法》及《互联网金融风险专项整治工作实施方案》等一系列的监管政策已经为互联网金融行业的发展，奠定了合规经营的基本准则。

第五，技术风险。对于操作风险而言，由于互联网企业具有网络科技特性，互联网金融的技术风险比较突出。互联网金融平台依靠计算机、移动终端以及网络开展交易，其核心交易数据存储于 IT 系统。一方面，其硬件设备可能存在漏洞；另一方面，互联网金融交易依托网络传输数据也存在安全隐患，如果受到黑客攻击，互联网金融企业的运营将受到影响，客户的资金和信息安全均将受到威胁。此外，技术的不成熟，会导致信息泄露、丢失、被截取、被篡改，影响信息的保密性、完整性、可用性。这些信息安全问题进而又会造成客户隐私泄露，威胁客户资金安全。

2. 网络金融的风险防控

明确网络金融行业的准入门槛。发起人应当具有一定的稳健经营年限，具有一定规模的资产，有相应的风险承受能力。同时，从事网络金融必须有一定金融工作经验和信息技术的团队，具有健全的管理制度，股东的基本信息应予以充分披露。

第一，完善经营规则。网络金融企业应当制定符合行业特点的经营准则，针对其风险特征制定相应制度。针对信用风险，完善金融机构信息披露的责任和机制，拓宽平台的信用数据收集渠道。针对流动性风险和法律风险，金融机构应当建立自身的流动性管理体系和法律风险管理体系，对流动性风险和法律风险实时监测评估；针对操作风险，网络金融企业要建立规范的技术标准，采用防火墙、数据加密等安全技术，采用密码等身份验证方式，还要建立业务操作规范和系统，保障技术安全。

第二，完善信息披露制度。网络金融机构应当对客户进行充分的信息披露，及时向投资者公布其经营活动和财务状况的相关信息，以便投资者充分了解机构运作状况，促使从业机构稳健经营和控制风险。针对具体的交易产品，网络金融机构应当向各方详细说明交易模式、参与方的权利和义务，并进行充分的风险披露，全面、客观、清晰地披露相关业务和产品的信息，及时提示风险，充分保障消费者的知情权。

第三，完善消费者保护制度。《关于加强金融消费者权益保护工作的指导意见》规定，从事金融或与金融相关业务的机构应当遵循平等自愿、诚实守信等原则，充分尊重并自觉保障金融消费者的财产安全权、知情权、自主选择权、公平交易权、依法求偿权、受教育权、受尊重权、信息安全权等基本权利。网络金融企业应当充分认识客户利益第一的原则，从保护客户上述权益出发，依法、合规开展经营活动。相关部门也要根据互联网金融企业的特点，进一步完善监督管理机制，规范金融机构的行为，保障消费者权益，优化金融环境。

讨论案例

北京××信息技术有限公司电商纠纷案

江西省南昌市东湖区人民法院近期受理一起原告毛××诉被告北京××信息技术有限公司因网上购物而引发的纠纷。家住江西省南昌市的毛××在新××“××网”注册，并在网上拍下商品编号为××××××的二手笔记本电脑一台，价格为 3 350 元，卖家为湖南省长沙市某科技公司，联系人是李×。毛××按照网上资料向该科技公司的个人（财务人员杨××）账户汇款 3 400 元，但没有收到笔记本电脑。此后，联系人李×手机关机。经向湖南省长沙市工商管理局查询，发现长沙市并无此公司。

毛××向南昌市东湖区人民法院提起诉讼，状告新××“××网”的所有人和经营者北京××信息技术有限公司，要求其赔偿经济损失 3 400 元并承担全部诉讼费用（含差旅费）。经东湖区人民法院审理后认为：新××“××网”提供双方买卖平台，负有对卖家起码的审查义务。但“××网”向网民提供完全虚假的交易信息，而原告完全是基于对“××网”的信任，与虚假的某科技公司进行交易，因此造成的损失“××网”负有不可推卸的责任。经调解，被告表示愿意赔偿原告的损失，但要求原告协助配合公安机关侦破此案。

资料来源：根据道客巴巴在线文档分享平台整理。

根据本案的案情，结合电子支付法律法规的相关知识，简述消费者在第三方支付平台的损失权益应如何进行责任认定。

关键术语

电子支付结算　第三方支付结算　网络金融

综合练习

一、选择题

1. 支付业务许可证的申请注册资本拟在省（自治区、直辖市）范围内从事支付业务的最低限额是（　　）。

A. 一亿元人民币　　B. 五千万元人民币
C. 三千万元人民币　　D. 一千万元人民币

2. 电子支付结算中的法律关系根据其性质可以分为（　　）。

A. 民事法律关系　　B. 行政法律关系
C. 刑事法律关系　　D. 以上三种关系

3. 以下电子支付的特征中，错误的是（　　）。

A. 电子支付是采用先进的技术通过数字流转来完成信息传输的

B. 电子支付使用的是最先进的通信手段

C. 电子支付具有方便、快捷、高效、经济的优势

D. 电子支付的工作环境基于一个封闭的系统平台

4. 以下不属于网络银行三要素的是（　　）。

A. 互联网或其他电子通信网络　　B. 完备的客户服务模式

C. 基于电子通信的金融服务提供者　　D. 基于电子通信的金融客户

5. 第三方支付结算机构可采用什么措施进行风险管理？（　　）

A. 警示潜在风险　　B. 建立健全风险应对制度

C. 健全信息保护规范　　D. 以上三项均可

二、填空题

1. 电子支付结算又称电子资金转账，是指单位、个人直接或授权他人通过电子终端发出支付指令，实现________与________的行为。

2. 电子支付结算的类型有网上支付、__________、移动支付、__________、__________等。

3. 第三方支付结算的四种方式：平台依托型、________、银行收单型、________。

4.《非金融机构支付服务管理办法》第三条规定，非金融机构提供支付服务，应当依据本办法规定取得___________，成为支付机构。

5. 网络银行具有______________、______________、______________、______________特点。

三、思考题

1. 试述如何促进互联网金融的发展并提出相关建议。

2. 第三方支付结算机构如何进行风险管理？

3. 试述网络金融的相关法律法规。

4. 试述电子支付对电子商务的价值。

5. 试述网络金融风险防控的重大意义。

第5章　跨境电商的法律制度

【学习目标】

跨境电商的
法律制度

1. 掌握跨境电子商务的定义与分类。
2. 掌握跨境电子商务出口的法律法规。
3. 掌握跨境电子商务进口的法律法规。
4. 掌握跨境电子商务税收的特点。
5. 掌握跨境电子商务不同税种的法律法规。
6. 掌握跨境电子商务税收征管法律法规。

【本章重点】

1. 跨境电子商务的分类。
2. 跨境电子商务出口经营主体的分类。
3. 跨境电子商务零售进口的参与主体。
4. 跨境电子商务流转税法律法规。
5. 跨境电子商务所得税法律法规。

导入案例

跨境电商电子标签是否等同于实物标签？

杭州互联网法院跨境贸易法庭日前宣判了首例中文纸质标签缺失纠纷，确立了电子标签和实物标签具有同等效力。2020年8月12日，原告余某通过国内某知名跨境电商平台，向平台内入驻的一家国外跨境电商公司购买了某品牌可可粉。涉案商品的交易详情页显示，该商品为境外采购进入保税仓，消费者下单后，订单推送至保税仓，商品完成打包交海关清关后，递送至消费者。原告收到被告自保税仓递送入境的涉案商品后，发现商品外包装无中文标签。因此，原告认为，被告交付的商品为进口食品，虽然在商品交易详情页对食品外包装英文标签相关内容进行了介绍，但却未按照《中华人民共和国食品安全法》(以下简称《食品安全法》)的相关规定在商品实物的外包装上加贴书面中文标签，应当认定为《食品安全法》规定的“不符合食品安全标准的食品”，被告明知涉案商品不符合食品安全标准仍然销售给原告，依法应当向原告承担退还购物款并支付十倍赔偿的责任。被告认为，商品系跨境食品，已在商品页面信息上详细展现了中文电子标签，同时在消费者下单前已履行告知义务，明确该商品无纸质中文标签，可在商品页面查看电子标签。

法院经审理首先确定双方均同意选择适用中国法律，法院认为，本案商品实物虽无纸质中文标签，但商品经检测符合我国食品安全标准。平台已通过下单页面的红色醒目字体方式履行了消费者提醒告知义务，原告在应知涉案商品直接购自境外，可能无中文标签，需通过网站查看商品中文标签的情况下，仍下单购买涉案商品，表明其已充分考虑自身风险承担能力，因此涉案商品的中文电子标签对其具有与中文纸质标签相同的法律效力，故被告以中文电子标签形式展示涉案商品信息，符合《食品安全法》对进口食品中文标签的要求，遂驳回原告全部诉讼请求。

该案审理法官表示，本案是首例在跨境电商零售进口领域确认进口食品中文电子标签与食品外包装中文标签具有同等法律效力的案件。跨境电商零售进口作为一种新兴贸易模式具有特殊性，其产品入境后既具有商业性质，也是终端消费者个人自用的物品，基于其具有双重属性，对于跨境电商零售进口应充分保障消费者的知情权，并赋予其对商品的充分选择权。《电子商务法》第二十六条规定，电子商务经营者应当按照国家关于进出口监督管理的法律、行政法规和有关规定从事跨境电子商务，这表明人民法院可结合规范性文件精神对相关法律规定作出与时俱进的合理解释。在行业内，电子标签与纸质标签具有同等效力，现实中对电子标签是否具有法律效力争议极大，普遍认为仅有电子标签构成标签瑕疵，经营者应承担退货退款责任。本案对这个法律空白进行了大胆创设，明确了在跨境电商零售进口交易中，跨境电商已履行对消费者的提醒告知义务并获得消费者确认同意后，在商品订购网页使用符合要求的中文电子标签视为具有中文标签。

资料来源：根据新华网资讯改编。

【思考题】

结合案例，讨论该案例判决对跨境电商产品销售会产生什么影响。

5.1 跨境电子商务概述

5.1.1 跨境电子商务的定义与特征

1. 跨境电子商务的定义

跨境电子商务是指分属不同关境的交易主体，通过电子商务平台达成交易、进行支付结算，并通过跨境物流送达商品、完成交易的一种国际商业活动。

2. 跨境电子商务的特征

（1）全球化。跨境电子商务突破了传统交易的地理因素限制，是无边界交易。互联网用户不需要跨越关境即可将产品尤其是高附加值产品和服务提交到市场，完成交易行为。

（2）即时性。跨境电子商务中的信息交流，无论实际时空距离的远近，一方发送信息与另一方接收信息几乎是同时的，不存在时差。即时性减少了传统外贸批发商、分销商等中间环节，生产商或出口商可直接面对零售商甚至最终消费者，从而降低商品成本，提高贸易效率。

（3）小批量、多批次。跨境电子商务平台上的终端消费者多是因生活所需而购买的个人物品，因此订单量往往不大，且交易频率较之前有了大幅度的提高。

（4）税收监管难。跨境电子商务无国界的特点对一国跨境交易的税收管辖权提出了挑战。此外，跨境电子商务隐匿性的特点使纳税人身份难以确定，给税务机关征管带来众多问题。

5.1.2 跨境电子商务的分类

1. 按经营主体划分

（1）企业自营平台。企业自营平台是指企业通过在网上建立自己的网站，或者通过服务平台注册网上黄页或者发布销售或采购信息，参与跨境电子商务方式的跨境电子商务平台。

（2）独立销售平台。独立销售平台是指运营商与生产厂商签订协议，或由供应商提供产品，进行统一定价销售的，直接对接海外终端消费者或海外零售商的独立跨境电子商务平台。

（3）第三方服务平台。第三方服务平台是独立于供需双方，向买卖双方提供一揽子服务的运营平台。

（4）代营平台。代营平台是建立自己的网络销售渠道或销售管理中心，承揽网络销售的外包业务，替生产厂家或外贸经营者从事网上销售的服务商。

2. 按交易模式分类

（1）B2B 跨境电子商务。B2B 跨境电子商务是指分属不同关境的企业，通过电子商务平台达成交易进行支付结算，并通过跨境物流送达商品、完成交易的国际商业活动。

（2）B2C 跨境电子商务。B2C 跨境电子商务是指分属不同关境的企业直接面向消费者个人开展在线销售产品和服务，通过电商平台达成交易、进行支付结算，并通过跨境物流送达商品、完成交易的国际商业活动。

（3）C2C 跨境电商。C2C 跨境电商是指分属不同关境的个人卖方对个人买方开展在线销售产品和服务，由个人卖家通过第三方电子商务平台发布产品和服务售卖信息、价格等内容，个人买方进行筛选，最终通过电子商务平台达成交易、进行支付结算，并通过跨境物流送达商品、完成交易的国际商业活动。

3. 按商品流向划分

（1）跨境出口电子商务。跨境出口电子商务是指将本国生产或加工的商品通过电子商务的方式完成出口贸易中的商品展示、洽谈和交易、收取货款等环节，并通过跨境物流运送商品、输往国外市场的国际商业活动。

（2）跨境进口电子商务。跨境进口电子商务是指将外国商品通过电子商务平台完成进口贸易中的商品展示、洽谈和交易、支付货款等环节，并通过跨境物流运送商品、输入本国市场的国际商业活动。

5.1.3 跨境电子商务的运营模式

1. 海淘模式

海淘，即海外/境外购物，是通过互联网检索海外商品信息，并通过电子订购单发出请求，然后填上私人信用卡号码，再通过转运或直邮等方式把商品邮寄回国的购物方式。海淘供应链的三大环节分别是采购、物流、清关。传统海淘模式是典型的 B2C 模式。

2. 海外代购平台模式

海外代购平台模式是指建立跨境电子商务平台，由符合要求的海外第三方卖家入驻，消费者在平台上订购商品，然后通过转运或直邮模式将商品发往国内消费者的跨境电子商务模式。海外代购平台的运营重点在于尽可能地吸引符合要求的第三方卖家入驻，不会深度涉及采购、销售以及跨境物流环节，属于典型的跨境 C2C。典型的代表企业有淘宝全球购、京东海外购、易趣全球集市。

3. 直发/直运平台模式

直发/直运平台模式是指通过跨境电子商务平台将接收到的消费者订单信息发给批发商或厂商，然后由其按照订单要求以零售的形式对消费者供货的跨境电子商务模式。在跨境物流环节，企业通常会选择自建国际物流系统（如洋码头）或者和特定国家的邮政、物流系统达成战略合作关系（如天猫国际）。

4. 自营 B2C 模式

自营 B2C 模式分为综合型自营跨境 B2C 平台和垂直型自营跨境 B2C 平台两大类。

（1）综合型自营跨境 B2C 平台。代表企业有亚马逊和 1 号店，其优势是跨境供应链管理能力强，能提供较为完善的跨境物流解决方案，后备资金充裕。

（2）垂直型自营跨境 B2C 平台。垂直是指平台在选择自营品类时会集中于某个特定的范畴，如食品、奢侈品、化妆品、服饰等。供应商管理能力相对较强，但前期需要较大的资金支持。典型代表企业有蜜芽宝贝、寺库网、莎莎网等。

5. 导购/返利模式

导购/返利模式可以分为两部分，即引流部分和商品交易部分。引流部分是指通过导购咨询、商品比价、海购社区论坛以及用户返利来吸引用户流量。商品交易部分是指消费者通过站内链接向海外 B2C 电商或者海外代购者提交订单实现跨境购物。典型的代表企业有 55 海淘、一淘网、极客海淘网、海淘城、海淘居、海猫季等。

6. 海外商品闪购模式

海外商品闪购模式是一种第三方 B2C 模式，劣势是闪购模式对货源、物流的把控能力要求高，用户引流、转化的能力要求高。典型代表企业有天猫国际的环球闪购、1 号店的进口食品闪购活动、宝宝树旗下的杨桃派、唯品会的海外直发专场。

5.2 跨境电子商务法律法规

5.2.1 跨境电子商务出口的法律法规

2013 年 8 月 21 日，国务院办公厅转发商务部等部门《关于实施支持跨境电子商务零售出口有关政策意见的通知》（国办发〔2013〕89 号）。2018 年 12 月 10 日，海关总署发布《关于跨境电子商务零售进出口商品有关监管事宜的公告》（海关总署公告〔2018〕194 号）。2019 年 1 月 1 日，《电子商务法》施行。

1. 跨境电子商务零售出口的定义

跨境电子商务零售出口是指我国出口企业通过互联网向境外零售商品，主要以邮寄、快递等形式送达的经营行为，即跨境电子商务的企业对消费者出口。

2. 跨境电子商务出口经营主体的分类

（1）自建跨境电子商务销售平台的电子商务出口企业。

（2）利用第三方跨境电子商务平台开展电子商务出口的企业。

（3）为电子商务出口企业提供交易服务的跨境电子商务第三方平台。经营主体要按照现行规定办理注册、备案登记手续。在政策未实施地区注册的电子商务企业可在政策实施地区被确认为经营主体。

3. 企业跨境电子商务出口业务管理

（1）跨境电子商务经营者可以凭电子单证向国家进出口管理部门办理有关手续。

（2）跨境电子商务企业、物流企业等参与跨境电子商务零售出口业务的企业，应当向所在地海关办理信息登记；如需办理报关业务，向所在地海关办理注册登记。

4. 通关管理

（1）海关信用管理。参与跨境电子商务零售进出口业务并在海关注册登记的企业，纳入海关信用管理，海关根据信用等级实施差异化的通关管理措施。

（2）海关检疫与监管。海关对跨境电子商务零售进出口商品及其装载容器、包装物按照相关法律法规实施检疫，并根据相关规定实施必要的监管措施。

（3）电子信息传输。跨境电子商务零售出口商品申报前，跨境电子商务企业或其代理人、物流企业应当分别通过国际贸易“单一窗口”或跨境电子商务通关服务平台向海关传输交易、收款、物流等电子信息，并对数据真实性承担相应法律责任。

（4）跨境电子商务出口报关申请。跨境电子商务零售商品出口时，跨境电子商务企业或其代理人应提交《申报清单》，采取“清单核放、汇总申报”方式办理报关手续；跨境电子商务综合试验区内符合条件的跨境电子商务零售商品出口，可采取“清单核放、汇总统计”方式办理报关手续。《申报清单》与《中华人民共和国海关进（出）口货物报关单》具有同等法律效力。按照要求传输、提交的电子信息应施加电子签名。

（5）跨境电子商务出口统计。跨境电子商务零售商品出口后，跨境电子商务企业或其代理人应当于每月 15 日前（当月 15 日是法定节假日或者法定休息日的，顺延至其后的第一个工作日），将上月结关的《申报清单》依据清单表头同一收发货人、同一运输方式、同一生产销售单位、同一运抵国、同一出境关别，以及清单表体同一最终目的国、同一 10 位海关商品编码、同一币制的规则进行归并，汇总形成《中华人民共和国海关出口货物报关单》向海关申报。允许以“清单核放、汇总统计”方式办理报关手续的，不再汇总形成《中华人民共和国海关出口货物报关单》。

5.2.2 跨境电子商务进口的法律法规

2018 年 11 月 28 日，商务部、国家发展改革委、财政部、海关总署、税务总局、市场监管总局发布《关于完善跨境电子商务零售进口监管有关工作的通知》（商财发〔2018〕486 号）。

1. 跨境电子商务零售进口的参与主体

（1）跨境电商零售进口经营者（以下简称"跨境电商企业"）。自境外向境内消费者销售跨境电商零售进口商品的境外注册企业，为商品的货权所有人。

（2）跨境电商第三方平台经营者（以下简称"跨境电商平台"）。在境内办理工商登记，为交易双方（消费者和跨境电商企业）提供网页空间、虚拟经营场所、交易规则、交易撮合、信息发布等服务，设立供交易双方独立开展交易活动的信息网络系统的经营者。

（3）境内服务商。在境内办理工商登记，接受跨境电商企业委托为其提供申报、支付、物流、仓储等服务，具有相应运营资质，直接向海关提供有关支付、物流和仓储信息，接受海关、市场监管等部门后续监管，承担相应责任的主体。

（4）消费者。跨境电商零售进口商品的境内购买人。

2. 跨境电商零售进口商品的条件

跨境电商零售进口，是指中国境内消费者通过跨境电商第三方平台经营者自境外购买商品，并通过"网购保税进口"（海关监管方式代码 1210）或"直购进口"（海关监管方式代码 9610）运递进境的消费行为。上述商品应符合以下条件。

（1）属于《跨境电子商务零售进口商品清单》内，限于个人自用并满足跨境电商零售进口税收政策规定的条件。

（2）通过与海关联网的电子商务交易平台交易，能够实现交易、支付、物流电子信息"三单"比对。

（3）未通过与海关联网的电子商务交易平台交易，但进出境快件运营人、邮政企业能够接受相关电商企业、支付企业的委托，承诺承担相应法律责任，向海关传输交易、支付等电子信息。

3. 企业跨境电子商务进口业务管理

（1）跨境电子商务平台企业、物流企业、支付企业等参与跨境电子商务零售进口业务的企业，应当依据《中华人民共和国海关报关单位注册登记管理规定》，向所在地海关办理注册登记；境外跨境电子商务企业应委托境内代理人向该代理人所在地海关办理注册登记。

（2）跨境电子商务企业、物流企业等参与跨境电子商务零售出口业务的企业，应当向所在地海关办理信息登记；如需办理报关业务，向所在地海关办理注册登记。

（3）物流企业应获得国家邮政管理部门颁发的《快递业务经营许可证》。在直购进口模式下，物流企业应为邮政企业或者已向海关办理代理报关登记手续的进出境快件运营人。

4. 通关管理

（1）海关监管。对跨境电子商务直购进口商品及适用"网购保税进口"（监管方式代码 1210）政策的商品，按照个人自用进境物品监管，不执行有关商品首次进口许可批件、注册或备案要求。但对相关部门明令暂停进口的疫区商品和对出现重大质量安全风险的商品启动风险应急处置时除外。适用"网购保税进口 A"（监管方式代码 1239）进口政策的商品，按《跨境电子商务零售进口商品清单（2018 版）》尾注中的监管要求执行。

海关对跨境电子商务零售进出口商品及其装载容器、包装物按照相关法律法规实施检疫，并根据相关规定实施必要的监管措施。

（2）电子信息传输。跨境电子商务零售进口商品申报前，跨境电子商务平台企业或跨境电子商务企业境内代理人、支付企业、物流企业应当分别通过国际贸易“单一窗口”或跨境电子商务通关服务平台向海关传输交易、支付、物流等电子信息，并对数据真实性承担相应责任。在直购进口模式下，邮政企业、进出境快件运营人可以接受跨境电子商务平台企业或跨境电子商务企业境内代理人、支付企业的委托，在承诺承担相应法律责任的前提下，向海关传输交易、支付等电子信息。

（3）进口报关申报。跨境电子商务零售商品进口时，跨境电子商务企业境内代理人或其委托的报关企业应提交《中华人民共和国海关跨境电子商务零售进出口商品申报清单》，采取“清单核放”方式办理报关手续。当跨境电子商务零售商品出口时，跨境电子商务企业或其代理人应提交《申报清单》，采取“清单核放、汇总申报”方式办理报关手续；跨境电子商务综合试验区内符合条件的跨境电子商务零售商品出口，可采取“清单核放、汇总统计”方式办理报关手续。《申报清单》与《中华人民共和国海关进（出）口货物报关单》具有同等法律效力。按照要求传输、提交的电子信息应施加电子签名。

（4）相关主体信息审核。开展跨境电子商务零售进口业务的跨境电子商务平台企业、跨境电子商务企业境内代理人应对交易真实性和消费者（订购人）身份信息真实性进行审核，并承担相应责任；身份信息未经国家主管部门或其授权的机构认证的，订购人与支付人应当为同一人。

课堂讨论

跨境电子商务进口的法律法规包括哪些方面？具体规定如何？

5.3 跨境电子商务税收法律法规

5.3.1 跨境电子商务税收的特点

1. 税收主体国际化

跨境电子商务依托互联网进行，互联网可以连接来自各个国家或地区的企业、个人销售者以及消费者。只需一台服务器或者网络终端，交易双方就可以在任何一个国家或地区完成交易行为，无需通过具有物理存在的厂商或常设机构进行，因而税收主体具有国际化特征。

2. 征税对象虚拟化

和传统商务活动相比，依托互联网进行的跨境电子商务交易，具有征税对象虚拟化的特点。跨境电子商务交易对象除了传统货物贸易，还有无实物交易的服务贸易。虽然软件、音乐等存在实体形式，但无法按照光盘来界定征税对象的商品。

3. 交易环节分散化

在跨境电子商务交易过程中，经常出现纳税主体注册地为 A 地、使用的服务器在 B 地、双方签约地为 C 地、货物交易地为 D 地、网络结算账户设立在 E 地的情况，交易环节非常分散，模糊了所得来源，甚至在一宗跨境电子商务交易完成后，出现无法确定该次交易中销售方的管理控制中心位于何地的情形。企业可以通过互联网平台完成跨境资源配置，最终导致税源分散在各地，出现涉税各国无税可收的局面。

5.3.2 跨境电子商务税收管辖权

1. 跨境电子商务对税收管辖权的影响

国际税收管辖权分为来源地税收管辖权和居民税收管辖权。

（1）对来源地税收管辖权原则的挑战。来源地税收管辖权原则的核心是确定所得“来源地”，通过分析某项所得与特定地理位置之间的联系来决定适用的税法条款。跨境电子商务活动的数字化、虚拟化及隐匿化，致使所得性质及常设机构难以确定，给税务当局认定跨境电子商务的收入来源地带来巨大困难。

（2）对居民税收管辖权原则的挑战。网络平台具有较强的开放性，难以根据跨境电子商务主体的交易行为判定其为哪国居民，因为一次商务活动可能在不同国家的互联网平台上完成交易，而且销售方和消费者可以在交易环节加密 IP 地址、隐匿真实身份，造成自然人居民身份认定困难、法人居民身份难以认定的情况，从而使网络交易者身份的判定具有不确定性。

2. 跨国电子商务管辖权确定的国际经验

（1）经济合作与发展组织（Organization for Economic Co-operation and Development，OECD）跨境电子商务税收范本（以下简称 OECD 范本）和联合国（United Nations，UN）协定范本（以下简称 UN 范本）。OECD 范本与 UN 范本均认为，传统税收管辖权下的常设机构标准仍然在电子商务环境中适用，但应当结合电子商务特别是跨境电子商务的特点进行相应修改，丰富常设机构的内涵，扩大常设机构的外延。OECD 范本将符合一定条件的服务器定义为常设机构，UN 范本采用功能等同的方法，即根据网址能够实现与固定营业场所、设施或者营业代理人等同的功能，从而来判定其是否可以在来源地构成常设机构。由于两个范本均在一定程度上存在可操作性不足、判定过于严苛的弊端，因而在执行过程中容易出现判定困境、部分国家税收管辖权行使困难的局面，继而出现使国际税收利益分配不公平的情况。

（2）欧盟规定。欧盟规定所有以数字商品和服务等无形商品为交易对象的电子商务企业必须在欧盟的某个成员方完成税收登记并且缴纳增值税，收到增值税税费的国家税务机关最终负责将税费转移至消费者所在国家。欧盟规定将购买产品或者接受服务一方所在地判定为收入来源地，并且由该来源地实施税收管辖权，由电子商务活动的消费者承担纳税义务是来源地税收管辖权原则的体现，保障了所得来源地的税收利益。

如果我国在电子商务领域继续沿用传统的常设机构原则，将会影响我国税收利益。我国应以来源地税收管辖权原则优先、以虚拟常设机构为主要判定标准对电子商务征税，维护国家税收利益。

5.3.3 跨境电子商务税收法律法规

1. 跨境电子商务流转税法律法规

（1）增值税法律法规。

2007 年 9 月 3 日，《财政部、国家税务总局关于调整音像制品和电子出版物进口环节增值税税率的通知》（财关税〔2007〕65 号）规定，自 2007 年 9 月 15 日起将电子出版物的进口环节增值税税率由 17%下调至 13%。电子出版物是指以数字代码方式将图文声像等内容信息编辑加工后存储在具有确定的物理形态的磁、光、电等介质上，通过计算机或者具有类似功能的设备读取使用，用以表达思想、普及知识和积累文化的大众传播媒体。自 2019 年 4 月 1 日起，增值税的基本税率由 16%下调至 13%，而 2007 年电子出版物进口环节的增值税税率就已降至 13%。

跨境电子商务零售出口符合条件时免征增值税。财政部、国家税务总局 2013 年 12 月 30 日发布，自 2014 年 1 月 1 日起执行的《关于跨境电子商务零售出口税收政策的通知》（财税〔2013〕96 号）规定：退（免）税、免税政策的电子商务出口企业，是指自建跨境电子商务销售平台的电子商务出口企业和利用第三方跨境电子商务平台开展电子商务出口的企业。除财政部、国家税务总局明确不予出口退（免）税或免税的货物，电子商务出口企业出口货物，同时符合四项条件，适用增值税退（免）税政策。四项条件一是电子商务出口企业属于增值税一般纳税人并已向主管税务机关办理出口退（免）税资格认定；二是出口货物取得海关出口货物报关单（出口退税专用），且与海关出口货物报关单电子信息一致；三是出口货物在退（免）税申报期截止之日内收汇；四是电子商务出口企业属于外贸企业的，购进出口货物取得相应的增值税专用发票、消费税专用缴款书（分割单）或海关进口增值税、消费税专用缴款书，且上述凭证有关内容与出口货物报关单（出口退税专用）有关内容相匹配。不符合上述规定条件的电子商务出口企业出口货物，同时符合以下三项条件，适用增值税免税政策。三项条件一是电子商务出口企业已办理税务登记；二是出口货物取得海关签发的出口货物报关单；三是购进出口货物取得合法有效的进货凭证。电子商务出口企业提供交易服务的跨境电子商务第三方平台不适用该退免税政策。

自 2018 年 10 月 1 日起执行的《关于跨境电子商务综合试验区零售出口货物税收政策的通知》（财税〔2018〕103 号）规定：对综试区电子商务出口企业出口未取得有效进货凭证的货物，同时符合下列条件的，试行增值税免税政策：一是电子商务出口企业在综试区注册，并在注册地跨境电子商务线上综合服务平台登记出口日期、货物名称、计量单位、数量、单价、金额。二是出口货物通过综试区所在地海关办理电子商务出口申报手续。三是出口货物不属于财政部和税务总局根据国务院决定明确取消出口退（免）税的货物。综试区，是指经国务院批准的跨境电子商务综合试验区；电子商务出口企业，是指自建跨境电子商务销售平台或利用第三方跨境电子商务平台开展电子商务出口的单位和个体工商户。具体免税管理办法由省级税务部门商财政、商务部门制定。

（2）消费税法律法规。

财政部、国家税务总局 2013 年 12 月 30 日发布，自 2014 年 1 月 1 日起执行的《关于跨境电子商务零售出口税收政策的通知》（财税〔2013〕96 号），以及财政部、税务总局、商务部、海关总署 2018 年 9 月 28 日联合发布，自 2018 年 10 月 1 日起执行的《关于跨境电子商务综合试验区零售出口货物税收政策的通知》（财税〔2018〕103 号），均规定了电子商务出口企业出口货物免征消费税的条件，其条件与免征增值税相同。

海关总署、国家税务总局 2016 年 3 月 24 日联合发布，自 2016 年 4 月 8 日起执行的《关于跨境电子商务零售进口税收政策的通知》（财关税〔2016〕18 号），规定 B2C 即企业对消费者模式的进口消费税政策与增值税相同。自 2019 年 1 月 1 日起执行的《关于完善跨境电子商务零售进口税收政策的通知》（财关税〔2018〕49号）的进口消费税政策与增值税相同。

（3）关税法律法规。

为营造公平竞争的市场环境，促进跨境电子商务零售进口健康发展，财政部、海关总署、国家税务总局2016年3月24日联合发布，自2016年4月8日起执行的《关于跨境电子商务零售进口税收政策的通知》（财关税〔2016〕18号），规定了B2C即企业对消费者模式的进口税收政策。一是跨境电子商务零售进口商品按照货物征收关税，购买跨境电子商务零售进口商品的个人作为纳税义务人，以实际交易价格（包括货物零售价格、运费和保险费）作为完税价格，电子商务企业、电子商务交易平台企业或物流企业可作为代收代缴义务人。二是明确跨境电子商务零售进口税收政策的适用范围。包括所有通过与海关联网的电子商务交易平台交易，能够实现交易、支付、物流电子信息“三单”比对的跨境电子商务零售进口商品；未通过与海关联网的电子商务交易平台交易，但快递、邮政企业能够统一提供交易、支付、物流等电子信息，并承诺承担相应法律责任入境的跨境电子商务零售进口商品。不属于跨境电子商务零售进口的个人物品以及无法提供交易、支付、物流等电子信息的跨境电子商务零售进口商品，按现行规定执行。三是跨境电子商务零售进口商品的单次交易限值为人民币2 000元，个人年度交易限值为人民币20 000元。在限值以内进口的跨境电子商务零售进口商品，关税税率暂设为0%。超过单次限值、累加后超过个人年度限值的单次交易，以及完税价格超过 2 000 元限值的单个不可分割商品，均按照一般贸易方式全额征税。四是跨境电子商务零售进口商品自海关放行之日起30日内退货的，可申请退税，并相应调整个人年度交易总额。

自2019年1月1日起执行的《关于完善跨境电子商务零售进口税收政策的通知》（财关税〔2018〕49号）规定：将跨境电子商务零售进口商品的单次交易限值由人民币2 000元提高至5 000元，年度交易限值由人民币20 000元提高至26 000元。完税价格超过5 000元单次交易限值但低于26 000元年度交易限值，且订单下仅一件商品时，可以自跨境电商零售渠道进口，按照货物税率全额征收关税，交易额计入年度交易总额，但年度交易总额超过年度交易限值的，应按一般贸易管理。

2. **跨境电子商务所得税法律法规**

国家税务总局2019年10月26日发布，自2020年1月1日起施行的《关于跨境电子商务综合试验区零售出口企业所得税核定征收有关问题的公告》是为支持跨境电商新业态发展，推动外贸模式创新，有效配合《关于跨境电子商务综合试验区零售出口货物税收政策的通知》（财税〔2018〕103号）落实工作，配合落实“无票免税”政策而出台的更加便利企业的所得税核定征收办法，促进跨境电商企业更好地开展出口业务。该公告从核定征收范围、条件、方式、程序、优惠政策等方面对综试区内跨境电商企业核定征收企业所得税相关事项进行了规定，旨在为综试区内跨境电商企业提供更为便利的操作办法。

（1）核定征收范围。跨境电子商务综合试验区内的跨境电子商务零售出口企业。综试区是指经国务院批准的跨境电子商务综合试验区；跨境电子商务企业是指自建跨境电子商务销售平台或利用第三方跨境电子商务平台开展电子商务出口的企业。

（2）核定征收条件。跨境电商企业符合规定条件可以试行“无票免税”政策。对于符合公告规定的企业，企业所得税可以试行采取核定方式征收。

（3）核定征收方式。由于跨境电商企业可以准确地核算收入，为简化纳税人和税务机关操作，综试区内核定征收的跨境电商企业统一采用核定应税所得率方式核定征收企业所得税。同时，考虑到跨境电商企业出口货物的采购、销售，主要是通过电子商务平台进行的，不同地区之间差异较小，为进一步减轻企业负担，促进出口业务发展，综试区核定征收的跨境电商企业的应税所得率按照《国家税务总局关于印发〈企业所得税核定征收办法〉（试行）的通知》（国税发〔2008〕30号，国家税务总局公告2018年第31号修改）中批发和零售贸易业最低应税所得率确定，即统一按照4%执行。

（4）核定征收程序。综试区内跨境电商企业和税务机关均应按照有关规定办理核定征收相关业务。税务机关应及时完成综试区跨境电商企业核定征收鉴定工作，跨境电商企业应按时申报纳税。

（5）优惠政策。综试区内核定征收的跨境电商企业，主要可享受以下两类优惠政策：一是符合《财政部税务总局关于实施小微企业普惠性税收减免政策的通知》（财税〔2019〕13号）规定的小型微利企业优惠政策条件的，可享受小型微利企业所得税优惠政策。上述规定如有变化，从其规定。二是取得的收入属于《企业所得税法》第二十六条规定的免税收入的，可享受相关免税收入优惠政策。

3. 跨境电子商务印花税法律法规

跨境电子商务交易双方存在书立应税凭证的行为应缴纳印花税。2006年12月27日财政部、国家税务总局发布《关于印花税若干政策的通知》（财税〔2006〕162号）规定：对纳税人以电子形式签订的各类应税凭证按规定征收印花税。《印花税法》第十二条规定：个人与电子商务经营者订立的电子订单，免征印花税。

4. 跨境电子商务税收征管法律法规

2018年12月10日，海关总署发布《关于跨境电子商务零售进出口商品有关监管事宜的公告》（海关总署公告〔2018〕194号）。

（1）完税价格。对跨境电子商务零售进口商品，海关按照国家关于跨境电子商务零售进口税收政策征收关税和进口环节增值税、消费税，完税价格为实际交易价格，包括商品零售价格、运费和保险费。

（2）纳税主体。跨境电子商务零售进口商品消费者（订购人）为纳税义务人。在海关注册登记的跨境电子商务平台企业、物流企业或申报企业作为税款的代收代缴义务人，代为履行纳税义务，并承担相应的补税义务及相关法律责任。

（3）代收代缴义务人申报。代收代缴义务人应当如实、准确地向海关申报跨境电子商务零售进口商品的商品名称、规格型号、税则号列、实际交易价格及相关费用等税收征管要素。跨境电子商务零售进口商品的申报币制为人民币。

为审核确定跨境电子商务零售进口商品的归类、完税价格等，海关可以要求代收代缴义务人按照有关规定进行补充申报。

（4）代收代缴义务人税款担保。海关对符合监管规定的跨境电子商务零售进口商品按时段汇总计征税款，代收代缴义务人应当依法向海关提交足额有效的税款担保。

（5）代收代缴义务人办理纳税手续。海关放行后30日内未发生退货或修撤单的，代收代缴义务人在放行后第 31 日至第 45 日内向海关办理纳税手续。

讨论案例

运用数据集成分析，证实跨境电商逃税

前不久，杭州市税务局第一稽查局收到一封举报信，信中称杭州某跨境电商企业设立内外两套账，存在隐匿收入、少缴税款问题，并附了该企业的内部电子邮件截图及报表，显示企业人员通过邮件收发两套账目。

线索如此具体，杭州市税务局第一稽查局立即组织检查。检查组分析举报内容，初步掌握了涉案企业几名负责人的姓名以及企业旗下网店的名称、收支概况。为避免打草惊蛇，检查组通过互联网平台广泛搜索涉案企业的新闻，发现该企业曾披露相关年度的销售情况。然后，将有关信息与税收征管系统中该企业的申报数据做比对分析后，检查组判断该企业存在隐匿收入的重大嫌疑。

经实地检查，检查组根据标牌信息得知这里是该企业集团合署办公地。面对突如其来的税务检查，一名企业人员紧张地将检查人员领到一间会议室，说"我们正在搬新办公室，财务计算机暂时放在这里使用，财务凭证在其他地方，我这就去拿"，然后就匆匆离开了。

检查人员迅速查看桌上的计算机，发现上面连电源线都没有。意识到这可能是企业使出的拖延术，检查组立即离开会议室，来到挂有标牌的集团财务室。呈现在他们眼前的景象是：十几个人正在忙着搬资料，桌上、柜子里摆放着一摞摞记账凭证。检查组当即根据举报信中提到的人员信息逐一点名，很快确定谁是总账会计，然后立即检查总账会计的计算机。

但这台计算机里没有显示有关账外收入的信息，电子邮箱中近期的邮件也已经清理过。检查人员从电子邮箱回收站中找出几个电子邮件附件的链接，但点击都打不开。此时，总账会计的神色紧张起来，检查组决定延伸电子邮箱的查找年限，最终通过该会计以前年度电子邮件的附件链接路径找到了正插在计算机上的一个 U 盘。经检查，该 U 盘中不仅有举报信涉及的材料，还保存有名为"内账""外账"两个系列的完整报表。

检查组迅速对有关调查证据备份固定。突然，财务室没电了，企业财务人员说遇到了拉闸限电。面对无法继续备份证据的突发情况，检查组一方面按规定流程封存查获的 U 盘，向被查企业说明税务稽查的严肃性和对抗检查的严重后果，另一方面向物业管理部门询问断电问题。得到"并没有拉闸限电"的答复后，检查组说服被查企业恢复电力供应，按规定固定了实地检查发现的证据。然而，面对账外收入证据，被查企业财务人员既不承认内账报表反映的账外收入，也不说明报表的数据来源。通过反复分析已有的证据材料，检查组决定根据跨境电商行业的特点，在跨境电商平台开展调查，直接对相关店铺取证。

很快，检查组在速卖通、亚马逊等 6 个电商平台上查到与涉案企业相关的店铺 14 个，发现这些店铺反映的经营情况和涉案企业取得的账外收入报表较为接近。综合前期案头分析收集的与该企业相关的新闻信息，检查组形成了一条相互印证的证据链。

面对确凿证据，涉案企业承认了隐匿收入、逃避缴纳企业所得税的事实，并配合检查组

调取了企业业务系统以及电商平台上的销售清单。最终，该企业被依法追缴税款、滞纳金共计 210 万元。

资料来源：根据网易网络资料改编。

根据本案的案情，讨论本案中涉案企业的违法行为有哪些。

关键术语

跨境电子商务　跨境电子商务出口经营主体　跨境电子商务零售进口主体

跨境电子商务税收管辖权　跨境电子商务流转税　跨境电子商务所得税

综合练习

一、选择题

1. 下列哪些不是跨境电子商务的特征？（　　）

A. 全球化　B. 即时性

C. 大批量　D. 多批次

2. 将跨境电子商务分为 B2B 跨境电商、B2C 跨境电商、C2C 跨境电商的分类标准是（　　）。

A. 商品流向　B. 交易模式

C. 经营主体　D. 交易范围

3. 跨境电子商务出口经营主体不包括（　　）。

A. 自建跨境电子商务销售平台的电子商务出口企业

B. 利用第三方跨境电子商务平台开展电子商务出口的企业

C. 为电子商务出口企业提供交易服务的跨境电子商务第三方平台

D. 境内服务商

4. 跨境电子商务税收的特点不包括（　　）。

A. 税收主体国际化　B. 征税对象虚拟化

C. 交易环节分散化　D. 管辖权一体化

5. 海关按照国家关于跨境电子商务零售进口税收政策征收的税种不包括（　　）。

A. 关税　B. 进口环节的增值税

C. 进口环节的消费税　D. 城建税

二、填空题

1. 跨境电子商务是指分属__________的交易主体，通过__________达成交易、进行支付结算，并通过__________送达商品、完成交易的一种国际商业活动。

2. 跨境电子商务零售出口是指我国出口企业通过__________向境外零售商品，主要以__________、__________等形式送达的经营行为，即跨境电子商务的__________出口。

3. 跨境电子商务零售进口经营者是__________消费者销售跨境电商零售进口商品的__________，为商品的__________。

4. 国际税收管辖权分为__________管辖权和__________税收管辖权。

5. 跨境电子商务零售进口商品__________为纳税义务人。

三、思考题

1. 我国跨境电子商务的分类有哪些?
2. 跨境电子商务零售进口的参与主体包括哪些?
3. 我国跨境电子商务进口的法律法规是如何规定的?
4. 我国跨境电子商务流转税法律法规有哪些?
5. 我国跨境电子商务税收征管法律法规是如何规定的?

第6章　电子商务知识产权的法律制度

【学习目标】

1. 掌握电子商务知识产权保护的范围。
2. 掌握电子商务与知识产权的联系。
3. 了解电子商务活动对知识产权保护的挑战。
4. 掌握域名管理及域名保护的法律制度。
5. 掌握域名争议解决的方式。
6. 掌握电子商务著作权侵权的类型、归责和法律责任。

【本章重点】

1. 电子商务知识产权保护的范围。
2. 域名管理及域名保护的法律制度。
3. 电子商务著作权侵权的类型、归责和法律责任。

导入案例

2018年杭州互联网法院著作权典型案例及评析

基本案情：A公司、B公司为《*Peppa Pig*》（《小猪佩奇》）《*Peppa Pig, George Pig, Daddy Pig, Mommy Pig*》（《佩奇、乔治、猪爸爸、猪妈妈》）美术作品的著作权人。后A公司、B公司发现C公司在其××网“聚凡优品1”店铺中销售印制有《佩奇、乔治、猪爸爸、猪妈妈》人物形象的“小猪佩奇厨房小天地”玩具，且显示生产商为C公司，该款涉案商品详情页上使用了一张有《佩奇、乔治、猪爸爸、猪妈妈》人物形象的图片。为调查、制止上述侵权行为，A公司、B公司进行了证据公证保全，并委托诉讼代理人参加本案诉讼。A公司、B公司认为，C公司未经许可销售涉案被控侵权产品，D公司未经许可生产、销售涉案被控侵权产品，均已经严重侵害其所享有的作品著作权，构成共同侵权，应承担共同侵权的法律责任并应连带赔偿原告方的经济损失。××公司已将涉案商品链接下架，已履行停止侵权责任。

裁判结果：一审判决：D公司、C公司立即停止生产、销售涉案被控侵权复制品；D公司、C公司各自赔偿A公司、B公司经济损失及合理费用30 000元、120 000元；驳回A公司、B公司其他诉讼请求。宣判后，C公司、D公司提起上诉，截至2019年1月9日，本案未生效。

典型意义：

（1）被授权方超出授权的商品类型、授权使用的载体、授权的期限生产涉案被控侵权复制品，在授权书形式要件不符合的情况下，被授权方未能充分举证证明其生产涉案被控侵权复制品获得合法授权，应承担举证不能的法律后果。

（2）销售商应对其合法来源负担举证责任，否则应当认定侵犯涉案美术作品的著作权。因该举证责任是一种法定的积极责任，即使生产商确认涉案被控侵权复制品来源于该公司，也不能因此免除销售商的举证责任，销售商未举证证明此来源属于“合法来源”，即经过涉案美术作品的著作权人许可，且销售商也没有提供销售合同、付款凭证、交付凭证等用以证明其系通过合法渠道获得涉案被控侵权复制品的，故销售商应承担举证不能的不利后果。因销售商、生产商作为独立的民事主体分别实施了上述侵权行为，各侵权行为彼此独立，应对各自的行为承担责任。

资料来源：根据网络资料改编。

【思考题】

结合案例，讨论我国电子商务著作权侵权的类型主要有哪些。

6.1 电子商务知识产权概述

在全球信息化的影响下，电子商务快速发展并不断改进和完善，成为各个国家和各大公司争夺的制高点。随着电子商务的发展，它与知识产权之间的关联问题越来越多，面临两者之间标识保护、商誉保护、商品化形象保护等与传统保护完全不同的新问题，我们应该积极面对，尽快解决。

6.1.1 电子商务知识产权保护

电子商务知识产权保护

1. 知识产权

知识产权（Intellectual Property）是“基于创造成果和工商标记依法产生的权利的统称”，又称智力成果权、智慧财产权或智力财产权，主要指著作权、专利权和商标权，其中后两者被统称为工业产权。

我国《民法典》第一百二十三条规定：“民事主体依法享有知识产权。知识产权是权利人依法就下列客体享有的专有的权利：（一）作品；（二）发明、实用新型、外观设计；（三）商标；（四）地理标志；（五）商业秘密；（六）集成电路布图设计；（七）植物新品种；（八）法律规定的其他客体。”

知识产权法律制度通过赋予智力成果的创造者排他性使用权和转让权的方式，创造出了一种前所未有的财产权形式。法律之所以要将原本自由的信息转变为属于创造者的财产，是出于推动科技发展、社会进步和保护某些特定利益公共政策的需要，因此并非所有的知识都产生知识产权。

2. 知识产权保护

知识产权保护是依照各国法律赋予符合条件的著作者、发明者或成果拥有者在一定期限内享有的独占权利，一般认为它包括版权（著作权）和工业产权。

知识产权保护涉及的领域广，保护的内容及边界区别大，保护的手段涉及注册登记、审查授权、行政执法、司法裁判、仲裁调解等多个方面，是一项复杂的系统工程。

知识产权保护已成为国际经济秩序的战略制高点，并成为各国激烈竞争的焦点之一。随着科学技术的迅速发展，传统的知识产权制度面临挑战，知识产权的保护范围在不断扩大。例如，在专利领域中，很多国家已对含有计算机程序的计算机可读载体、基因工程、网络上的经营模式等发明给予了专利保护。发展中国家的技术创新空间受到了极大扼制。如何科学合理地确定专利保护的范围，已成为一个紧迫而重大的研究课题。

3. 电子商务中的知识产权保护

电子商务中的知识产权保护，既要保护传统环境中产生的知识成果，如传统的书籍、商标、产品专利等，也要保护电子商务环境下产生的、具有互联网特性的知识成果，如微博文字、图片、自制短视频和原创音乐等。电子商务环境下产生的具有互联网特性的知识产权是使电子商务市场得以繁荣的重要前提，也是知识创造、科技创新带来市场繁荣的体现。

保护电子商务知识产权有利于增强竞争力，创造良好的发展环境。加强电子商务知识产权保护需要顺应互联网自身的特点，如互联网产生的知识产权的海量性、涉事人员的公众性、侵权传播的快速性等，这都是传统保护制度难以应对的，需要创新机制，包含司法机关、行政机关以及电子商务平台、权利人、消费者等在内的相关主体，共同努力并积极探索符合市场规律、创新、高效、多方共治的知识产权保护模式，对互联网环境下的知识产权进行有效保护。

6.1.2 电子商务与知识产权的联系

电子商务与知识产权存在着内在的、密不可分的联系，这已成为一个不争的事实，主要体现在以下几个方面。

1. 电子商务的核心问题是“数据信息”

在构成电子商务的基本要素中，“信息流”是最基本的元素。知识产权属于一种“信息产权”，是对符合法定条件、处于专有领域的“信息”提供的法律保护。从某种程度上讲，知识产权法律制度是保护信息的一种法律工具。

2. 知识产权产品已经成为电子商务的一种主要交易对象

随着知识经济时代的来临，出现了知识产业，即以人才和知识等智力资源为第一要素配置的产业，又称高科技产业和版权产业，也可通称为知识产权产业。在有形商品贸易中，附有高新技术的高科技产品，往往凝结着大比重、多种知识产权的价值。在无形商品贸易中，计算机软件、视听作品、文学作品等占据了主要地位。这些主要利用知识、信息、智力开发的知识产品所载有的知识财富，将成为创造社会物质财富的主要形式，大多可以通过网络“上传”和“下载”，实现网上支付，利用电子商务进行交易独具优势。

3. 电子商务为知识产权获取提供了一种新途径

在电子商务的影响下，产生了获取知识产权的新途径——电子申请，即以电子文件的形式向主管机关提交知识产权确权申请，以获取专利权、商标权，这是获得知识产权的新途径，也是一种特殊的电子商务。

《关于专利电子申请的规定》已经国家知识产权局审议通过，自 2010 年 10 月 1 日起施行。

6.1.3 电子商务对知识产权保护的挑战

传统观念认为：知识产权是一种无形、带有地域性、由权利人独占、具有时间限制的智力成果权。若权利尚未形成，则无权利保护可言，权利保护有一定的界限并遵循法律判断。网络世界对传统的知识产权观念提出了挑战，如专利"即发侵权"的制止问题，而域名问题迫使人们将商标、厂商名称、商誉与不正当竞争结合起来考虑，甚至提出了"一体保护"的方法。

知识产权具有与有形财产不同的特点，如垄断性、地域性、时间性、无形性、政府确认性等。其中，又以垄断性（专有性）和地域性更为特别。如果知识产权不能保证权利人专有，则知识产权制度就不能发挥出应有作用，其权利也就成了一种摆设。如果地域性被彻底打破，权利就有可能成为世界通行的"全球权利"或者产生世界性统一的制度。

电子商务活动建立在互联网上，网络的传输表现出"公开"的开放性和"跨国界"的全球性特点。"公开"为"公知"提供了前提，也为"公用"提供了方便；"跨国界"又使地域性的传统知识产权保护机制受到挑战。电子商务的产生，不仅打破了知识产权保护的时空范围，还对其专有性质下的人身及财产利益产生了重大威胁。

1. 对著作权保护的挑战

著作权法所保护的作品只是一种表现形式，并不包括其内容本身，其要求原创性，即独立完成，即使是内容相同但是完全独立创作的两个作品，著作权法也对其进行保护。在电子商务环境中，著作权的保护受到巨大挑战。

第一，对著作权独创性和专有性保护的挑战。独创性，即独立创作的作品完成即享有著作权；专有权，即排他性，未经许可其他人不允许以营利为目的使用。在电子商务环境中，人们无法直观实体商品，仅凭借被转制而成的商品信息作出判断，而有的商品直接以数字形式存在，如音乐、电影等，网络上数字化作品的公共传播方便、快捷，数字化的复制更是简单易行。在网络世界中，著作权人身份确定的难度大，购买人往往也不屑于知道谁是著作权人，署名权认定困难在一定程度上也加剧了对著作权人专有性权利的破坏。

第二，对著作权时空范围保护的挑战。著作权保护的时间范围是作者的终生加死后五十年，而在电子商务环境中，作品的保护起算时间难以确定，同时，作品的更新换代速度大大提高，每时每刻推陈出新是电子商务的生存法则，这也就使著作权人对其作品即使在保护范围内也不一定能够享有经济利益。地域方面的挑战更是显而易见的，知识产权有其地域性，在国内享有著作权，但在国外不一定当然享有，而网络这条世界大通道使得产品信息流入与流出变得简单容易，信息在网络中跨国界传播便捷迅速，对著作权的地域性形成了巨大冲击，而各国的著作权法的规定也不尽相同，对著作权的保护造成了困难。

2. 对专利权保护的挑战

在我国，作品能否被授予专利权要看其是不是满足 3 个实质条件：实用性、新颖性、创造性。网络技术对此也造成了极大冲击。一般来讲，新颖性的判断是与特定领域内已有知识进行对比，而在电子商务环境下，新颖性认定比较困难，这与电子商务技术的快速更替、范围无限特性有关，网络的公开性也放大了这一危害。

3. 对商标权保护的挑战

商标有着识别商品服务来源、品质保证、广告与竞争的功能。在电子商务环境中，商标的使用方式除了标示商品或服务来源以及广告宣传用途外，还有着域名以及网络搜索引擎关键词的功能。

传统的商标多以平面形式存在，由相对固定不变的文字、图形、字母、数字等元素组成。在电子商务活动中，往往把传统商标动态化，或者把传统商标以声音、视频等形式加以改造，而这种对原有受保护商标进行改造的行为是否构成商标侵权暂无定论，这一过程是否含有智力创造成果的判定目前还没有标准。

另外，电子商务中与商标息息相关的域名问题也值得关注。要做电子商务，企业首先必须注册自己的域名，域名同样起到了标识符号的作用。因此笔者认为，域名也应属于商标的范畴，受商标法保护。商标权具有严格的地域性，商标所有权人一般只能在申请国享有独占权利，而域名则不具有地域性，它在具有唯一的、排他性的同时又具有全球性，所以很有可能出现域名与商标冲突的情况。

6.2 电子商务中的域名保护

6.2.1 域名管理

1. 域名

域名（Domain Name），又称网域，是由一串用点分隔的名字组成的互联网上某一台计算机或计算机组的名称，用于在数据传输时对计算机进行定位标识。

由于 IP 地址不方便记忆并且不能显示地址组织的名称和性质，人们设计出了域名，并通过网域名称系统（Domain Name System，DNS）将域名和 IP 地址相互映射，以方便访问。域名采用分层树状的结构呈现，由计算机名、注册人主体名称、网络类型名、顶级域名共同组成。

域名是一种资源标志符，是网络主机的 IP 地址，由它可以转换成特定主机在因特网中的物理地址。域名作为一种在互联网上的地址名称，在区分不同的站点用户方面起着非常重要的作用。域名是作为一种技术手段建立起来的，它在本质上并不是一种知识产权，因此域名本来并不能和商标一样受到知识产权制度的保护。但是，随着域名商业价值不断增强，法律已经开始将某些知识产权的权利内容赋予域名，以保护权利人的合法利益。

2. 域名管理

互联网名称与数字地址分配机构（The Internet Corporation for Assigned Names and Numbers，ICANN）是管理全球互联网域名系统的非营利性国际组织，该机构协调互联网唯一标识符（如互联网协议地址）的分配和指定、认证通用顶级域名的注册商，致力于维护互联网的安全性和稳定性以及可互操作性等。ICANN 是管理域名注册服务商和提供注册查询的管理机构，并不负责域名注册。ICANN 指定了世界知识产权组织（WIPO）的仲裁与调解中心作为法定权利异议的争议解决机构，为国际域名的申请注册、域名查询、争端解决提供了全方位的管理和服务。

中国互联网络信息中心（China Internet Network Information Center，CNNIC）是经国家主管部门批准成立的管理和服务机构，行使国家互联网络信息中心的职责，是我国域名注册管理机构和域名根服务器运行机构，负责运行和管理国家顶级域名.CN、中文域名系统，为用户提供域名注册、域名解析和查询等服务。与管理全球互联网域名系统的 ICANN 不同的是，CNNIC 是中国国内的域名管理机构，也是域名注册机构，接受申请人的域名申请和审核。

域名的取得根据“先申请先注册”的原则处理。域名注册管理机构及域名注册服务机构对申请人提出的域名申请进行真实身份核验，同时对是否损害第三方的正当权利进行审查。因此，域名是一种相对有限的资源，它的价值将随着注册企业的增多而逐步为人们所重视。

在新的经济环境下，域名所具有的商业意义已远远大于其技术意义，成为企业在新的科学技术条件下参与国际市场竞争的重要手段。它不仅代表了企业在网络上的独有位置，也是企业的产品、服务范围、形象、商誉等的综合体现，是企业无形资产的一部分。

6.2.2 域名保护的法律制度

我国的商标法只对可受保护的“文字、图案或其组合”标识作出规定，而没有把在网上出现的某一动态过程作为商标来保护。在网络环境下的商业活动，已使人们感到用“视觉感知”去认定，比起用“文字、图案”认定商标更能适应商业活动的发展需要。当前在我国最突出的问题是在网络环境下，“域名注册”与商标权的冲突。虽然 1997 年 5 月国务院相关部门发布了《中国互联网络域名注册暂行规定》，但其中只规定了“不得使用不属于自己的已注册商标，申请域名注册”，并没有禁止以他人的商标和商号抢注域名。因此“域名”实际上成为商誉乃至商号的一部分并作为无形资产而被交易。域名具有唯一性，即它在全球范围内是独一无二的，但同时域名通常按照“登记在先”的原则进行登记，因此一旦有人先注册了某个名字，其他人就不得再使用该名字来命名其网址。由于域名具有较高的商业价值，抢注者希望借助被抢注者的良好名誉得到网络用户的访问，一旦抢注成功，网络用户将无法访问到该域名真正代表的被抢注企业的站点，而是访问到抢注者的站点。

1. 国际组织对域名保护的法律制度

互联网域名争议解决制度是迄今为止最成功的在线争议解决机制，投诉、受理、答辩、审理、裁决与执行等全部在网上完成，互联网域名争议解决机制的成功经验为全球电子商务域名保护提供了有益借鉴。实施域名保护的国际组织主要有两个：一是世界知识产权组织（WIPO），二是互联网名称与数字地址分配机构（ICANN）。

WIPO 在 1999 年发布的《互联网名称与地址：知识产权议题最终报告》中提出，在 WIPO 仲裁与调解中心设立统一域名争议解决政策（Uniform Domain Name Dispute Resolution Policy，UDRP），无需通过法院诉讼即可解决互联网域名争端，这是世界范围内第一个对域名保护作出全面规定的国际性法律文件。

ICANN 在接受 WIPO《互联网名称与地址：知识产权议题最终报告》的基础上，提出了《统一域名争端解决规则》，该规则为国际通用顶级域名争议的解决提供了法律依据。与此同时，ICANN 指定 WIPO 的仲裁与调解中心作为解决域名争议的服务机构，从规则到机构上为国际域名争议的有效解决提供了法律保障。

2. 国内对域名保护的法律制度

电子商务域名保护是一个贯穿立法、执法到司法实践的系统工程。第一，域名权是作为民事主体的一种新型民事权益，因此在民事法律中有较多的规定；第二，由于这项民事权利通过法律拟制获得，需要以注册授权的方式进行确认，因此在行政管理法等方面的制度配置是必不可少的。

（1）民事实体方面。

《民法典》第三条规定，民事主体的人身权利、财产权利以及其他合法权益受法律保护，任何组织或者个人不得侵犯。这一原则性规定，为域名的获得和使用提供了民事权益的基础性保障。实践中，域名作为一种字符串标识与作为商标标记的商标存在较多的权利冲突。虽然《中华人民共和国商标法》（以下简称《商标法》）第五十七条规定了侵犯注册商标专用权的情形，其中的兜底条款，即“给他人的注册商标专用权造成其他损害的”是解决商标与域名纠纷的主要援引法条。但该条文不够具体，容易在司法实践中引发争执。因此，最高人民法院出台了《关于审理商标民事纠纷案件适用法律若干问题的解释》，就“给他人的注册商标专用权造成其他损害的”行为作出了进一步细化，其中第（三）款“将与他人注册商标相同或者相近似的文字注册为域名，并且通过该域名进行相关商品交易的电子商务，容易使相关公众产生误认的”是解决域名与商标纠纷的具体规定。

同时，由于域名具有唯一性、排他性、稀缺性等属性，因此《中华人民共和国反不正当竞争法》（以下简称《反不正当竞争法》）第二条中关于经营者在生产经营活动中，应当遵循自愿、平等、公平、诚信的原则，遵守法律和商业道德的规定，对域名注册和使用行为提出规范要求。《最高人民法院关于审理涉及计算机网络域名民事纠纷案件适用法律若干问题的解释》的第四条进一步结合《商标法》和《反不正当竞争法》的规定，明确应当认定注册、使用域名等行为构成侵权或者不正当竞争的条件。以上规定提出规制域名的不当注册和使用行为，以保护商标权人的利益，也为域名保护划定了边界。

（2）域名行政管理方面。

为了规范互联网域名服务，保护用户合法权益，保障互联网域名系统安全、可靠运行，相关部门出台了一系列关于域名行政管理及域名争端解决的规定，主要包括《中国互联网络域名注册暂行管理办法》《中国互联网络信息中心域名争议解决办法》《中国互联网络信息中心国家顶级域名争议解决程序规则》《互联网域名管理办法》等，以上规范性文件为域名的注册服务、运行维护、监督管理、法律责任等提供了明确的域名管理规定。

6.2.3 域名争议解决

1. 域名与商标

域名侵犯商标权是目前电子商务领域里数量最多的与域名相关的争议。商标是商业实体拓展市场时必然要作出的知识产权部署，而域名的商业价值是随着电子商务的繁荣逐步为人们所重视的。因此，域名与商标的冲突主要表现为域名申请人将他人已使用的商标注册为域名所引发的民事纠纷。

商标和域名都具有仅有性、排他性和标识性的特点，两者具有必定的重合性。现实中，企业通常将自己知名度较高的商标或商号注册为域名，使域名成为商标或商号在互联网上的延伸，扩大企业的知名度。但也存在一些投机者，将知名度较高的商标注册为域名，通过不正当手段谋取利益。因此，企业应当扩大对商标的保护范围，尽早注册相关的域名，不给他人以可乘之机。

2. 域名争议解决方式

域名争议主要采取两种方式解决：

一是通过诉讼解决，主要依据《民事诉讼法》《最高人民法院关于审理涉及计算机网络域名民事纠纷案件适用法律若干问题的解释》;

二是通过仲裁解决。2000 年，中国国际经济贸易委员会成立域名争议解决中心，作为 CNNIC 授权的争议解决机构，解决.CN/中文域名争议；亚洲域名争议解决中心北京秘书处是 ICANN 指定的通用顶级域名争议解决机构，解决.COM、.ORG、.NET 等通用顶级域名和新通用顶级域名争议。关于解决顶级域名的纠纷，中国国际经济贸易委员会根据相关部门规章和规范性文件发布了《国家顶级域名争议解决程序规则》《中国国际经济贸易仲裁委员会关于〈国家顶级域名争议解决办法〉补充规则》并制作了详细的申请流程。

ICANN 的《统一域名争议解决政策》适用于全球范围内通用顶级域名争议的解决。审理域名争端的事由主要包括字符串混淆的异议、法定权利冲突的异议、损害限定的公共利益、社群异议等。

课堂讨论

评价我国现行电子商务知识产权保护机制，讨论其发展现状、存在的问题并给出建议。

6.3 电子商务著作权保护

电子商务著作权保护涉及一系列技术问题，如链接、搜索引擎、视频、网上电视等一系列增值服务项目。而这些增值服务项目总不由自主地以追逐利益为主要目的，从而侵害权益人的权利。这就需要我们的法律保护不断完善，要让人们有法可循、有法可依。

6.3.1 电子商务著作权侵权行为与类型

电子商务著作权侵权涉及网络服务商侵权问题和链接侵权问题。网络服务商根据其提供服务内容的不同，主要分为网络内容服务商和网络中介服务商两大类。

网络内容服务商指自己组织信息通过网络向公众传播的主体。网络内容服务商会提供网页支持，将网页上的内容存储在服务器上。如果网络内容服务商提供的内容服务未经著作权人允许，则构成了对作品的复制权和网络传播权的侵犯。

网络中介服务商的基本特征是按照用户的选择传输或接受信息，其本身并不组织、筛选所传播的信息。这一基本特征决定了其在著作权保护法律体系中具有与网络内容提供商不同的法律地位，其可能承担的侵权责任问题显得更趋复杂。

所谓链接是指使用超文本标记语言 HTML 的标记指令，通过 URL 指向其他内容。链接的对象可以是一个网站，也可以是网站中的某个网页，甚至是网页中的某个组成部分。关于链接技术的侵权问题，目前并没有统一说法，不同的国家有很大差别。链接可能侵犯作品的复制权、演绎权以及精神权利等。

1. 电子商务著作权侵权行为

网络技术的发展和应用的普及，使得数字化作品成为电子商务交易中的重要内容。著作权侵权逐渐成为诸如购物网站、视频网站、数字图书馆等电子商务平台难以回避的问题。电子商务经营者的著作权侵权主要是指未经著作权人许可或缺乏法律依据的情况下直接或者间接实施侵犯权利人的信息网络传播权。网络传播权是指以有线或者无线方式向公众提供作品，使得公众可以在其个人选定的时间和地点获得作品的权利。

现阶段，电子商务著作权侵权行为主要表现为如下几种形式。

（1）未经著作权人或有关权利人许可，通过电子商务平台向公众传播其作品、表演或者录音录像制品。

（2）未经著作权人或者有关权利人许可，故意删除或者改变作品、录音录像制品并向公众传播。

（3）在电子商务平台出售假冒他人署名的作品。

（4）未经著作权人或有关权利人许可，使用、抄袭其网页、数据库等数字化作品。

（5）向公众提供针对某知识产权保护期内软件的解密技术或该软件的解密版本、软件序列点、注册码、密码等。

2. 电子商务著作权侵权的类型

（1）直接侵权。

网络著作权是一系列消极的专有权利。以网络传播权为例，不是赋予权利人积极行使作品的网络传播行为，而是要求其他行为人不得擅自实施未经许可的网络传播行为。电子商务中直接侵权主要表现为电子商务平台内经营者未经著作权人许可而擅自实施网络传播权的行为。

第一，电子商务平台内经营者“提供作品”，表现为擅自将未经授权的作品上传至网络交易平台中供用户浏览或下载或出售假冒他人署名的作品；第二，“个人选定的时间和地点获得作品”是指交互式传播，也就是以“点对点”的方式供用户按需点播。如果电子商务平台内经营者直接将未经许可的作品或假冒他人署名的作品上传到电子商务平台中，使得网络用户可以通过“点对点”的方式直接使用，则属于对他人网络著作权的积极侵害，构成直接侵权。通常情况下，电子商务平台经营者仅为网络用户提供网络信息存储、信息传输等服务，且对于网络用户实施直接侵权行为在主观上并不存在明知或应知过错的情况下不构成直接侵权，除非其将侵权作品直接上传或以其他方式置于网络服务器上。

（2）间接侵权。

间接侵权是指没有实施受著作权“专有权利”控制的行为（没有实施直接侵权），但故意引诱他人实施直接侵权，或者在明知或应知他人即将或正在实施直接侵权时为其提供实质帮助，以及特定情况下为直接侵权所做的准备和扩大其侵权后果的行为。法律之所以规定间接侵权，其目的是加强对著作权的保护，既可以避免权利人因无法追究直接侵权人的责任而蒙受损害，也可以抑制电子商务平台经营者间接侵权行为的扩大。

目前电子商务平台经营者的“间接侵权”可以区分为两种：

一是教唆、帮助他人侵权。《民法典》第一千一百六十九条规定：教唆、帮助他人实施侵权行为的，应当与行为人承担连带责任。这也是各国著作权侵权法所普遍认可的规则。这一规则的确立适用到网络著作权侵权中，即便电子商务平台经营者没有实施具体的直接侵害他人著作权的行为，但教唆、帮助他人实施直接侵权也可以构成共同侵权。

《最高人民法院关于审理侵害信息网络传播权民事纠纷案件适用法律若干问题的规定》中解释了“教唆侵权”与“帮助侵权”的具体情形。其中，以言语、推介技术支持、奖励积分等方式诱导、鼓励网络用户实施侵害信息网络传播权行为的，应当认定为构成教唆侵权行为。电子商务平台经营者明知或者应知网络用户利用网络服务侵害信息网络传播权，却未采取删除、屏蔽、断开链接等必要措施或者提供技术支持等帮助行为的，应当认定其构成帮助侵权行为。

二是“直接侵权”的预备行为和扩大侵权后果的行为。《信息网络传播权保护条例》第二十三条规定：网络服务提供者为服务对象提供搜索或者链接服务，在接到权利人的通知书后，根据本条例规定断开与侵权的作品、表演、录音录像制品的链接的，不承担赔偿责任；但是，明知或者应知所链接的作品、表演、录音录像制品侵权的，应当承担共同侵权责任。这一规定表明，在明知或应知所提供的链接内容侵权的情况下，仍然保留链接实际上是扩大了侵权后果，也属于间接侵权。

相关的司法解释进一步明确了“明知”与“应知”的具体情形。《最高人民法院关于审理侵害信息网络传播权民事纠纷案件适用法律若干问题的规定》第十三条规定，网络服务提供者接到权利人以书信、传真、电子邮件等方式提交的通知及构成侵权的初步证据，未及时根据初步证据和服务类型采取必要措施的，人民法院应当认定其明知相关侵害信息网络传播权行为。第九条规定，人民法院应当根据网络用户侵害信息网络传播权的具体事实是否明显，综合考虑以下因素，认定网络服务提供者是否构成应知：

① 基于网络服务提供者提供服务的性质、方式及其引发侵权的可能性大小，应当具备的管理信息的能力；

② 传播的作品、表演、录音录像制品的类型、知名度以及侵权信息的明显程度；

③ 网络服务提供者是否主动对作品、表演、录音录像制品进行了选择、编辑、修改、推荐等；

④ 网络服务提供者是否积极采取了预防侵权的合理措施；

⑤ 网络服务提供者是否设置便捷程序接收侵权通知并及时对侵权通知作出合理反应；

⑥ 网络服务提供者是否针对同一网络用户的重复侵权行为采取了相应的合理措施；

⑦ 其他相关因素。

6.3.2 电子商务著作权侵权的管辖与归责

1. 电子商务著作权侵权案的管辖与审理原则

电子商务著作权侵权案件执行地域管辖，《民事诉讼法》第二十二条规定：“对公民提起的民事诉讼，由被告住所地人民法院管辖”，网络著作权侵权案由侵权行为发生地或被告住所地人民法院管辖。侵权行为发生地包括实施被诉讼侵权行为的网络服务器，计算机终端等设备所在地。对难以确定侵权行为发生地和被告住所地的，原告发现侵权内容的计算机终端等设备所在地可以视为侵权行为发生地。

电子商务著作权案件审理，要坚持三个基本原则：第一是依法审理；第二是平衡，要通过案件审理保护著作权人的合法权益，同时促进作品的传播，确保广大网民的知情权，促进网络技术和新商业模式的发展；第三要注重技术与法律实施的结合，主管部门必须了解新技术、新商业模式，在此基础上正确适用法律，不要受技术和商业模式的限制。

2. 电子商务著作权侵权的归责

《电子商务法》第四十一条规定：“电子商务平台经营者应当建立知识产权保护规则，与知识产权权利人加强合作，依法保护知识产权。”电子商务著作权侵权的归责原则亦应遵循一般侵权中确定行为人承担民事责任的基本准则，即确定网络服务提供者民事责任的根据和标准。

综观各国侵权归责的立法发现，各国网络著作权侵权存在着严格责任、无过错责任、过错责任等各种不同的法律选择。以美国为例，美国大致经历了未确定统一的实践标准、采用严格责任、严格责任限制三个阶段；欧盟相关指令在这一法律选择上一直坚持采用过错责任原则；德国根据不同的网络服务提供者适用不同的归责原则；我国和大多数国家一样，将过错责任原则作为网络著作权侵权的归责原则。《中华人民共和国侵权责任法》第三十六条以及沿袭其后的《民法典》第一千一百九十四条都规定了网络服务提供者利用网络侵害他人民事权益应承担侵权责任的具体规则，为电子商务著作权侵权案件提供了法律依据。

（1）一般规则。

《民法典》第一千一百九十四条规定：“网络用户、网络服务提供者利用网络侵害他人民事权益的，应当承担侵权责任。”该条可视为网络侵权的一般规则，即网络侵权行为的自己责任规则，也就是通常所说的网络服务提供者直接侵权责任。该条文源自《侵权责任法》第三十六条第一款，虽然条文本身并没有明确规定网络侵权适用的归责原则，但民法学界的主流观点认为该条款规定的是过错责任，即网络服务提供者因为自己的过错，造成了他人的损害，应当承担侵权责任。

第一，从相关法律文件讲，不论是《信息网络传播权保护条例》，还是《最高人民法院关于审理涉及计算机网络著作权纠纷案件适用法律若干问题的解释》，都对网络服务提供者的网络著作权侵权采用过错责任原则。

第二，从社会危害性讲，网络侵权并不像环境污染、高度危险问题一样具有严重的社会危害性，因此无需通过无过错责任来确定网络服务提供者的侵权责任门槛。

第三，从技术角度讲，网络服务提供者无法对海量网络信息进行全面的事前审查。最高人民法院的司法解释再次明确“网络服务提供者未对网络用户侵害信息网络传播权的行为主动进行审查的，人民法院不应据此认定其具有过错”。

第四，从利益平衡角度讲，侵权归责是法律平衡利益的选择。互联网产业的发展要加强网络著作权保护，但又不能对网络服务提供者附加过于严苛的义务，否则会影响整个产业的健康发展。不过，也有部分学者从语义学解读《侵权责任法》第三十六条第一款，认为条文中“利用网络侵害他人民事权益”的“利用”一词的含义是“用手段使人或事物为自己服务”，利用网络的行为是主动行为，网络服务提供者主观上当然知道自己在利用网络下载或传输文档。但由此却不能得出必然结论：网络服务提供者主观上一定有过错，进而主张网络服务提供者应当适用无过错责任原则。学界对是否以主观过错作为侵权责任的构成要件观点不同，但在一点上是有共识的，即侵权责任归责原则是基于“法律价值的判断”，而非“事实的判断”，过错责任原则应当是知识产权本身的公共性和政策性的体现和理性选择。

（2）“通知-删除”规则。

“通知-删除”规则，主要运用于确定网络服务提供者著作权间接侵权中主观过错的规则。当权利人认为网络服务所涉及的作品侵犯自己的信息网络传播权时，可以向该网络服务提供者提交含有特定内容的书面通知，要求删除该作品或者断开与该作品的链接。如果网络服务提供者接到权利人的通知后，仍未删除涉嫌侵权的作品或者断开相关链接，则可认定该网络服务提供者具有过错，应当承担著作权间接侵权责任。

“通知-删除”规则保护了网络环境中著作权人的利益，也确立了网络服务提供者在法定条件下免除责任的情形。当权利人知道网络用户实施的侵权行为之后，有权通知电子商务平台经营者采取必要措施防止损害后果的进一步扩大；电子商务平台经营者在接到权利人的通知后应当采取必要的措施以防止损害的扩大；如果电子商务平台经营者未对侵权行为采取必要措施，则构成对侵权行为的放任，具有间接故意，应视为与侵权人构成共同侵权，并就损害的扩大部分与侵权的网络用户承担连带责任。但是如果电子商务平台经营者没有接到通知，或者接到通知后即采取了必要措施的，则不需要承担侵权责任。

《信息网络传播权条例》就“通知-删除”规则作出了进一步规定：首先，“通知”应当采用书面形式；其次，“通知”的内容应当包括：

① 权利人的姓名（名称）、联系方式和地址；

② 要求删除或者断开链接的侵权作品、表演、录音录像制品的名称和网络地址；

③ 构成侵权的初步证明材料。

“通知-删除”规则是互联网环境下针对网络服务提供者提供的存储、搜索、链接等服务的归责或者免责，是“避风港”规则的核心内容，也构成了互联网领域网络服务提供者提供服务免责的重要规则。我国最早在《信息网络传播权保护条例》中就规定了“通知-删除”规则，后在《侵权责任法》《电子商务法》中均有类似规定。“通知-删除”规则给了平台豁免责任的可能性，使得从事存储、搜索、链接的网络服务提供者获得了巨大的发展空间，也成就了一大批互联网巨头。

在著作权侵权纠纷中，作为网络服务提供者免责的“通知-删除”规则，在一定程度上平衡了网络服务提供者、著作权人和用户之间的利益，但是，以小程序为代表的新业态是否也适用这一规则？

首例涉微信小程序著作权侵权案一审宣判结果对此作出了回答，即小程序不适用“通知-删除”规则：因认为长沙某网络科技有限公司（下称 A 公司）运营的小程序未经授权传播网红作家武 × × 的作品，涉嫌构成著作权侵权，杭州某网络科技有限公司（下称 B 公司）将其起诉至法院，并将另一计算机系统有限公司列为被告二。杭州互联网法院对该案进行了一审公开宣判，判决 A 公司赔偿原告经济损失每案 1.5 万元，驳回原告对另一计算机系统有限公司的所有诉讼请求。法院认为，小程序平台不存储开发者具体服务内容，并非信息存储服务空间。小程序上的内容由开发者直接向用户提供，小程序平台技术上无法针对实际由开发者提供的具体服务内容采取处理措施，这一技术服务属性决定了腾讯公司无法做到一般网络服务提供者所能采取的删除、屏蔽等必要措施。因此，该案涉及小程序平台的情形不适用“通知-删除”规则。

该案系某计算机系统有限公司作为微信小程序服务提供者首次被起诉，其被诉要求与具体小程序运营人共同承担侵权责任并下架涉案小程序。

（3）“知道”规则。

“知道”规则借鉴了美国《千年数字版权法》中的“红旗规则”，即当侵权行为宛如鲜艳的红旗在网络服务提供者面前飘扬以至于处于相同情况下的理性人明显能够发现时，如果网络服务提供者采取“鸵鸟政策”，对侵权事实视而不见，则能够认定网络服务提供者至少“应当知晓”侵权材料的存在，存在过错，应当负担侵权责任。

2012年发布的最高人民法院《关于审理侵害信息网络传播权民事纠纷案件适用法律若干问题的规定》（法释〔2012〕20 号）在明确否定网络服务提供者具有一般意义的审查义务的基础上，通过“应知”的解释空间，提高了网络服务提供者的注意义务及主动审查要求。该解释第九条规定，人民法院在认定网络服务提供者是否构成应知时，应当综合考虑各项因素，其中的因素之一就是“网络服务提供者是否主动对作品、表演、录音录像制品进行了选择、编辑、修改、推荐等”，可见网络服务提供者的主动选择及推荐行为完全有可能进入“应知”的范畴。

《民法典》第一千一百九十六条和一千一百九十七条也将“应知”列为网络服务提供者承担侵权责任的心理状态之一，改变了《侵权责任法》第三十六条只规定“知道”一种心理状态的情形，是对“通知-删除”规则的一种约束，从而全面平衡网络用户与网络服务提供者以及著作权人之间的利益。网络服务提供者在知道或应当知道网络用户利用其服务实施侵权行为的情况下，如果没有主动采取必要的措施，则构成对侵权行为的放任，具有间接故意，应就损害与该网络用户承担连带责任。

6.3.3 电子商务著作权侵权的法律责任

根据《中华人民共和国著作权法》（以下简称《著作权法》）第四十八条的规定，侵害他人著作权的，“应当根据情况，承担停止侵害、消除影响、赔礼道歉、赔偿损失等民事责任；同时损害公共利益的，可以由著作权行政管理部门责令停止侵权行为，没收违法所得，没收、销毁侵权复制品，并可处以罚款；情节严重的，著作权行政管理部门还可以没收主要用于制作侵权复制品的材料、工具、设备等；构成犯罪的，依法追究刑事责任”，可以看出著作权侵权责任主体应当承担的法律责任主要有以下三种：民事责任、行政责任和刑事责任。

1. 民事责任

电子商务著作权侵权的法律责任在《民法典》《电子商务法》《著作权法》里都有规定，其要承担的民事责任包括停止侵害、消除影响、赔礼道歉、赔偿损失等，其发起方式为被侵权方向有管辖权的人民法院提起诉讼。

《电子商务法》第七十四条规定，电子商务经营者销售商品或者提供服务，……造成他人损害的，依法承担民事责任。这里的损害也包括知识产权方面的损害。

《民法典》第一百七十九条规定了承担侵权民事责任的主要方式包括停止侵害、排除妨碍、消除危险、返还财产、恢复原状、赔偿损失、赔礼道歉、消除影响、恢复名誉等。

电子商务著作权侵权最基础的责任承担方式是停止侵害。由于网络信息传播的速度极快、范围极广，因此停止侵害是一种源头治理的救济方式，防止侵权损害的进一步扩大和继续。《民法典》第一千一百九十五条以及《电子商务法》第四十二条所要求的“采取删除、屏蔽、断开链接等必要措施”是停止网络侵权的具体表现。但是，针对网络侵权的不可逆性，停止侵害在一定程度上无法挽回被侵权人人身权的损失，因此赔礼道歉、消除影响和恢复名誉成为针对人身权受到侵害的救济方式。此外，对于权利人而言，赔偿损失是一种最有效和主要的权利救济方式。

我国《著作权法》第四十九条规定，侵犯著作权或者与著作权有关的权利的，侵权人应当按照权利人的实际损失给予赔偿；实际损失难以计算的，可以按照侵权人的违法所得给予赔偿。赔偿数额还应当包括权利人为制止侵权行为所支付的合理开支。权利人的实际损失或者侵权人的违法所得不能确定的，由人民法院根据侵权行为的情节，判决给予五十万元以下的赔偿。

民事责任的主要目的是如何保障受害人的人身利益和财产利益得到恢复和弥补，实现公平正义。但是现有法律实践表明，传统的民事侵权责任并不能完全抑制恶意侵权人的行为。因此有必要基于特殊情况采用更具有针对性的法律责任制度。《民法典》第一千一百八十五条规定了对故意侵害他人知识产权，情节严重的，被侵权人有权请求相应的惩罚性赔偿。惩罚性赔偿同样适用于电子商务环境下，如果电子商务经营者出现故意侵害他人网络著作权，情节严重的，被侵权人可以基于《民法典》的特殊规则请求惩罚性赔偿。通过特殊的惩罚性赔偿责任，加大对知识产权侵权行为的惩罚和对潜在侵权行为的威慑。

2. 行政责任

电子商务著作权侵权要承担的行政责任包括责令停止侵权、没收违法所得以及没收、销毁侵权复制品、罚款等，情节严重的还可以没收主要用于制作侵权复制品的材料、工具、设备等。其发起方式为发现违法线索后进入行政程序。

《电子商务法》第七十五条规定，电子商务经营者违反本法第十二条、第十三条规定，未取得相关行政许可从事经营活动，或者销售、提供法律、行政法规禁止交易的商品、服务……依照有关法律、行政法规的规定处罚；第八十四条规定，电子商务平台经营者违反本法第四十二条、第四十五条规定，对平台内经营者实施侵犯知识产权行为未依法采取必要措施的，由有关知识产权行政部门责令限期改正；逾期不改正的，处五万元以上五十万元以下的罚款；情节严重的，处五十万元以上二百万元以下的罚款。

3. 刑事责任

《电子商务法》第八十八条规定，违反本法规定，构成违反治安管理行为的，依法给予治安管理处罚；构成犯罪的，依法追究刑事责任。

（1）侵犯著作权罪。

根据《中华人民共和国刑法》（以下简称《刑法》）第二百一十七条，以营利为目的，有下列侵犯著作权情形之一，违法所得数额较大或者有其他严重情节的，处三年以下有期徒刑或者拘役，并处或者单处罚金；违法所得数额巨大或者有其他特别严重情节的，处三年以上七年以下有期徒刑，并处罚金：

① 未经著作权人许可，复制发行其文字作品、音乐、电影、电视、录像作品、计算机软件及其他作品的；

② 出版他人享有专有出版权的图书的；

③ 未经录音录像制作者许可，复制发行其制作的录音录像的；

④ 制作、出售假冒他人署名的美术作品的。

（2）销售侵权复制品罪。

根据《刑法》第二百一十八条，以营利为目的，销售明知是本法第二百一十七条规定的侵权复制品，违法所得数额巨大的，处三年以下有期徒刑或者拘役，并处或者单处罚金。

《最高人民法院、最高人民检察院关于办理侵犯知识产权刑事案件具体应用法律若干问题的解释》对于“以营利为目的”做了进一步的司法解释：

以营利为目的，实施刑法第二百一十七条所列侵犯著作权行为之一，违法所得数额在三万元以上的，属于“违法所得数额较大”；具有下列情形之一的，属于“有其他严重情节”，应当以侵犯著作权罪判处三年以下有期徒刑或者拘役，并处或者单处罚金：

① 非法经营数额在五万元以上的；

② 未经著作权人许可，复制发行其文字作品、音乐、电影、电视、录像作品、计算机软件及其他作品，复制品数量合计在一千张（份）以上的；

③ 其他严重情节的情形。

以营利为目的，实施刑法第二百一十七条所列侵犯著作权行为之一，违法所得数额在十五万元以上的，属于“违法所得数额巨大”；具有下列情形之一的，属于“有其他特别严重情节”，应当以侵犯著作权罪判处三年以上七年以下有期徒刑，并处罚金：

① 非法经营数额在二十五万元以上的；

② 未经著作权人许可，复制发行其文字作品、音乐、电影、电视、录像作品、计算机软件及其他作品，复制品数量合计在五千张（份）以上的；

③ 其他特别严重情节的情形。

以营利为目的，实施刑法第二百一十八条规定的行为，违法所得数额在十万元以上的，属于“违法所得数额巨大”，应当以销售侵权复制品罪判处三年以下有期徒刑或者拘役，并处或者单处罚金。

（3）单位和个人均可构成犯罪。

根据《刑法》第二百二十条，单位犯本节第二百一十三条至第二百一十九条规定之罪的，对单位判处罚金，并对其直接负责的主管人员和其他直接责任人员，依照规定进行处罚。

讨论案例

2020年度深圳法院知识产权十大典型案例之八

案情介绍：A公司控诉B公司、C公司、D公司未经其授权许可，擅自利用××××智能视听屏及××××软件向公众提供涉案录音制品，侵犯了A公司对涉案录音制品享有的信息网络传播权，请求判令B公司、C公司、D公司共同赔偿原告经济损失及合理支出。被告

B 公司辩称，其仅为××××智能视听屏生产商，并未向公众提供涉案录音制品的网络传播服务，不应承担侵权责任。被告 C 公司辩称，××××智能视听屏是其旗下的一款智能音箱产品，集有 QQ 音乐、××视频、××新闻、××体育等内容，这些内容的提供方均为被告 B 公司，与被告 D 公司无关。被告 D 公司辩称，其与本系列案涉诉的侵权事实无关，不是适格被告。

法院经审理查明：2018 年 11 月 1 日，××国际音乐股份有限公司向 A 公司出具《授权书》，将其享有的涉案 31 首录音制品的信息网络传播权许可给 A 公司；授权期限为 2018 年 11 月 1 日至 2021 年 10 月 31 日；授权地域为中华人民共和国；授权性质为独占、排他授权；在授权期限内，对任何侵犯被授权权利的第三方，被授权人及其关联企业有权以自己的名义对侵权的第三方采取相应维权法律措施。A 公司提交了公开出版的涉案 5 张音乐专辑，B 公司、C 公司、D 公司对专辑的真实性、合法性及关联性予以认可。

A 公司通过公证方式对购买××××智能视听屏并使用××××智能视听屏、××××软件在线播放歌曲的过程进行取证。A 公司从××商城上购买××××智能视听屏，通过手机扫描××××智能视听屏中的二维码下载××××软件，后使用××××软件连接××××智能视听屏，搜索并使用××××智能视听屏在线播放录音制品，所播放的涉案音乐专辑中的录音制品与 A 公司主张权利的涉案音乐专辑中的录音制品一致。××××智能视听屏制造方为 B 公司。C 公司称其为××××软件运营方，当用户使用××××软件通过语音向××××智能视听屏发出播放某一首录音制品的指令时，××××智能视听屏会向 C 公司的音乐服务器 qq.com 发出请求，通过××××智能视听屏传输播放音乐。

资料来源：根据网络资料改编。

根据本案的案情，结合本章所学内容，回答下列问题。

1. 本案例中，B 公司、C 公司、D 公司是否存在侵权行为？请简述理由。
2. 侵权方应该承担什么责任？为什么？

关键术语

知识产权　电子商务知识产权　著作权　专利权　域名管理

电子商务著作权侵权　“通知-删除”规则　“知道”规则

综合练习

一、选择题

1. 最主要的三种知识产权是著作权、专利权和商标权，其中专利权与商标权也被统称为(　　)。

A. 智力成果权　B. 智慧财产权　C. 智力财产权　D. 工业产权

2. 互联网域名争议解决制度是迄今为止最成功的(　　)，投诉、受理、答辩、审理、裁决到执行等全部在网上完成。

A. 网络解决机制　B. 在线争议解决机制

C. 司法救济机制　D. 跨国解决机制

3. 域名已成为企业在新的科学技术条件下参与国际市场竞争的重要手段，以下选项哪个不属于它的特征？（　　）

A. 是企业有形资产的一部分

B. 是企业无形资产的一部分

C. 是企业的产品、服务范围、形象、商誉等的综合体现

D. 代表了企业在网络上的独有位置

4. 如果电子商务经营者出现故意侵害他人网络著作权，情节严重的，被侵权人可以基于《民法典》的特殊规则请求（　　）。

A. 惩罚性赔偿　　B. 人身赔偿　　C. 赔偿实际损失　　D. 以上答案都不对

5. “通知-删除”规则给了平台（　　）的可能性，使得从事存储、搜索、链接的网络服务提供商获得了巨大的发展空间。

A. 承担责任　　B. 追究责任　　C. 豁免责任　　D. 索取赔偿

二、填空题

1. 知识产权是“基于__________和__________依法产生的权利的统称”，其英文表述为“Intellectual Property”。

2. 知识产权保护手段涉及__________、__________、__________、司法裁判、仲裁调解等多个方面。

3. 中国互联网络信息中心是经国家主管部门批准成立的管理和服务机构，行使国家互联网络信息中心的职责，是我国________________和________________________。

4. 电子商务著作权侵权的类型包括__________和__________。

5. 电子商务著作权侵权的法律责任在《民法典》《电子商务法》《著作权法》里都有规定，其要承担的民事责任包括__________、__________、__________、__________等。

三、思考题

1. 简述在电子商务环境中，著作权保护受到的挑战。

2. 简述电子商务平台经营者的“间接侵权”分类并举例说明。

3. 简述《信息网络传播权保护条例》与《电子商务法》在著作权领域的“通知-删除”规则相关条款的区别。

第 7 章　电子商务消费者权益保护的法律制度

【学习目标】

1. 掌握电子商务消费者权益保护的原则。
2. 掌握《产品质量法》的立法宗旨和调整的法律关系。
3. 掌握产品、产品标准、产品质量的概念。
4. 掌握生产者、销售者的产品质量义务。
5. 商业广告相关人的责任和义务。

【本章重点】

1. 电子商务消费者权益保护的原则。
2. 生产者和销售者的产品质量义务。
3. 《广告法》中对商业广告相关人的责任和义务。
4. 违反《产品质量法》和《广告法》的法律责任。

导入案例

互联网视频播放平台提供VIP服务应就服务内容及合同权利义务向消费者进行充分告知

基本案情：×××网站系北京×××科技有限公司（以下简称×××公司）运营管理的以提供网络视频服务为主的一家网站，原告孙某某在观看×××视频时根据视频右上角看到“会员跳广告”的广告宣传语，进行了“黄金VIP会员3个月”的会员充值，但随后原告在观看×××网站的节目时发现部分视频中插播广告，其认为×××公司该行为属于虚假宣传，诉至法院，要求×××公司停止插播广告并赔偿其损失。

裁判结果：法院经审理认为，我国现行法律法规对互联网企业播放广告的时长、插播时间未作出强制性规定，且×××公司在《VIP会员服务协议》及权益介绍中对视频中可能会插播部分广告作出了说明，×××公司插播的广告时长较短、可拖曳跳过，与非VIP用户观看的广告明显不同，故原告要求×××公司停止插播广告的诉求，不应支持。但是，×××公司提供的跳广告服务仍存在无法跳过“少部分其他类型的广告”，对此应向消费者进行说明，×××网站在“会员跳广告”宣传语处可不通过权益介绍界面直接点击进入付款界面，同一界面的《VIP服务协议》，字体较小、标示不够显著，也没有要求消费者阅读并确认后付款，此种方式虽为消费者扫码支付提供了便利，但也导致消费者可能未充分了解自己的权利义务即进行了购买，故×××公司在履行告知义务方面存在瑕疵，应承担相应的赔偿责任。法院遂判决被告×××公司赔偿原告孙某某30元。

典型意义：根据《消费者权益保护法》第八条、第二十六条的规定，消费者的知情权受法律保护。在消费服务领域，经营者和消费者处于信息不对称的地位，经营者极有可能利用信息不对称的优势，将风险转嫁给消费者，因此法律对经营者的提示告知义务提出了严格的要求。网络时代的消费行为突破了物理上的限制，使交易过程简便，但网络特有的流动性、虚拟性也容易使消费者陷入较大的交易风险，消费者难以获取产品或服务的真实状况，更应注重对消费者知情权的保护。×××公司作为网络商家相对于消费者而言具有技术、信息等明显优势，在订立网络服务合同中应遵循诚信原则，负有如实告知消费者合同内容的义务。×××公司使用“会员跳广告”的宣传语，具有明显误导性，按照普通消费者的理解，应为跳过所有广告，但实际上×××公司的部分视频中仍插播广告。×××公司虽在权益介绍页面、《VIP会员服务协议》中对会员跳广告的具体含义进行了说明，但其未要求用户阅看服务协议即可付款，即使有用户阅看服务协议，但服务协议字体较小，标示不明显，也难以引起用户的注意。此时对于购买VIP服务后才确知服务内容的用户并不公平。孙某某因信赖“会员跳广告”的通常含义而购买VIP会员服务，应认定×××公司未尽到订约前充分告知用户的义务，对孙某某订约形成一定知情上的影响，侵犯了孙某某的知情权，应承担相应责任。

资料来源：根据腾讯网内容改编。

【思考题】

结合案例，讨论我国电子商务消费者权益保护的具体措施有哪些。

7.1 电子商务消费者权益保护概述

7.1.1 电子商务消费者的权利

电子商务消费者权益保护

1. 安全权

电子商务消费者的安全权是指消费者购买商品或接受服务时所涉及的生命安全权、健康安全权、财产安全权等权利。前两项是人身权，第三项是财产权。

消费者的生命安全权：消费者的生命不受危害的权利。

消费者的健康安全权：消费者的身体健康不受损害的权利。例如，商品含有的有害物质超标而致使消费者身体受到损害，就是侵害了消费者的健康安全权。

消费者的财产安全权：消费者的财产不受损失的权利，如财产的外观不损毁、价值不减少等。

2. 知情权

消费者的知情权是指消费者享有对其购买、使用的商品或者接受的服务知悉真实情况的权利。根据商品或服务的具体情形不同，消费者对商品或服务的信息要求也会有所差别，在选择、购买、使用商品或服务的过程中，只要与消费者做出正确的判断有直接联系的信息，消费者都有权了解。消费者知情权的内容包括商品或者服务的基本信息、技术信息和销售信息三个方面。

商品或者服务的基本信息主要包括商品名称、商标、产地、生产者名称、生产日期等。例如，电子商务平台上列示的商品的产地、生产者等，都应该是明确的。因为产地、生产者不同，意味着商品的品质和性能也可能不同。

技术信息主要包括商品用途、性能、规格、等级、所含成分、有效期限、使用说明书、检验合格证书等，如食品的生产日期、有效期限等。涉及商品使用中可能会出现不当或不适的，在说明书中应该明确，如可能会给消费者的人身健康和安全带来危害的电器等。

销售信息主要包括商品或服务的价格、运输、安装、售后服务等，如商品的价格、售后服务的收费等。售后服务也是与消费者联系比较密切的事项，如保修期、服务站点、收费等内容，应该明确。

3. 选择权

消费者的选择权是指消费者根据自己的意愿自主选择其购买的商品及接受的服务的权利。消费者有权根据自己的情况和意愿，如收入、需要、意向、兴趣等来自主选择商品或接受服务。《消费者权益保护法》第九条规定，消费者享有自主选择商品或者服务的权利。消费者有权自主选择提供商品或服务的经营者，自主选择商品品种或服务方式，自主决定购买或不购买任何一种商品、接受或不接受任何一项服务。消费者在自主选择商品或者服务时，有权进行比较、鉴别和挑选。

4. 公平交易权

交易公平性保证是维护消费者权益的重要内容，是消费者在购买商品或接受服务时所享有的与经营者进行公平交易的权利，具体包括获得质量保障和价格合理、计量正确等公平交易条件的权利。《消费者权益保护法》第十条规定，消费者享有公平交易的权利。消费者在购买商品或者接受服务时，有权获得质量保障、价格合理、计量正确等公平交易条件，有权拒绝经营者的强制交易行为。

5. 退货权

消费者的退货权是指消费者按照法律规定或约定，在合理期限内对所购买商品无条件要求退货，而经营者应当无条件予以退货的权利。退货权是消费者的一种特殊权利，其实质是消费者知情权和选择权的延伸，有人称之为“反悔权”。退货权是对处于弱势地位的消费者的保护。

6. 索赔权

消费者的索赔权是指消费者购买、使用商品或接受服务，合法权利受到损害时享有依法获得赔偿的权利。《消费者权益保护法》和相关法律法规规定消费者的索赔权主要包括：消费者安全权（人身或财产）受到损害的索赔权；超时服务的索赔权（事后索赔、事中索赔）；商品存在缺陷造成损害的索赔权等。

7. 个人信息权

个人信息权是指个人享有的对本人信息的支配、控制和排除他人侵害的权利。个人信息权的内容主要包括信息决定权、信息保密权、信息查询权、信息更正权、信息封锁权、信息删除权和信息报酬请求权等。

关于个人信息权，我国《个人信息保护法》规定，为了保护个人信息权益，规范个人信息处理活动，促进个人信息合理利用，根据宪法，制定本法。

7.1.2 电子商务消费者权益保护的原则

1. 对消费者特别保护原则

消费者购买商品或接受服务是为了满足个人或家庭的生活需要，在其消费过程中除涉及经济利益的得失外，还涉及消费者的生命权和健康权是否得到了有效保障。而经营者在销售商品或提供服务的过程中往往只涉及经济利益的得失（除非构成犯罪，否则通常不会对经营者或其相关人员的人身权和政治权利进行法律制裁）。而生命权和健康权是消费者最基本的权利，在制定规则时对消费者进行倾斜性保护，体现了法律以人为本的本质。

另外，虽然消费者与经营者在法律地位上是平等的，但这种平等是一种法律拟制的平等，在现实中由于消费者购买商品或接受服务依赖于经营者向其提供的商品或服务的信息，而经营者在提供这些信息时往往会对信息进行筛选，这就存在信息获知的不平衡。在现代市场经济体制下，新技术的使用等，使得消费者对信息的依赖性更强。因此，需要加强对消费者的倾斜性保护，以平衡经营者与消费者之间的利益格局。最后，在线交易中消费者是通过网络购买商品或接受服务的，而网络的虚拟性，使得消费者相对弱势。因此，电子商务消费者权益保护立法，首先应该确立对消费者特别保护的原则。

2. 与经济发展水平相适应原则

经济决定法律规则，这一基本法理对电子商务消费者权益保护立法也同样适用。根据罗纳德·科斯的法律经济学观点，任何法律的制定都必须考虑法律的成本或法律的经济效益。就电子商务交易中的消费者权益保护立法而言，既要考虑消费者利益的保护，也要考虑经营者的承受能力以及电子商务交易的发展。因此对电子商务消费者权益的保护水平，应当随着我国电子商务交易的发展逐步提高，所以立法和司法应当在促进电子商务交易与保护消费者权益之间寻找平衡点。

3. 注重经营者社会责任原则

在良好的消费环境中，消费者的基本权益能够得到最大限度的保障。经营者要为良好消费环境的建立尽到应有的社会责任。经营者在激烈竞争中获胜的唯一法宝就是善待自己的消费者，保障消费者的权益，对消费者关注的问题、价值和目标及时做出反应和调整，按照消费者需求及时调整自己的经营思路和市场营销战略。电子商务交易的发展，更需要赢得消费者的信任和认可。对消费者的知情权、安全权、公平交易权、隐私权的保护尤为依赖经营者的技术和信息优势，因此经营者更应尽到自己的社会责任。电子商务经营者自觉承担保护消费者权益的社会责任既是确保消费者合法权益的基础，也是经营者占领市场份额、赚取利润的远期经营策略之一。

4. 非法律辅助保护原则

非法律辅助保护原则，强调在电子商务消费者保护领域，应充分发挥消费者组织、公共利益团体的作用，同时鼓励经营者通过实施行业行为自律规范促进对消费者的保护。在线交易模式将计算机网络技术与互联网作为交易的媒介，专业性强、发展迅速，常使各种监管措施“规制乏力”，外部监控尤其是法律监控常跟不上在线交易技术更新的步伐。在这种情况下，应充分发挥消费者组织、公共利益团体的作用。

5. 技术中立原则

中立原则由技术中立原则与媒体中立原则两部分组成，并被有的学者认为是在线交易立法区别于其他立法所特有的基本原则。技术中立原则指的是对于那些为在线立法重要组成部分的技术规则应采取中立的态度，即立法不应偏向于某种技术而歧视另一种技术。媒体中立原则指的是对各种商务媒体（如纸张、电话、网络等）应保持中立，同等对待。也就是说，要求立法中既不能赋予在线交易模式高于传统交易模式的任何标准和要求，也不能赋予在线交易模式优于传统交易模式的任何待遇。具体到在线消费者权益保护，即立法者不能由于在线交易的特性而提高或降低对消费者的保护水平，对在线消费者的保护水平应至少与传统交易模式中对消费者的保护水平相当。针对在线交易中消费者所面临的新风险，立法者应尽快制定适合在线交易的特殊规则以促进在线交易中消费者权益的保护。

除以上所述原则之外，消费者权益保护同国际接轨原则、诚实信用原则、公平原则、平等原则、自愿原则等基本原则也同样适用于在线交易模式，在具体的制度设计中应合理运用、协调这些基本原则。

7.1.3 我国电子商务消费者的权益保护机制

1. 事先预防机制

（1）加强对经营者的监管。

目前，我国对经营性互联网信息服务实行许可制度，对非经营性互联网信息服务实行备案制度，对经营性网站给予备案标志或者电子认证。但某些非经营性网站也开展营利活动，对于这样的网站，管理部门应该定期进行网络巡查，坚决予以处罚或取缔。北京市人民政府是我国较早出台保护消费者权益的地方政府，北京市工商管理局在2000年就出台了《关于在网络经济活动中保护消费者合法权益的通告》，规定网站所有者应按照规定进行网上经营行为登记备案，并在主页面上设置工商备案标志。对于消费者而言，出于安全考虑，其更倾向于和有工商备案标志的网站发生交易行为。在条件许可的时候，可以对有网上经营行为的网站都实行电子认证，以便于消费者确认网上经营者身份的真实性。

《网络交易监督管理办法》规定，从事网络商品交易的自然人，应当通过第三方交易平台开展经营活动，并向第三方交易平台提交其姓名、地址、有效身份证明、有效联系方式等真实身份信息。具备登记注册条件的，依法办理工商登记。从事网络商品交易及有关服务的经营者销售的商品或者提供的服务属于法律、行政法规或者国务院规定应当取得行政许可的，经营者应当依法取得有关许可。为网络商品交易提供网络接入、服务器托管、虚拟空间租用、网站网页设计制作等服务的有关服务经营者，应当要求申请者提供经营资格证明和个人真实身份信息，签订服务合同，依法记录其上网信息。申请者营业执照或者个人真实身份信息等信息记录备份保存时间为自服务合同终止或者履行完毕之日起不少于两年。

电子商务中侵犯消费者权益的行为由工商行政管理机关负责监督和处理。《网络交易监督管理办法》也明确规定了发生网络交易侵权和违法行为时的受理机关。网络商品交易及有关服务违法行为由发生违法行为的经营者住所所在地县级以上工商行政管理部门管辖。对于其中通过第三方交易平台开展经营活动的经营者，其违法行为由第三方交易平台经营者住所所在地县级以上工商行政管理部门管辖。第三方交易平台经营者住所所在地县级以上工商行政管理部门管辖异地违法行为人有困难的，可以将违法行为人的违法情况移交违法行为人所在地县级以上工商行政管理部门处理。两个以上工商行政管理部门因网络商品交易及有关服务违法行为的管辖权发生争议的，应当报请共同的上一级工商行政管理部门指定管辖。对于全国范围内有重大影响、严重侵害消费者权益、引发群体投诉或者案情复杂的网络商品交易及有关服务违法行为，由国家市场监督管理总局负责查处或者指定省级工商行政管理部门负责查处。

（2）规范网上运营行为。

有学者建议，将行政职能部门传统的职责延伸至覆盖互联网领域，以加强对电子商务活动的监管，从而保护消费者的权益。相关行政职能部门尤其应当对当前电子商务中的突出问题，特别是网络广告发布中存在的不规范以及广告内容不真实、不准确、不完全和欺诈宣传、虚假广告等问题，予以重点监管。

《消费者权益保护法》规定，经营者采用网络、电视、电话、邮购等方式销售商品，消费者有权自收到商品之日起七日内退货，且无需说明理由，但下列商品除外：消费者定做的，鲜活易腐的，在线下载或者消费者已拆封的音像制品、计算机软件等数字化商品，交付的报纸、期刊。

除上述所列商品外，其他根据商品性质并经消费者在购买时确认不宜退货的商品，不适用无理由退货。消费者退货的商品应当完好。经营者应当自收到退回商品之日起七日内返还消费者支付的商品价款。退回商品的运费由消费者承担，经营者和消费者另有约定的，按照约定。

消费者因经营者利用虚假广告或者其他虚假宣传方式提供商品或者服务，其合法权益受到损害的，可以向经营者要求赔偿。广告经营者、发布者发布虚假广告的，消费者可以请求行政主管部门予以惩处。广告经营者、发布者不能提供经营者的真实名称、地址和有效联系方式的，应当承担赔偿责任。广告经营者、发布者设计、制作、发布关系消费者生命健康的商品或者服务的虚假广告，造成消费者损害的，应当与提供该商品或者服务的经营者承担连带责任。社会团体或其他组织、个人在关系消费者生命健康商品或者服务的虚假广告或其他虚假宣传中向消费者推荐商品或者服务，对消费者造成损害的，应当与提供该商品或者服务的经营者承担连带责任。

（3）强化行业自律。

成熟的市场更多是通过市场的作用调节参与主体的行为。行业组织在经济发展中作用的大小，可以反映一个社会发展的程度。在市场经济较发达的国家，行业组织的自律性规范和中介机构的监督执行机制，在培育消费者对电子商务的信心方面起着重要作用。行业自律要求提供网上交易服务的商家和从事网上交易的经营者，特别是同行业的经营者，采取切实可行的行为，制定业内交易规则；要求其从消费者的利益出发，设计交易规则，自觉平衡商家与消费者之间的利益，对业内损害消费者利益的行为进行惩处。

（4）建立电子商务信用体系。

电子商务的交易特点，使它更多地依赖于交易双方彼此之间的信用。除了运用法律的力量、政府的监管以及行业自律之外，一个覆盖全社会的社会化信用体系是不可缺少的。我国社会现阶段的信用意识比较薄弱，社会化信用体系很不健全，因此应加强信用制度建设，建立一个统一的、覆盖面广的信用体系，将信用缺失者的信用记录置于公众监督之下，从而大大提高其失信成本。只有这样，全社会的信用意识才能得到有效提高，网上消费才能变得更加轻松和可靠。完善的信用体系包括企业的基本信息、资质证明、商品信息与证明、交易情况与信用状况等，更为重要的是有关权威部门的认证。目前，在我国有些地方，政府已经开始建立企业信用档案。

（5）提高消费者的自我保护意识。

消费者在通过网络进行交易时，应当注意审查经营者的身份信息以及网站的信息，对所需购买的商品进行了解、比较，要了解清楚网上购物存在的风险。此外，消费者协会及行业自律组织应该通过各种形式的活动对消费者进行宣传与教育，提醒消费者通过以下方法预防电子商务中可能出现的欺诈行为，在与商家可能的争议中取得较为有利的地位：一是对自己的个人资料予以保密，不轻易透露，尤其是付款信息，如银行账号等；二是不随意下载或者开启陌生人传送的文件，尤其是可执行文件；三是选择诚信度好、管理严格的业主交易；四是向经营者索取购物凭证，并保存在线交易的各种资料等。

2. 事后解决机制

（1）网上争端解决机制。

① 由权威的在线投诉网站解决。由国家有关部门或者消费者权益保护组织等有公信力的单位创设在线投诉网站，投诉网站应和各地的工商管理部门以及消费者权益保护部门建立有效沟通。当消费者在网站投诉时，投诉资料就会被转发到被投诉电子商务经营者所在地或者商品实际所在地的工商管理部门或者消费者权益保护部门，由其对侵犯消费者权益的事宜进行调查，维护消费者权益。目前，我国有些地区已经建立了网上投诉中心，但这些网上投诉中心大多是由民间自发建立的，很少是由政府出面设立的，力量微弱。

② 由网上仲裁机构解决。在电子商务消费交易纠纷中，通常所涉标的金额有限，一般都是小额纠纷。对于这种纠纷，如果采用传统的诉讼仲裁机制解决，对消费者而言往往都得不偿失，这也是很多网上消费者放弃维权的重要原因。目前，无论是在国内还是在国外，已经出现了网上仲裁机构。但由于电子商务活动的特殊性，网上仲裁机构解决的争议范围有限，仅局限于域名、无线网址、通用网址和短信网址等，很少受理网上交易纠纷。随着网上仲裁在制度和法律层面的完善，网上仲裁逐渐被推广到网上交易纠纷等电子商务领域。

③ 第三方交易平台解决。目前，国内大多数第三方交易平台在为买卖双方提供交易场所的同时，都设立了在线投诉解决机制，以解决买卖双方之间的纠纷，这对于保护消费者权益有着积极作用。《网络交易监督管理办法》规定第三方交易平台经营者应当建立消费纠纷和解和消费维权自律制度。消费者在平台内购买商品或接受服务，发生消费纠纷或者其合法权益受到损害时，消费者要求平台调解的，平台应当调解；消费者通过其他渠道维权的，平台应当向消费者提供经营者真实的网站登记信息，积极协助消费者维护自身合法权益。第三方交易平台解决机制也有缺陷，因为第三方交易平台最大的“制裁”也就是禁止交易，但无论是买方还是卖方都可以在重新注册、变更用户名之后，继续在第三方交易平

台进行交易。

（2）政府机关与消费者协会解决机制。

① 国家工商行政管理机关解决。目前，在电子商务活动中，很多权益受到侵害的消费者都向工商行政管理机关投诉。工商行政管理机关是国家综合性的行政经济监督管理机关，肩负着管理市场、约束市场主体的各种市场经济活动的重任。国家工商行政管理机关有必要针对网络中的问题，设立专门的电子商务解决部门。

② 消费者协会解决。消费者协会作为维护消费者合法权益的社会团体，可以代表消费者与经营者进行谈判、调解。由于网络的无空间性，各地的消费者协会应当互相配合。

7.2 产品质量相关法律法规

我国关于产品质量的相关法律法规有《中华人民共和国产品质量法》（以下简称《产品质量法》）、《中华人民共和国农产品质量安全法》《产品质量监督抽查管理办法》《工业产品质量责任条例》《全国人民代表大会常务委员会关于司法鉴定管理问题的决定》《产品质量仲裁检验和产品质量鉴定管理办法》等。

产品质量法是调整产品质量监督管理关系和产品质量责任关系的法律规范的总称。广义的产品质量法包括所有调整产品质量及产品责任关系的法律和法规。通常所说的产品质量法是指狭义的产品质量法，即 1993 年 2 月 22 日颁布，9 月 1 日起施行，2018 年第三次修正的《产品质量法》。

7.2.1 《产品质量法》的立法宗旨和调整的法律关系

1. 《产品质量法》的立法宗旨

（1）加强产品质量监督管理，提高产品质量水平。运用法律手段规范产品质量，是现代社会的要求，也是政府的责任。

（2）明确产品质量责任。要提高产品质量水平，必须明确研制、生产、销售的各个环节对产品质量所担负的责任；要对产品质量进行管理监督，必须分清政府有关部门、质量检验中介机构及各个企业的产品质量责任。

（3）保护消费者的合法权益，维护社会经济秩序。加强管理，明确责任，其根本目的在于保护消费者的合法权益，形成生产、消费、再生产的良性循环，保障社会经济的正常秩序。

2. 《产品质量法》调整的法律关系

在我国境内从事产品生产、销售活动的企业、其他组织和个人（包括外国人）均须遵守《产品质量法》。具体来说，《产品质量法》调整的法律关系包括以下三个方面。

（1）产品质量监督管理关系，即各级技术质量监督部门、工商行政管理部门在监督检查产品质量、行使行政惩罚权时与市场经营主体所发生的法律关系。

（2）产品质量责任关系，即因产品质量问题引起的消费者与生产者、销售者之间的法律关系，包括因产品缺陷导致的人身、财产损害在生产者、销售者、消费者之间所产生的损害赔偿法律关系。

（3）产品质量检验、认证关系，即因中介服务所产生的中介机构与市场经营主体之间的法律关系，因产品质量检验和认证不实损害消费者利益而产生的法律关系。

7.2.2 产品、产品标准与产品质量

1. *产品*

产品是作为商品向市场提供的，能引起注意、获取、使用或者消费的，以满足欲望或需要的有形物品和无形服务。

消费者购买的不仅是产品的实体，还包括产品的核心利益（向消费者提供的基本效用和利益）。产品的实体称为一般产品，即产品的基本形式，只有依附于产品实体，产品的核心利益才能实现；期望产品是消费者采购产品时期望的一系列属性和条件；附加产品是产品的第四层次，即产品包含的附加服务和利益；潜在产品是产品的第五层次，它预示着该产品最终可能的所有增加和改变。

2. *产品标准*

产品标准是为保证产品的适用性，对产品必须达到的某些或全部要求所制定的标准。产品标准是产品生产、检验、验收、使用、维护和洽谈贸易的技术依据，对于保证和提高产品质量，提高生产和使用的经济效益，具有重要意义。

产品标准的内容主要包括：产品的适用范围；产品的品种、规格和结构形式；产品的技术要求，如物理性能、化学性能、电磁性能、表面质量、使用特性、稳定性、质量等级等；产品的试验方法，包括取样方法、试验用材料、测试器具与设备、试验条件、试验步骤及试验结果的评定等；产品的检验规则（验收规则），包括检验项目、样品抽样方式、检验结果评定、仲裁及复验方法等；产品的标志、包装、贮存和运输等，包括产品标志、包装材料、包装方式与技术要求、运输及贮存要求等。

对于一些门类中类别较多的产品，产品标准还需进行分层，如基础规范、总规范、分规范、空白详细规范和详细规范等。

在日常生活中，常见的企业标准大多是产品标准，准确地讲应该是企业产品标准，也就是企业对所生产的产品制定的技术规范。

3. *产品质量*

质量概念可以分为以下三种。

（1）符合性的质量概念：以“符合”现行标准的程度作为衡量依据。

（2）适用性的质量概念：以适合顾客需要的程度作为衡量依据。

（3）广义的质量概念：质量是一组固有特性满足要求的程度。狭义的产品质量概念指有形制成品（如计算机、保温杯等）。广义的产品质量概念指硬件、服务（如快递、旅游活动等）、软件（如电子游戏、字典等）、流程性材料（如食用油、煤炭等）。

产品质量是指产品满足规定需要和潜在需要的特征和特性的总和。任何产品都是为满足用户的使用需要而制造的。对于产品质量来说，不论是简单产品还是复杂产品，都应当用产品质量特性或特征描述。产品质量特性因产品的特点不同，表现的参数和指标也多种多样。反映用户使用需要的质量特性归纳起来一般有六个方面，即性能、寿命（耐用性）、可靠性与

维修性、安全性、适应性、经济性等。

质量的广义性：在质量管理体系涉及的范畴内，组织相关方对组织的产品、过程、体系等多个方面提出要求。产品、过程、体系都具有固有特性，所以，质量不仅指产品的质量，也指过程和体系的质量。

4. 产品质量标准

产品质量标准是产品生产、检验和评定质量的技术依据。产品质量特性一般以定量方式表示，如强度、硬度、化学成分等；对于难以直接以定量方式表示的产品质量特性，如舒适、灵敏、操作方便等，则通过产品和零部件的试验研究，确定若干技术参数，以间接定量反映。对企业来说，为了使生产经营能够有条不紊地进行，从原材料进厂，一直到产品销售等各个环节，都必须有相应标准作保证。

《产品质量法》第十二条规定，产品质量应当检验合格，不得以不合格产品冒充合格产品。所谓合格，是指产品的质量状况符合标准中规定的具体指标。我国现行的标准分为国家标准、行业标准、地方标准和经备案的企业标准。凡有强制性国家标准、行业标准的，必须符合该标准；没有强制性国家标准、行业标准的，允许适用其他标准，但必须符合保障人体健康及人身、财产安全的要求。同时，国家鼓励企业赶超国际先进水平。对于不符合强制性国家标准、行业标准的产品，以及不符合保障人体健康和人身、财产安全标准和要求的产品，禁止生产和销售。

7.2.3 生产者和销售者的产品质量义务

生产者、销售者的产品质量义务是指法律法规规定的生产者、销售者在产品质量方面应当承担的作为和不作为的责任。

1. 生产者的产品质量义务

（1）作为的义务。

产品质量应符合下列要求：①不存在危及人身、财产安全的不合理危险，有国家标准、行业标准的应当符合该标准；②具备产品应当具备的使用性能，但是对产品存在的使用性能的瑕疵作出说明的除外；③符合在产品或者其包装上注明采用的产品标准，符合以产品说明、实物样品的方式表明的质量状况。

包装及产品标志应当符合下列要求：①特殊产品（如易碎、易燃、易爆的物品，有害、有腐蚀性、有放射性的物品，其他危险物品，储运中不能倒置和有其他特殊要求的产品）其标志、包装质量必须符合相应的要求，依照规定作出警示标志或者中文警示说明；②普通产品，应有产品质量检验的合格证明，有以中文标明的产品名称、生产厂的厂名和地址，应根据需要标明产品规格、等级、主要成分；③限期使用的产品，应标明生产日期和安全使用期或者失效日期；④本身易坏或者可能危及人身、财产安全的产品，应有警示标志或者中文警示说明。

（2）不作为的义务。

不作为的义务主要包括：①不得生产国家明令淘汰的产品；②不得伪造产地，不得伪造或者冒用他人的厂名、厂址；③不得伪造或者冒用认证标志、名优标志等质量标志；④不得掺杂、掺假，不得以假充真、以次充好，不得以不合格产品冒充合格产品。

2. 销售者的产品质量义务

（1）进货验收义务。

销售者应当建立并执行进货检查验收制度。该制度相对消费者及国家市场管理秩序而言是销售者的义务，对供货商而言则是销售者的权利。严格执行进货验收制度，可以防止不合格产品进入市场，也可以为准确判断和区分生产者及销售者的产品质量责任提供依据。

（2）保持产品质量的义务。

销售者进货后应对保持产品质量负责，以防止产品变质、腐烂，丧失或降低使用性能，产生危害人身、财产的瑕疵等。如果进货时的产品符合质量要求，销售时发生质量问题的，销售者应当承担相应的责任。

（3）有关产品标志的义务。

销售者在销售产品时，应保证产品标志符合产品质量法对产品标志的要求，符合进货时验收的状态，不得更改、覆盖、涂抹产品标志，以保证产品标志的真实性。

（4）不得违反禁止性规范。

对于销售者而言，法律规定的禁止性规范与生产者的不作为义务相同。

7.2.4 损害赔偿与纠纷处理

1. 生产者和销售者的责任

生产者或销售者生产或销售了不符合质量要求的产品，造成了消费者的人身伤亡或财产损失，且二者之间存在因果关系的，生产者或销售者应承担损害赔偿责任。其责任按以下方式承担。

（1）生产者的严格责任。

生产者的严格责任是指产品存在缺陷造成他人人身、财产损害的，无论生产者处于什么样的主观心理状态，生产者都应当承担赔偿责任。但严格责任不同于绝对责任，它仍然是一种有条件的责任。《产品质量法》同时规定了法定免责条件，即生产者能够证明有下列情形之一的，不承担赔偿责任：未将产品投入流通；产品投入流通时，引起损害的缺陷尚不存在；虽已将产品投入流通，但当时的科学技术水平尚不能发现缺陷的存在。

（2）销售者的过错责任。

销售者的过错使产品存在缺陷，造成他人人身、财产损害的，销售者应当承担赔偿责任；但销售者如果能够证明自己没有过错，则不必承担赔偿责任。这种过错是一种推定过错，销售者负有举证责任，若不能提供相应的证据，则不能免除赔偿责任。

2. 损害赔偿

（1）求偿对象。

首先，产品存在缺陷造成他人人身、财产损害的，受害者可以向产品的生产者要求赔偿，也可以向产品的销售者要求赔偿。并且对于属于产品生产者的责任，销售者赔偿后，有权向产品的生产者追偿；对于属于产品销售者的责任，产品的生产者赔偿后，有权要求产品的销售者赔偿。

（2）赔偿范围。

① 人身损害的赔偿范围分为三种情况：第一，产品缺陷造成受害人人身伤害的，侵权人

应当赔偿医疗费、护理费、误工费等费用；第二，产品缺陷造成受害人残疾的，还应支付残疾者的生活自助用具费、生活补助费、残疾赔偿金、被抚养人生活费等；第三，产品缺陷造成受害人死亡的，还应支付丧葬费、死亡赔偿金、被抚养人所必需的生活费等。

② 财产损害的赔偿范围。产品存在缺陷造成受害人财产损失的，侵权人应当恢复原状或者折价赔偿。受害人因此遭受其他重大损失的，侵权人应当赔偿损失。

3. 产品质量纠纷解决

产品质量纠纷是指因产品质量引起的有关当事人之间的争执，包括经济合同中的质量纠纷，因产品质量而发生的侵权纠纷，因行政机关处理产品质量问题而引起的争议等。处理产品质量纠纷的主要途径如下。

协商是指由被害人和侵害人根据法律规定自行商量解决，通常当事人之间要达成书面协议或口头协议。

调解是指企业主管部门、产品质量监督管理部门根据双方当事人的要求居中调解，依照法律规定合理解决纠纷，保护用户和消费者的合法权益。

仲裁是指经济仲裁机关根据双方当事人达成的书面仲裁协议申请，以事实为根据，以法律为准绳进行裁决。裁决是终局的，当事人不得再向法院起诉。当事人协商或者调解不成功的，都可以申请仲裁。

诉讼是指双方当事人通过人民法院依照诉讼程序解决产品质量纠纷。通过诉讼程序解决产品质量纠纷是各国通用做法。诉讼最具权威性，如当事人各方不愿协商、调解和仲裁，或者仲裁没有达成仲裁协议的，受害人可以向人民法院起诉。

7.2.5 违反《产品质量法》的法律责任

《产品质量法》第五章“罚则”部分，全面规定了对产品质量负有义务的市场经济主体及行使管理监督职责的地方人民政府、行政监督部门，以及与产品质量有关的其他社会组织的法律责任。

1. 产品质量的赔偿责任

（1）销售者的先行负责及赔偿义务。

《产品质量法》也是一部产品质量责任法。该法规定，售出的产品有下列情形之一的，销售者应当负责修理、更换、退货：给购买产品的消费者造成损失的，销售者应当赔偿损失，包括不具备产品应当具备的使用性能而事先未作说明的、不符合在产品或者其包装上注明采用的产品标准的、不符合以产品说明或实物样品等方式表明质量状况的。

（2）销售者的追偿权。

负责修理、更换、退货、赔偿损失后，属于生产者的责任或者属于向销售者提供产品的其他销售者（以下简称“供货者”）的责任的，销售者有权向生产者、供货者追偿。由于在绝大多数情况下，用户、消费者只知道销售者，且双方存在买卖合同关系，所以，法律规定首先由销售者承担赔偿责任是非常明智的。同时，为了充分尊重合同当事人的定约自由权，法律规定，生产者之间、销售者之间、生产者与销售者之间订立的买卖合同、承揽合同对责任承担顺序有不同约定的，按照合同约定执行。

生产者如能提供有效证明（如前文所述）的，可以不承担赔偿责任。

2. 生产者和销售者的行政责任

为了加强对产品质量的监督管理，杜绝产品事故，《产品质量法》第四十九条至第五十六条，明确了生产者、销售者违反《产品质量法》应承担的行政责任。

（1）生产者或销售者违反《产品质量法》的行为。

生产者、销售者有下列行为之一的，由产品质量监督部门或工商行政管理部门给予行政处罚：生产、销售不符合保障人体健康或人身、财产安全的国家标准、行业标准的产品的；在产品中掺杂、掺假，以假充真，以次充好，或者以不合格产品冒充合格产品的；生产国家明令淘汰的产品、销售国家明令淘汰并停止销售的产品的；销售失效、变质的产品；伪造产地，冒用他人厂名、厂址，伪造或者冒用认证标志等质量标志的；使用的产品标识不符合本法规定的；拒绝接受依法进行的产品质量监督检查的；隐匿、转移、变卖、损毁被依法查封、扣押的物品的。

（2）行政处罚的种类。

行政处罚的种类包括责令停止违法行为、没收违法所得、罚款、吊销营业执照等。拥有行政处罚权的质量监督部门、其他行政管理部门应根据具体情节决定处罚的种类及是单处还是并处。此外，没收的对象除违法生产、销售的产品和违法所得外，对生产者专门用于生产假冒伪劣产品、不合格产品的原辅材料、包装物、生产工具等应予没收。

罚款的幅度最高可达违法生产、销售产品货值金额的三倍。应当承担民事赔偿责任和缴纳罚款、罚金的，其财产不足以同时支付时，应先承担民事赔偿责任。

3. 其他相关人的违法行为及责任

（1）为违法行为提供便利条件的责任。

已知或应知属于《产品质量法》规定禁止生产、销售的产品而为其提供运输、保管、仓储等便利条件的，或者提供制假技术的，应没收其收入，并处罚款。

（2）服务业经营者的责任。

服务业经营者将禁止销售的产品用于经营性服务的，责令停止使用；对于知道或应当知道该产品是禁止销售的产品的，依《产品质量法》对销售者进行处罚。

4. 产品质量监督部门及相关行政部门的法律责任

（1）地方人民政府和国家机关的责任。

各级人民政府工作人员和其他国家机关工作人员，违反《产品质量法》第九条的规定，有下列行为之一的，给予行政处分，构成犯罪的，依法追究刑事责任：包庇或放纵行为、通风报信或帮助违法当事人逃避查处的行为、阻挠或干预查处的行为。

（2）产品质量监督部门的法律责任。

产品质量监督部门相关的违法行为及应当承担相应的法律责任：监督抽查中超量索取样品或者向被检查人收取检验费用的，由其上级产品质量监督部门或监察机关责令退还，情节严重的，对直接负责的主管人员和责任人员依法给予行政处分；产品质量监督部门或其他国家机关违反《产品质量法》第二十五条的规定，向社会推荐产品或者以某种方式参与产品经营活动的，由上级机关或监察机关责令改正，消除影响，没收违法收入，情节严重的，对直接负责的主管人员和责任人员依法给予行政处分；产品质量检验机构有上述行为的，产品质量监督部门可责令改正，消除影响，没收违法收入并处罚款，情节严重的，可撤销其质量检验资格；产品质量监督部门或者工商行政管理部门的工作人员渎职构成犯罪的，依法追究刑事责任，尚未构成犯罪的，依法给予行政处分。

5. 社会团体、社会中介机构的法律责任

（1）检验机构及认证机构的法律责任。

产品质量检验机构、认证机构伪造检验结果或者出具虚假证明的，应责令改正，对单位和直接负责的主管人员及责任人员处以罚款，没收违法所得，情节严重的，取消其检验资格、认证资格。产品质量检验机构、认证机构出具的检验结果或者证明不实，造成损失的，应当承担相应的赔偿责任，造成重大损失的，撤销其检验资格、认证资格。产品质量认证机构违反《产品质量法》第二十一条的规定，不履行质量跟踪检验义务的，对因其产品不符合认证标准给消费者造成的损失，与产品的生产者、销售者承担连带责任，情节严重的，撤销其认证资格。

（2）社会团体及社会中介机构的承诺和保证责任。

社会团体、社会中介机构对产品质量的承诺和保证，对于消费者而言，通常比生产者、销售者自己的保证更加有效，但如果不实，欺骗性、危害性也更大。为了约束他们的行为，《产品质量法》第五十八条规定，社会团体、社会中介机构对产品质量做出承诺和保证，而该产品又不符合其承诺、保证的质量要求，给消费者造成损失的，与产品生产者、销售者承担连带责任。

6. 刑事责任

根据《产品质量法》和《刑法》中关于生产、销售伪劣产品犯罪的规定，如果生产者、销售者的行为触犯刑律的，应当承担刑事责任。

课堂讨论

针对电子商务跨时空和虚拟性的行业特征，消费者的权益保护存在哪些问题？如何做好消费者权益保护？

7.3 广告相关法律法规

广告是一种特殊的社会活动，在信息传播过程中会产生各种各样的社会关系。要使广告活动的社会关系正常、有序，朝着良性、健康的方向发展，从而有效地维护社会经济秩序，就必须通过相应的法律规范加以调整。

广告法有狭义和广义两种概念。狭义的广告法专指《中华人民共和国广告法》(以下简称《广告法》)，它是我国第一部比较全面地规范广告内容及广告活动的法律，是体现国家对广告的社会管理职能的部门行政法。

广义的广告法，是指除了《广告法》外，还包括其他相关的管理广告活动的行政法规、地方性法规、行政规章等在内的具有规范性的法律文件。其中，相关的法律，是指我国的《民法典》《消费者权益保护法》《反不正当竞争法》等涉及广告活动及广告管理的内容。

在广告法规范体系中，《广告法》具有最高的法律效力。它不仅是一切广告活动应遵守的共同规范，也是广告行政法规、地方性法规、行政规章等的立法依据。

国务院 1982 年制定并颁布施行的《广告管理暂行条例》，是我国第一个全国性的统一广告法规，1987 年国务院颁布的《广告管理条例》，取代了原来的《广告管理暂行条例》。

目前，我国涉及广告规范的法律、行政法规有十几种，行政规章有近百个。这些法律法规和行政规章同《广告法》一起，形成了我国广告监督管理的法律体系，是《广告法》的重要补充。《广告法》出台以后，这些法律、法规和行政规章在更大范围内依照《广告法》的基本精神，继续发挥其积极作用。同时，有些法律、规章也根据《广告法》的具体规定，对其进行了进一步健全、完善。

7.3.1 《广告法》的调整对象及其法律关系

广告管理法规既是我国广告管理机关进行广告管理的主要依据，又是广告主、广告经营者、广告发布者从事广告活动应该遵循的基本准则。

不同的法律规范具有不同的调整对象，《广告法》的调整对象是广告法律规范所调整的各种社会关系。《广告法》第五条规定，广告主、广告经营者、广告发布者从事广告活动，应当遵守法律、法规，诚实信用，公平竞争。

就《广告法》所调整的行为主体对象而言，主要包括以下几个方面的关系。

第一，广告活动主体，包括广告主、广告经营者、广告发布者，在接受委托提供广告设计、制作、代理服务、发布广告活动中发生的民事关系。

第二，广告监督管理机关及其工作人员，在依法监督、管理、检查广告的各种活动中发生的广告管理关系。

第三，广告审查机关及其工作人员，在依法审查广告的各种活动中发生的广告审查关系。

第四，广告中向消费者推荐产品或服务的各类市场中介机构、社会团体及其他组织，在参与广告活动中发生的关系。

第五，广告监督管理机关、广告审查机关、司法机关，在进行广告违法行为的处罚和解决广告活动过程中发生的关系。

《广告法》的调整对象涉及广告活动的方方面面，同时各种关系既是各自独立的，又是相互联系、不可分割的。

7.3.2 商业广告相关人的责任和义务

依照《广告法》第二条的规定，商业广告活动中有四种角色，即有四类商业广告相关人：广告主、广告经营者、广告发布者、广告代言人。不同的角色对应不同的定义，有着不同的职责和法律责任。

1. 广告主

《广告法》所称的广告主，是指为推销商品或者服务，自行或者委托他人设计、制作、发布广告的自然人、法人或者其他组织。《广告管理条例》中的广告主为广告客户。

2. 广告经营者

《广告法》所称的广告经营者，是指受委托提供广告设计、制作、代理服务的自然人、法人或者其他组织。

3. 广告发布者

《广告法》所称的广告发布者，是指为广告主或者广告主委托的广告经营者发布广告的自然人、法人或者其他组织。

4. 广告代言人

《广告法》所称的广告代言人，是指除广告主以外的，在广告中以自己的名义或者形象对商品、服务作推荐、证明的自然人、法人或者其他组织。

广告主、广告经营者、广告发布者、广告代言人应尽的责任和义务。

（1）在广告活动中应当订立书面合同，不得在广告活动中进行任何形式的不正当竞争。

（2）广告主应当委托具有合法经营资格的广告经营者和广告发布者设计、制作、发布广告。

（3）在广告中使用他人名义或形象的，应当事先取得其书面同意；使用无民事行为能力人、限制民事行为能力人的名义或者形象的，应当事先取得其监护人的书面同意。

（4）按照国家有关规定，建立健全广告业务的承接登记、审核、档案管理制度。

（5）对内容不符或者证明文件不全的广告，广告经营者不得提供设计、制作、代理服务，广告发布者不得发布。

（6）广告经营者、广告发布者应当公布其收费标准和收费办法。

（7）广告发布者向广告主、广告经营者提供的覆盖率、收视率、点击率、发行量等资料应当真实。

（8）不得设计、制作、代理、发布与禁止生产、销售以及禁止发布广告的产品或提供的服务相关的广告。

（9）广告代言人在广告中对商品、服务作推荐、证明，应当依据事实，符合法律及相关规定，不得为其未使用过的商品或者未接受过的服务作推荐、证明。

7.3.3 违反《广告法》的法律责任

《广告法》的法律责任是指广告主、广告经营者、广告发布者和广告代言人对其在广告活动中实施的违法行为及其造成的危害应承担的带有强制性的法律责任，包括民事责任、行政责任、刑事责任。

1. 民事责任

违反《广告法》承担的民事责任的形式主要是赔偿损失。根据《广告法》的规定，有下列行为之一并给对方造成一定损失的应承担赔偿损失的责任。

（1）发布虚假广告，欺骗和误导消费者，使购买商品或者接受服务的消费者的合法权益受到损害的，由广告主依法承担民事责任。

（2）广告经营者、广告发布者明知或者应知广告虚假仍设计、制作、发布的，依法承担连带责任。

（3）广告经营者、广告发布者不能提供广告主的真实名称、地址和有效联系方式的，消费者可以要求广告经营者、广告发布者先行赔偿。

（4）关系消费者生命健康的商品或者服务的虚假广告，对消费者造成损害的，其广告经营者、广告发布者、广告代言人应与广告主承担连带责任。

（5）社会团体或其他组织，在虚假广告中向消费者推荐商品或者服务，使消费者的合法权益受到损害的，应依法承担连带责任。

广告主、广告经营者、广告发布者违反规定，有下列侵权行为之一的，依法承担民事责任：

（1）在广告中损害未成年人或者残疾人的身心健康；

（2）假冒他人专利；

（3）贬低其他生产经营者的商品、服务；

（4）在广告中未经同意使用他人名义或者形象；

（5）其他侵犯他人合法民事权益的行为。

2. 行政责任

（1）广告监督管理机关的行政处罚。

广告主、广告经营者、广告发布者有下列情形之一，除法律有特别规定之外，由广告监督管理机关责令停止发布广告，公开更正、消除影响，并根据情节单处或者并处没收广告费用、非法所得，处以广告费用1倍以上5倍以下的罚款，情节严重的，依法停止其广告业务。

① 违法发布医疗、药品、医疗器械、保健食品、酒类、房地产、教育或培训广告。

② 在广告中涉及疾病治疗功能，以及使用医疗用语或者易使推销的商品与药品、医疗器械相混淆的用语。

③ 违法发布农药、兽药、饲料、饲料添加剂、农作物种子、林木种子、草种子、种畜禽、水产苗种和种养殖广告。

④ 违法发布招商等有投资回报预期的商品或者服务广告。

⑤ 利用不满10周岁的未成年人作为广告代言人。

⑥ 在中小学校、幼儿园内或者利用与中小学生、幼儿有关的物品发布广告。

⑦ 发布针对不满14周岁的未成年人的商品或者服务的广告。

⑧ 未经审查发布广告。

（2）有关行政管理部门的行政处分。

违反《广告法》有关规定的，行政管理部门可以采取的措施有：责令改正、没收广告费用或违法所得、罚款、暂停广告发布业务、吊销营业执照、吊销广告发布登记证件、一定期限内不受理其广告审查申请以及记入信用档案，并依照有关法律、行政法规规定予以公示。

拒绝、阻挠市场监督管理部门监督检查，或有其他构成违反治安管理行为的，依法给予治安管理处罚；构成犯罪的，依法追究刑事责任。

3. 刑事责任

（1）利用广告对商品或者服务作虚假宣传，构成犯罪的，应当依法追究刑事责任。利用虚假广告推销假药、劣药、违法食品、伪劣农药，构成犯罪的，依法追究刑事责任。

（2）发布的广告中有《广告法》严格禁止的情形，构成犯罪的，依法追究刑事责任。

（3）广告监督管理机关和广告审查机关的工作人员玩忽职守、滥用职权、徇私舞弊，情节严重，构成犯罪的，依法追究刑事责任。

讨论案例

买卖合同纠纷案

基本案情：2016 年 5 月 31 日，李某通过某平台公司提供的网络平台某某商城在金某某公司经营的店铺购买 200 份粽子礼盒，单价 69 元，每份礼盒含粽子 8 个，赠绿豆糕 2 块、咸鸭蛋 2 枚，李某支付 13 800 元。

收货后，李某看到粽子礼盒上有扇形标志，以为买的是北京×××产品，后发现是河北×××公司生产的，认为对方存在欺诈。咸鸭蛋和绿豆糕均未写生产日期，李某认为这违反了《食品安全法》的规定，故将河北×××公司、金某某公司、某平台公司诉至人民法院，要求退还购买粽子礼盒的费用 13 800 元、3 倍赔偿购买粽子的价款（共计 41 400 元）及 10 倍赔偿绿豆糕和咸鸭蛋的价款（共计 20 000 元）。

2017 年 12 月 22 日，北京市丰台区人民法院作出民事判决书（〔2016〕京 0106 民初 21841 号），认定礼盒外包装显示有“河北×××食品有限公司”字样，李某在购买礼盒时应详细了解该商品介绍，其购买礼盒亦属自愿，故无法认定被告存在欺诈行为。咸鸭蛋和绿豆糕的产品标志存在瑕疵，但其均系赠品，未对消费者造成损害，故驳回李某的诉讼请求。

李某不服判决上诉。2018 年 3 月 30 日，北京市第二中级人民法院作出民事判决书（〔2018〕京 02 民终 3004 号），维持原判。

资料来源：根据网络资料改编。

根据本案的判决依据，结合《消费者权益保护法》等相关法律法规的规定，回答下列问题：

1. 本案判决的依据是什么？
2. 如何有效解决赠品的质量问题？

关键术语

电子商务消费者　电子商务经营者　产品标准　产品质量　生产者　销售者　法律责任

综合练习

一、选择题

1. 消费者为（　　）需要购买、使用商品或接受服务的人，其权益受《消费者权益保护法》的保护。

A. 生产　B. 生活　C. 生产和生活　D. 个人

2.《消费者权益保护法》中，消费者的消费客体是（　　）。

A. 生活消费　B. 商品　C. 服务　D. 商品和服务

3. 各级人民政府应当加强监督，预防损害消费者（　　）行为的发生。

A. 人身安全　B. 财产安全　C. 人身、财产安全　D. 生活安全

4. 销售者的产品质量义务包括进货验收义务、保持产品质量的义务、有关产品标志的义务和（　　）。

A. 仓储义务　　B. 不得违反禁止性规范

C. 告知义务　　D. 保存信息

5. 消费者因经营者利用虚假广告提供商品或者服务，其合法权益受到损害，可以向（　　）要求赔偿。

A. 生产者　　B. 广告发布者

C. 经营者　　D. 生产者和广告发布者

二、填空题

1. 电子商务消费者的权利有：______、______、______、______、______、______、______。

2. 目前，我国对经营性互联网信息服务实行________，对非经营性互联网信息服务实行________，对经营性网站给予备案标识或者电子认证。

3. 产品质量标准是产品______、______、______、______、______和______的技术依据。

4. 生产者或销售者生产或销售了不符合质量要求的产品，造成了消费者的人身伤亡或财产损失，且二者之间存在________的，生产者或销售者应承担损害赔偿责任。

5.《广告法》的法律责任是指广告主、广告经营者、广告发布者和广告代言人对其在广告活动中实施的违法行为及其造成的危害应承担的带有强制性的法律责任，包括______、______、______。

三、思考题

1. 简述我国电子商务消费者权益保护的原则。

2. 简述《消费者权益保护法》中公平原则的内容。

3. 论述违反《广告法》的法律责任。

第8章　电子商务财税法律制度

【学习目标】

1. 掌握电子商务税收的概念与分类。
2. 掌握电子商务税收要素构成。
3. 理解电子商务税收征收制度。
4. 了解电子商务财政法律法规。

电子商务财税法律制度

【本章重点】

1. 电子商务税收的概念。
2. 电子商务税收体系的构成。
3. 电子商务纳税主体、征税客体及税率。
4. 电子商务税务登记与电子商务发票管理的相关内容。
5. 电子商务税收法律法规内容。

导入案例

"刷单"走私进口偷税风险

2020年11月，海关稽查部门对广州某管理有限公司（以下简称"管理公司"）开展稽查，发现管理公司于2020年9月11日为电商企业普云公司以网购保税进口方式（BBC）向机场海关申报进口德国碧然德自来水过滤器及滤芯53 520件，价值148.08万元，经查存在伪报贸易方式的嫌疑。此外，上述两企业于2020年11月15日以跨境直购方式（B2C）进口983票成人奶粉、523票纸尿片，同样存在伪报贸易方式的嫌疑。

广州市中级人民法院经审理查明，2020年年初，管理公司实际控制人李某指使冯某某等人利用该公司可从事跨境贸易电子商务业务的资质，对外承揽一般贸易的进口货物，再以跨境电商贸易形式伪报为个人海外购进口商品，以逃避缴纳税款或少缴税款。

2020年6月，冯某某、江某某与梁某某经密谋，由梁某某负责揽货，管理公司负责在香港接货，并以上述伪报贸易方式报关进口货物，再在境内交付货物。其后，梁某某安排李某负责与货主、管理公司联系，负责境内外交接货物、收支相关费用等具体事务。2020年8月，被告人王某委托梁某某以上述伪报贸易方式报关进口货物、在境内交付货物，梁某某遂将相关业务交由管理公司操作。之后，李某1将王某提供的装箱单、发票等资料转交管理公司江某某，由该公司安排人员在香港接收货物并运至广州白云机场，江某某制作虚假个人订单信息，并通过冯某某非法获取的快递单与个人订单结合生成虚假的物流信息，再由刘某某结合上述虚假信息制作虚假支付信息，最后由刘某某将虚假三单推送给海关部门，将一般贸易进口货物伪报为个人海外购进口商品，逃避缴纳税款。从2020年9月至11月，管理公司及冯某某、江某某、梁某某、刘某某、李某、王某、程某某利用上述方式走私进口货物共19 085票，偷逃税款共计人民币2 070 384.36元。

2021年5月13日，广州市中级人民法院判决认定管理公司、被告人冯某某和江某某、刘某某为管理公司的其他直接责任人员，伙同被告人梁某某、李某、王某、程某某逃避海关监管，伪报贸易方式报关进口货物，偷逃应缴税额，其行为均已构成走私普通货物罪。

资料来源：根据网络案件改编。

【思考题】

结合案例，讨论将一般贸易伪报成个人跨境购买进口物品的行为，违反了哪些法律规定。

8.1 电子商务税收概述

8.1.1 电子商务税收理论

1．电子商务税收的概念与分类

电子商务税收是指国家为了实现其公共职能的需要，凭借其政治权力，根据法律规定，强制地、无偿地、固定地对电子商务活动征税，使其参与国民收入分配的一种方式。

（1）按照征税对象分类，税收分为流转税、所得税和行为税。

电子商务流转税主要涉及增值税、消费税及关税；电子商务所得税包括企业所得税与个人所得税；电子商务行为税主要指印花税。

① 增值税是以商品在流转过程中的法定增值额为计税依据的流转税。

② 消费税是以特定的消费品或者消费行为的流转额为计税依据的流转税。

③ 关税是以进出关境的货物或物品的流转额为计税依据而征收的流转税。

企业所得税是指对一国境内的所有企业在一定时期内的生产经营所得和其他所得等收入，进行法定的生产成本、费用和损失等扣除后的余额征收的所得税。

④ 个人所得税是指对我国居民来源于境内、境外的应税所得和非我国居民来源于境内的各项应税所得征收的所得税。

⑤ 印花税是对经济活动和经济交往中书立、应税凭证，进行证券交易的行为征收的一种行为税。

（2）按照税收管辖权分类，税收分为国内电子商务税收和跨国电子商务税收。

国内电子商务税收是征税国对来源于境内的收益或所得，针对电子商务居民纳税人行使税收管辖权，以流转税和所得税为主；对收益或所得来源于境外的收入征收的税是跨国电子商务税收，我国对跨国电子商务进口商品按照货物征收关税和进口环节的增值税与消费税。

2. 电子商务与税收的关系

（1）电子商务对税收的影响。

① 影响税收公平、税收中性及税收效率等税收原则。

② 影响流转税、所得税及行为税等税种。

③ 影响纳税主体、征税对象、纳税环节、纳税地点及纳税期限等税收要素。

④ 影响税务登记、账簿凭证及税收管辖权等税收征管。

⑤ 影响常设机构、国际税收管辖权、国际税收筹划等国际税收。

（2）税收对电子商务的产业促进。

电子商务虽然是新型交易模式，但其本质还是商业交易，电子商务对税收产生影响，反之税收也对电子商务产生影响，税收对电子商务的产业促进作用表现在以下两个方面。

① 不开征新税种，避免增加电子商务交易双方的税收负担。

② 通过给予电子商务税收优惠，引导产业布局，促进产业发展。

3. 电子商务税收制度

（1）电子商务税收原则。

电子商务税收原则是一国调整电子商务税收关系的基本规律的抽象和概括，包括税收法定原则、税收公平原则、简便透明原则与国家利益原则。

① 税收法定原则。税收法定原则是核心原则，要求税种法定、税收要素法定及税收征管程序法定。电子商务本质是“商务”，“电子”只不过是交易手段。电子商务交易包括货物或劳务交易，与传统商务交易本质相同，两者的区别在于载体与形式不同。因此，电子商务税收与传统商务税收同等遵守税收法定原则。

② 税收公平原则。税收公平原则是指纳税人地位必须平等，对税收负担的分配应当公平、合理。电子商务交易虚拟化、无形化、数字化等特征并未改变商品交易的实质，因此，应对电子商务交易与传统商务交易同等征税，两种交易方式的纳税人地位平等，不因交易方式不同而区别对待。既不对电子商务课以重税，也禁止对电子商务免税，否则有违税收公平原则。

③ 简便透明原则。简便透明原则是传统商务交易所遵循的税收效率原则在电子商务交易中的具体化。税收效率包括税收经济效率原则与税收行政效率原则。绝大多数国家遵循税收中性原则，对电子商务不开征新税。电子商务税收应遵循简便透明原则，把纳税人的纳税成本和税务机关的征税成本控制在最低限度。

④ 国家利益原则。国家利益是电子商务税收应维护的最高利益，包括税收管辖权利益与财政收入利益。我国属于电子商务进口国，因此，应坚持收入来源地税收管辖权和居民税收管辖权并用，且优先适用地域管辖权，避免发达国家通过网上交易损害我国的税收利益。

（2）电子商务税收体系。

税收体系是一国根据本国具体情况，将不同功能的税种进行组合配置而形成的税种体系。我国税收体系包括流转税、所得税、财产税及行为税等。我国电子商务税收体系包括流转税、所得税及印花税三大类。

第一，电子商务流转税体系。电子商务流转税是以电子商务交易的商品流转额和非商品流转额为征税对象，对流转过程中的某一环节所征收的一类税，税种主要包括增值税、消费税与关税。

① 增值税体系。增值税是以商品在流转过程中的增值额为计税依据的流转税。

电子商务交易方式的变化并不影响增值税对商品增值额征税的本质属性，因此，电子商务增值税体系沿用现有的增值税体系。纳税人是在境内销售货物或者加工、修理修配劳务，销售服务、无形资产、不动产以及进口货物的单位和个人。按照纳税人的经营规模和会计核算健全程度，纳税人分为一般纳税人与小规模纳税人。征税范围是在境内销售货物或者提供加工、修理修配劳务，销售服务、无形资产、不动产以及进口货物。增值税一般纳税人适用的税率为13%、9%、6%及0%，小规模纳税人适用3%的征收率。

② 消费税体系。消费税是以特定消费品或者消费行为的流转额为征税对象的流转税。

纳税人是在境内生产、委托加工和进口规定的消费品的单位和个人，以及国务院确定的销售规定的消费品的其他单位和个人。征税范围是特定商品，税目包括：烟，酒，高档化妆品，贵重首饰及珠宝玉石，鞭炮、焰火，成品油，摩托车，小汽车，高尔夫球及球具，高档手表，游艇，木制一次性筷子，实木地板，涂料，电池。税率根据征税对象具体情况确定，包括定额税率、比例税率和复合税率。

③ 关税体系。关税是以进出关境的货物或物品的流转额为计税依据而征收的流转税。

纳税人是进口货物的收货人、出口货物的发货人、进境物品的所有人。征税范围是国家准许进出口的货物和准许进出境的物品。进出口货物按照《中华人民共和国进出口税则》(以下简称《进出口税则》)的归类规则归入合适的税号，适用关税税率；进境物品按照《中华人民共和国进境物品进口税税率表》(以下简称《进境物品进口税税率表》)的规定适用税率。

第二，电子商务所得税体系。电子商务所得税是对作为电子商务交易主体的法人、自然人和其他经济组织在一定时期内基于电子商务交易的纯所得征收的一类税，包括企业所得税与个人所得税。

① 企业所得税体系。企业所得税是指对一国境内的所有企业在一定时期内的生产经营所得和其他所得等收入，进行法定生产成本、费用和损失等扣除后的余额所征收的所得税。纳税人是在中国境内的企业和其他取得收入的组织，包括居民企业和非居民企业，不包括个人独资企业、合伙企业。

电子商务经营者如果是法人，就其所得缴纳企业所得税。征税范围是企业以货币形式和非货币形式取得的生产、经营所得和其他所得。税率是25%。

② 个人所得税体系。个人所得税是对我国居民来源于境内、境外的应税所得和非我国居民来源于境内的应税所得征收的所得税。

电子商务经营者如果是自然人，应按通过电子商务交易取得的纯所得，缴纳个人所得税。纳税人分为居民纳税人与非居民纳税人。征税范围是个人境内所得与境外所得，税目共9项：工资、薪金所得，劳务报酬所得，稿酬所得，特许权使用费所得，经营所得，利息、股息、红利所得，财产租赁所得，财产转让所得，偶然所得。税率按照所得税项目不同，分为超额累进税率与比例税率。由工资、薪资所得，劳动报酬所得，稿酬所得，特许权使用费所得组成的综合所得、经营所得适用超额累进税率；利息、股息、红利所得，财产租赁所得，财产转让所得和偶然所得适用比例税率。

第三，电子商务印花税体系。印花税是对经济活动和经济交往中书立应税凭证、进行证券交易的行为征收的一种行为税。电子商务交易双方存在书立应税凭证、进行证券交易的行为应缴纳印花税。

《中华人民共和国印花税法》(以下简称《印花税法》)规定纳税人是在中华人民共和国境内书立应税凭证、进行证券交易的单位和个人，以及在中华人民共和国境外书立在境内使用的应税凭证的单位和个人。征税范围是《印花税税目税率表》列明的合同、产权转移书据、营业账簿及证券交易。税率是比例税率。

8.1.2 电子商务税收要素

税收要素也称为税制要素，是判定国家是否有权征税以及相关主体的纳税义务是否成立的重要标准。各种课税要素组合在一起构成了具体的税种，各个税种的进一步组合则形成了国家的税收制度。因此，税收要素是构成税种乃至税制的基础性元素，包括实体性要素和程序性要素两大类。实体性要素是确定税收征纳双方权利义务的必备条件，主要包括纳税主体、征税客体及税率。程序性要素是纳税人具体履行纳税义务所必须具备的条件，主要包括纳税环节、纳税期限和纳税地点。电子商务的虚拟性、隐蔽性、无纸化、跨国性等特征对确定电子商务纳税环节、纳税期限和纳税地点造成困难且无法律规定，因此，本书只讲解电子商务实体性税收要素。

1. 电子商务纳税主体[①]

电子商务纳税主体是指在电子商务交易中，依法负有纳税义务及扣缴义务的主体。

(1)电子商务经营者。

《电子商务法》第十一条规定：电子商务经营者应当依法履行纳税义务，并依法享受税收优惠。个人销售自产农副产品、家庭手工业产品，个人利用自己的技能从事依法无需取得许可的便民劳务活动和零星小额交易活动，以及依照法律、行政法规不需要办理市场主体登记的电子商务经营者在首次纳税义务发生后，应当依照税收征收管理法律、行政法规的规定申请办理税务登记，并如实申报纳税。电子商务 B2B 模式中从事商品经营或者营利性服务的企业是电子商务纳税人，B2C 模式中从事商品经营或者营利性服务的企业是电子商务纳税人，C2C 模式中通过交易获利的消费者因经营行为而成了电子商务纳税人。

(2)电子商务消费者。

电子商务税收主要涉及增值税、消费税、所得税、关税等税种。电子商务消费者在购买跨境电子商务零售的进口商品时，按照货物缴纳关税和进口环节的增值税与消费税。跨境电子商务零售进口商品购买人(订购人)的身份信息应进行认证；未进行认证的，购买人(订购人)身份信息应与付款人一致。电子商务企业、电子商务交易平台企业或物流企业可作为代收代缴义务人。

(3)电子商务平台经营者。

电子商务平台经营者不是电子商务交易关系中的纳税人。在跨境电子商务交易中，跨境电子商务平台企业除履行报送及提示义务，最重要的是对跨境电子商务零售进口商品及购买跨境电子商务零售进口商品的个人，履行代收代缴义务，如实、准确地向海关申报法定税收征管要素并按照海关要求补充申报的义务。

---

① 电子商务税收主要涉及增值税、消费税、关税等税种，因此，征税机关是税务机关与海关，不包括财政机关。鉴于征税主体的确定性，所以不做专门研究。

2. 电子商务征税对象

除了货物、劳务、所得，电子商务交易中还出现了数字化商品与数字化服务等新型征税对象。

（1）国内电子商务征税对象。国内电子商务征税对象一类是以互联网作为交易媒介在线销售的传统实体商品，与线下商业实体交易的区别只是销售方式不同，我国对此类交易按照传统征税方式征税；另一类是通过互联网提供的数字化商品。

① 通过网络下载传播的非实体商品的虚拟化物品，特别是与智能财产权有关的商品，主要包括各类软件、网络游戏、数据库服务以及电子图书、电子报刊和新闻、研究报告和论文。“软件”是指供用户直接在网上下载，通过购买序列号等获得使用权认证的应用软件。对于存放在光盘等实物介质上，通过包装再到网上出售的软件，则应归为实体商品。

② 网上数字化劳务服务包括信息服务、互动式服务、网络预约服务等。此类服务具有一定的虚拟性，无需固定现实场所，在商家和消费者之间并不进行任何有形物品的交换。服务购买方根据经营者在其服务器上发布的信息进行查询，或由经营者在一定时间内依据特定约定规则发送给购买方。虽然这类信息商品买卖通过无形的方式实现，但随着信息的不断传递，会出现现金流。我国对此类服务，应该根据信息流转中现金流量的大小来制定征税标准，纳入电子商务税收范畴。

（2）跨境电子商务征税对象。财政部、海关总署、国家税务总局发布的《关于跨境电子商务零售进口税收政策的通知》规定：跨境电子商务零售进口商品按照货物征收关税和进口环节的增值税、消费税。跨境电子商务零售进口税收政策适用于从其他国家或地区进口的、《跨境电子商务零售进口商品清单》范围内的以下商品。

① 所有通过与海关联网的电子商务交易平台交易，能够实现交易、支付、物流电子信息“三单”比对的跨境电子商务零售进口商品。

② 未通过与海关联网的电子商务交易平台交易，但快递、邮政企业能够统一提供交易、支付、物流等电子信息，并承诺承担相应法律责任进境的跨境电子商务零售进口商品。

③ 不属于跨境电子商务零售进口的个人物品以及无法提供交易、支付、物流等电子信息的跨境电子商务零售进口商品，按现行规定执行。

跨境电子商务除通过互联网销售实体商品，也可以借助网络的便利性，拓展无形产品交易。依照现行法律规定，服务和数字化产品进口不属于海关征税的范围，但从长远来看，对数字化产品交易应该征税。

3. 电子商务征税税率

税率是衡量税负轻重的核心要素，税种不同，税率不同，同一税种不同税目的税率也可能不同。

（1）电子商务流转税税率。

① 电子商务增值税税率。增值税一般纳税人适用比例税率。《中华人民共和国增值税暂行条例》（以下简称《增值税暂行条例》）规定，增值税税率包括基本税率、低税率及零税率。纳税人销售货物、提供劳务、提供有形动产租赁服务或者进口货物，除低税率和零税率适用范围，适用13%的基本税率；低税率分为9%与6%两档。增值税小规模纳税人适用征收率，其增值税征收率为3%，财政部和税务总局另有规定的除外。

② 电子商务消费税税率。消费税的税目均为有形产品，不涉及数字化产品，因此按消费税的从价征税和从量征税分别实行比例税率和定额税率。其中，除黄酒、啤酒、成品油三种消费品实行定额税率，卷烟、白酒实行比例税率和定额税率的复合征收，其他应税消费品实行比例税率。

③ 电子商务关税税率。进出口货物按照《进出口税则》规定的归类规则归入合适的税号，适用合适的税率。《中华人民共和国进出口关税条例》规定进口关税设置最惠国税率、协定税率、特惠税率、普通税率、关税配额税率等税率。在限值以内进口的跨境电子商务零售进口商品，关税税率暂设为 0%。进境物品按照《进境物品进口税税率表》规定的适用税率纳税。

（2）电子商务所得税税率。

① 电子商务企业所得税税率。企业所得税税率并未因征税对象的不同而细化区分，因此，对企业通过电子商务销售货物、提供劳务、转让财产及特许权使用费等依照现行企业所得税税率执行。对于企业通过互联网提供的数字化产品取得的收入是否征收企业所得税，现行法律并无规定。企业所得税税率是 25%；非居民纳税人预提所得税税率是 20%；符合条件的小型微利企业，减按 20%征收；国家重点扶持的高新技术企业，减按 15%税率征收。

② 电子商务个人所得税税率。B2B 是企业与企业间的电子商务，B2C 是企业与消费者间的电子商务，企业因电子商务交易取得所得应缴纳企业所得税，不涉及个人所得税。C2C 是消费者个人间的电子商务行为，对于通过电子商务销售货物、提供劳务、财产租赁、财产转让及特许权使用费等依照现行个人所得税税率执行。综合所得适用 3%至 45%的七级超额累进税率，经营所得适用 5%至 35%的五级超额累进税率；利息、股息、红利所得，财产租赁所得，财产转让所得和偶然所得适用 20%的比例税率。

（3）电子商务印花税税率。②

① 合同（指书面合同）：借款合同、融资租赁合同的税率为 0.05‰；买卖合同、承揽合同、建设工程合同、运输合同、技术合同的税率为 0.3‰；租赁合同、保管合同、仓储合同、财产保险合同的税率为 1‰。

② 产权转移书据：土地使用权出让书据，土地使用权、房屋建筑物和构筑物所有权转让书据（不包括土地承包经营权和土地经营权转移），股权转让书据（不包括应缴纳的证券交易印花税）的税率为 0.5‰；商标专用权、著作权、专利权、专有技术使用权转让书据的税率为 0.3‰。

③ 营业账簿：税率为实收资本（股本）、资本公积合计金额的 0.25‰。

④ 证券交易：税率为成交金额的 1‰。

8.1.3 电子商务税收征收管理

1. 电子商务税收征管模式

从我国电子商务发展现状看，发展稳健且交易额形成规模的有 B2B、C2C 和 B2C 三种电子商务税收征管模式。

②《中华人民共和国印花税法》生效日期是 2022 年 7 月 1 日，在此之前仍然适用《印花税暂行条例》。《印花税暂行条例》规定的印花税税率如下：10 类经济合同、产权转移书据及营业账簿中记载资金的账簿适用不同的比例税率；权利许可证照、营业账簿中的其他账簿适用税额为每件 5 元的按件贴花。

（1）B2B 电子商务税收征管模式。

① 本企业网站开展电子商务的税收征管模式。在本企业网站开展 B2B 电子商务的企业，一般都会同时在传统销售市场上进行经营销售，税务机关应当在月末将该企业的电子商务交易部分并入税基，与传统销售一同征税。

② 借助支付平台的电子商务税收征管模式。税务机关需要与支付平台合作，要求支付平台将交易情况报送税务机关备案。月末征收税款时，税务机关能够对企业电子商务销售情况进行汇总，以此为基础核定企业相关报税资料中应纳税额是否包括电子商务部分，从而将电子商务交易部分与传统市场上的销售合并征税。

（2）C2C 电子商务税收征管模式。

① 基于电子商务交易平台的税款扣缴模式。税务机关应当以货款支付环节为突破口，在支付平台将货款支付给卖家之前，先将交易信息报送给税务机关，税务机关扣除应纳税额后再由支付平台向卖家支付。货款支付过程中如果第三方支付平台已暂收款项，但买方未在规定时间内收货或收到的货物不符合双方约定，则买方有权获得退款。该情况不能确认为销售，支付平台也不需要向税务机关汇报该笔交易信息。

② C2C 电子商务商品退换的税务处理。C2C 交易模式下可能出现售出商品需要退换的情况。如果扣缴税款后发生商品退换，交易平台应与买卖双方协商该笔交易的商品退换事宜，在各方都同意商品退换的基础上签署三方协议并报送税务机关。税务机关接收商品退换三方协议后，根据协议载明的销售货款的变动情况调整已征收的税款，补征增值部分的税款或将多征税款给予退税。

（3）B2C 电子商务税收征管模式。

① 传统企业涉及 B2C 电子商务的税收征管模式。因有实体企业和传统销售作支撑，企业实体具有财务核算功能并承担相应的纳税义务。所以，可将该类企业的电子商务交易部分与其在传统市场的销售合并考虑，按照传统方式征税。

② B2C 电子商务税款扣缴模式。税务机关应当以支付环节为突破口，加强与网上银行的合作，将针对 B2C 电子商务税款扣缴系统植入网上银行支付系统，货款到达销售企业账户后，销售企业将销售信息报给税务机关，银行将支付信息传递给税务机关。税务机关获得由网上银行提供的支付信息和销售企业提供的销售信息后，计算应纳税额并在收款银行账户中扣缴应纳税额，同时将税收凭证发送至销售企业。

2. 电子商务税务管理制度

（1）电子商务税务登记。

税务登记又称纳税登记，是指税务机关对纳税人的生产、经营活动进行登记并据此对纳税人实施税务管理的一种法定制度。税务登记是税务管理工作的首要环节和基础工作，是征纳双方法律关系成立的依据和证明。电子商务经营者依照《中华人民共和国税收征收管理法》（以下简称《税收征收管理法》）办理税务登记，依法履行纳税义务，并依法享受税收优惠。依法不需要办理市场主体登记的电子商务经营者在首次纳税义务发生后，应当依照税收征收管理法律、行政法规的规定申请办理税务登记，并如实申报纳税。

（2）电子商务账簿凭证。

账簿凭证管理是指税务机关对纳税单位的账簿和凭证进行监督管理的法律制度。《税收征收管理法》第十九条规定：纳税人、扣缴义务人按照有关法律、行政法规和国务院财政、税务主管部门的规定设置账簿，根据合法、有效凭证记账，进行核算。《中华人民共和国会计法》第十三条第二款规定：使用电子计算机进行会计核算的，其软件及其生成的会计凭证、会计账簿、财务会计报告和其他会计资料，也必须符合国家统一的会计制度的规定。第三十三条第一款规定：财政、审计、税务、人民银行、证券监管、保险监管等部门应当依照有关法律、行政法规规定的职责，对有关单位的会计资料实施监督检查。因此，合法的电子商务账簿凭证的法律效力与纸质账簿凭证的法律效力相同。

（3）电子商务纳税申报。

纳税申报是指纳税人在发生法定纳税义务后按照税法或税务机关规定的期限和内容，向主管税务机关提交有关纳税事项书面报告的法律行为。它既是纳税人履行纳税义务的法定程序，又是税务机关核定应征税款和填写纳税凭证的主要依据。电子商务纳税申报是指纳税人利用计算机和电话，通过分组交换网、互联网等通信网络系统，直接将申报资料发送给税务机关。纳税人不到税务机关也可完成申报。凡是通过互联网进行交易的纳税人，必须按规定填制电子纳税申报表。电子申报不仅能够减少数据库录入所需的人力、物力，提高申报效率，还能降低输入的错误率，实现申报的“无纸化”。

（4）电子商务发票管理。

发票是指在购销商品、提供或者接受服务以及从事其他经营活动中，开具、收取的收付款凭证。电子发票是指单位和个人在购销商品、提供或者接受服务，以及从事其他经营活动中，按照税务机关要求的格式，使用税务机关确定的开票软件开具的电子收付款凭证。国家税务总局自 2015 年起分步推行增值税电子普通发票。2020 年 12 月 20 日，国家税务总局发布的《国家税务总局关于在新办纳税人中实行增值税专用发票电子化有关事项的公告》（国家税务总局公告 2020 年第 22 号），详细规范了增值税电子专用发票的管理。《电子商务法》第十四条规定：电子商务经营者销售商品或者提供服务应当依法出具纸质发票或者电子发票等购货凭证或者服务单据。电子发票与纸质发票具有同等法律效力。

增值税电子专用发票（票样）如图 8-1 所示，增值税电子普通发票（票样）如图 8-2 所示。

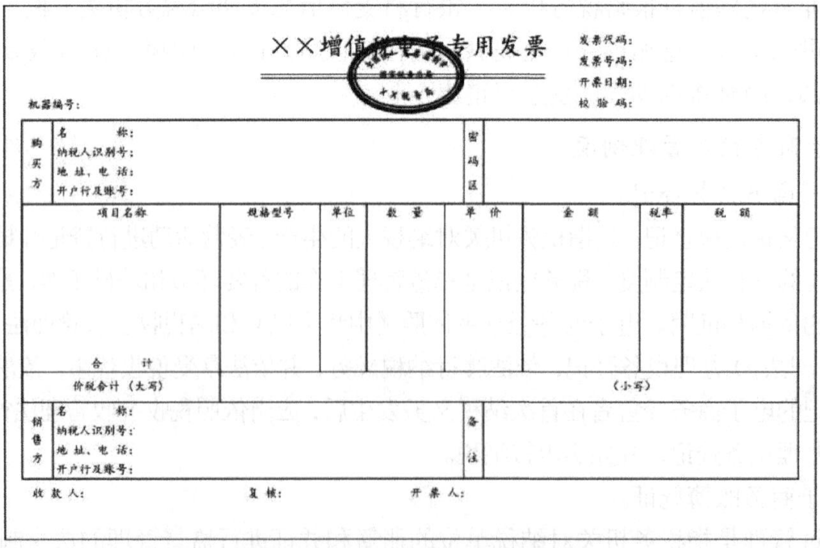
××增值税电子专用发票
发票代码：
发票号码：
开票日期：
校 验 码：
机器编号：

购买方	名 称： 纳税人识别号： 地 址、电 话： 开户行及账号：					密码区	
项目名称	规格型号	单位	数量	单价	金额	税率	税额
合 计							
价税合计（大写）				（小写）			
销售方	名 称： 纳税人识别号： 地 址、电 话： 开户行及账号：					备注	

收款人： 复核： 开票人：

图 8-1 增值税电子专用发票（票样）

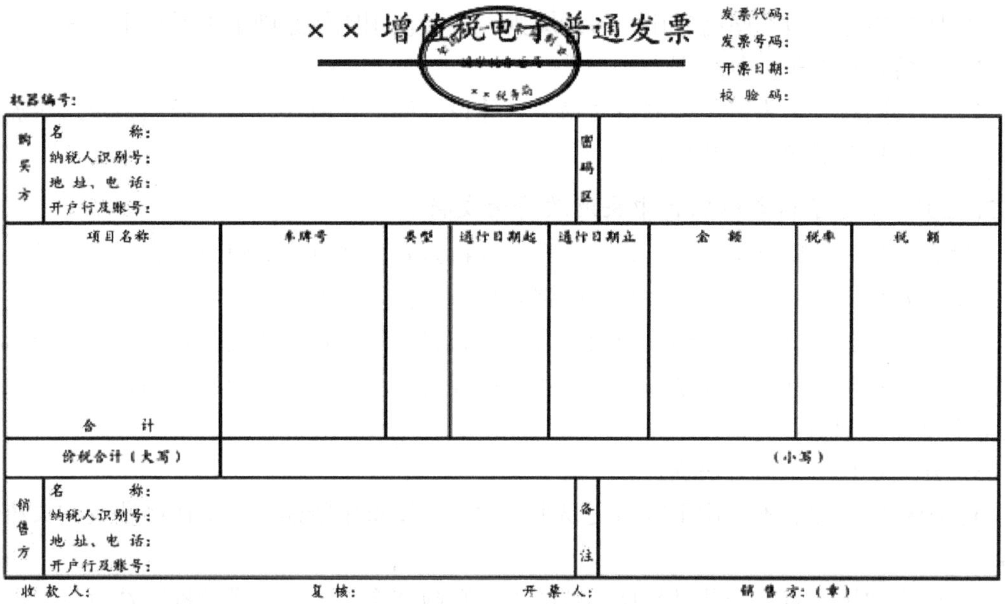

××增值税电子普通发票

发票代码：
发票号码：
开票日期：
校验码：

机器编号：

购买方	名称： 纳税人识别号： 地址、电话： 开户行及账号：					密码区		
项目名称	车牌号	类型	通行日期起	通行日期止	金额	税率	税额	
合计								
价税合计（大写）					（小写）			
销售方	名称： 纳税人识别号： 地址、电话： 开户行及账号：					备注		

收款人：　　复核：　　开票人：　　销售方：（章）

图 8-2　增值税电子普通发票（票样）

课堂讨论

1. 电子商务实体性税收要素包括哪些？
2. 电子商务税收征收管理由哪些制度构成？

8.2　电子商务财税法律法规

8.2.1　电子商务财政法律法规

国内电子商务财政法律法规主要针对电子商务进农村进行规定。

1. 2016 年电子商务进农村中央财政资金支持

（1）支持建立完善县、乡、村三级物流配送机制。中央财政资金支持物流的比例原则上不低于 30%。

（2）支持县域电子商务公共服务中心和村级电子商务服务站点的建设改造。

（3）支持农村电子商务培训。

（4）中央财政资金不得用于网络交易平台建设、购买流量等支出。如有违反，将取消综合示范资格，收回中央财政补贴资金。

2. 2017 年电子商务进农村中央财政资金支持

鼓励各地优先采取股权投资、政府和社会资本合作、以奖代补、贷款贴息等支持方式，通过中央财政资金引导带动社会资本共同参与农村电子商务工作。重点支持以下方向。

（1）聚焦农村产品上行。中央财政资金支持农村产品上行的比例原则上不低于 50%。

（2）支持县域电子商务公共服务中心和乡村电子商务服务站点的建设改造。

公共服务中心建设要坚持实用、节约原则，资金使用比例原则上不得高于 15%。

（3）支持农村电子商务培训。

（4）中央财政资金不得用于网络交易平台建设、楼堂馆所建设、工作经费及购买流量等支出，有关支持项目应开放共享。

3. 2018 年电子商务进农村中央财政资金支持

鼓励各地优先采取以奖代补、贷款贴息等支持方式，通过中央财政资金引导带动社会资本共同参与农村电子商务工作。中央财政资金重点支持以下方向。

（1）促进农村产品上行。中央财政资金支持农村产品上行的比例原则上不低于 50%。

（2）完善农村公共服务体系。公共服务中心建设应坚持实用、节约原则，资金使用比例原则上不得高于 15%。

（3）开展农村电子商务培训。

（4）中央财政资金不得用于网络交易平台建设、楼堂馆所建设、工作经费及购买流量等支出。

（5）统筹安排本省区示范县长期闲置的中央财政资金，用于奖励助推脱贫攻坚、促进产销对接等工作成绩突出的优秀示范县。

4. 2019 年电子商务进农村中央财政资金支持

鼓励各地优先采取以奖代补、贷款贴息等支持方式，通过中央财政资金引导带动社会资本共同参与农村电子商务工作。中央财政资金重点支持以下方向。

（1）农村流通基础设施。用于农村流通基础设施建设的资金比例原则上不低于 50%。

（2）农村电商公共服务体系。公共服务中心资金使用比例原则上不高于 15%。

（3）开展农村电子商务培训。

（4）中央财政资金不得用于网络交易平台建设、楼堂馆所建设、工作经费及购买流量等支出。

（5）统筹安排本省示范县长期闲置的中央财政资金，用于奖励助推脱贫攻坚、促进产销对接等工作成绩突出的优秀示范县。

5. 2020 年电子商务进农村中央财政资金支持

鼓励各地优先采取以奖代补、贷款贴息，结合先建后补、购买服务、直接补助等支持方式，合理加快资金进度，提高资金使用效益，通过中央财政资金引导带动社会资本共同参与农村电子商务工作。财政资金重点支持农产品进城，兼顾工业品下乡，对承担疫情防控相关重要物资保供任务且工作突出的电商、物流、商贸流通企业在同等条件下予以适当倾斜。中央财政资金实行“鼓励发展+负面清单”管理模式，重点支持以下方向。

（1）县乡村三级物流配送体系。

（2）农村电商公共服务体系。

支持县级电商公共服务中心建设和升级，优化农村电商公共服务内容。突出服务，硬件建设应坚持实用、节约原则，充分利用现有设施设备、闲置厂房。

（3）农村现代流通服务体系。

（4）农村电子商务培训体系。

（5）中央财政资金不得用于网络交易平台建设、楼堂馆所建设、征地拆迁、购买流量、人员经费等经常性开支以及提取工作经费等。

（6）省级财政部门要会同商务、扶贫部门，按照财政部有关规定，做好本省示范县长期闲置的中央财政资金统筹安排工作，可统筹用于支持农村流通领域。

8.2.2 电子商务税收法律关系

电子商务税收法律关系是指由税法调整而形成的，在电子商务税收活动中税收法律关系主体之间发生的、具有权利义务内容的社会关系。电子商务税收法律关系包括法律关系主体、法律关系客体及法律关系内容。

1. 电子商务税收法律关系主体

电子商务税收法律关系主体包括征税主体与纳税主体。征税主体取决于电子商务交易的税收管辖权，包括税务机关与海关。纳税主体包括电子商务的经营者、消费者及电子商务平台经营者。

2. 电子商务税收法律关系客体

电子商务税收法律关系客体包括有形产品、无形产品（非实体商品的虚拟化物品——非实体商品的虚拟化物品即数字化商品，是电子商务特有的，具有虚拟性）。

3. 电子商务税收法律关系内容

电子商务税收法律关系内容即主体的权利义务。电子商务税收征纳双方所享有的权利义务，与传统税收征纳主体的权利义务没有区别。电子商务纳税主体除履行《中华人民共和国税收征收管理法》（以下简称《税收征收管理法》）规定的义务，还应根据电子商务特性履行电子纳税申报、在网站首页公示税收登记号、接受电子税务监管等特殊义务。

8.2.3 电子商务税收法律法规

电子商务税收法律法规分为电子商务税收实体法律法规与电子商务税收程序法律法规。电子商务税收实体法律法规包括流转税法律法规、所得税法律法规及印花税法律法规；电子商务税收程序法律法规包括税收确定法律法规、税款征收法律法规、税务检查法律法规和税务救济解决法律法规。

1. 电子商务流转税法律法规

（1）电子商务增值税法律法规。

电子商务增值税的特殊性在于商品流转过程中采取的是电子商务方式交易而非传统实物交易，但交易方式变化并不能影响增值税对商品增值额征税的本质属性，因此，电子商务增值税法律制度沿用现有的增值税法律制度。《增值税暂行条例》是增值税的基本法。自2016年5月1日起我国全面推开“营改增”试点，同时适用财政部、国家税务总局发布的《财政部 国家税务总局关于全面推开营业税改征增值税试点的通知》（财税〔2016〕36号）。

财政部、国家税务总局2016年3月23日发布《财政部 国家税务总局关于全面推开营业税改征增值税试点的通知》（财税〔2016〕36号），自2016年5月1日起试点，其附件《销售服务、无形资产、不动产注释》规定销售服务中的现代服务包括信息技术服务。信息技术服务中的信息系统增值服务，是指利用信息系统资源为用户附加提供的信息技术服务，包括数据处理、分析和整合、数据库管理、数据备份、数据存储、容灾服务、电子商务平台等。因此，电子商务平台按照征收现代服务征收增值税。

财政部、国家税务总局2007年9月3日发布的《财政部 国家税务总局关于调整音像制品和电子出版物进口环节增值税税率的通知》（财关税〔2007〕65号）规定，自2007年9月15日起将音像制品和电子出版物的进口环节增值税税率由17%下调至13%。自2019年4月1日起，增值税的基本税率由16%下调至13%，而2007年音像制品和电子出版物进口环节的增值税税率就已降至13%。

财政部、国家税务总局于2013年12月30日发布的，2014年1月1日起执行的《财政部 国家税务总局关于跨境电子商务零售出口税收政策的通知》（财税〔2013〕96号）规定：退（免）税、免税政策的电子商务出口企业，是指自建跨境电子商务销售平台的电子商务出口企业和利用第三方跨境电子商务平台开展电子商务出口的企业。除财政部、国家税务总局明确不予出口退（免）税的货物，电子商务出口企业出口货物，同时符合四项条件，适用增值税退（免）税政策。不符合规定条件的电子商务出口企业出口货物，同时符合三项条件，适用增值税免税政策。

2018年10月1日起执行的《财政部 税务总局 商务部 海关总署关于跨境电子商务综合试验区零售出口货物税收政策的通知》（财税〔2018〕103号）规定以下政策。对综合试验区电子商务出口企业出口未取得有效进货凭证的货物，同时符合下列条件的，试行增值税、消费税免税政策：一是电子商务出口企业在综合试验区注册，并在注册地跨境电子商务线上综合服务平台登记出口日期、货物名称、计量单位、数量、单价、金额；二是出口货物通过综合试验区所在地海关办理电子商务出口申报手续；三是出口货物不属于财政部和税务总局根据国务院决定明确取消出口退（免）税的货物。

（2）电子商务消费税法律制度。

消费税是在增值税基础上针对15个特定商品加征的一种税。《中华人民共和国消费税暂行条例》是消费税的基本法律。电子商务交易对象如果属于消费税税目，依法对其征收消费税。

财政部、国家税务总局于2013年12月30日发布的，自2014年1月1日起执行的《财政部 国家税务总局关于跨境电子商务零售出口税收政策的通知》（财税〔2013〕96号），以及财政部、税务总局、商务部、海关总署2018年9月28日联合发布的，自2018年10月1日起执行的《财政部 税务总局 商务部 海关总署关于跨境电子商务综合试验区零售出口货物税收政策的通知》（财税〔2018〕103号），均规定了对电子商务出口企业出口货物免征消费税的条件，其条件与免征增值税相同。

财政部、海关总署、国家税务总局于2016年3月24日联合发布的，自2016年4月8日起执行的《财政部 海关总署 国家税务总局关于跨境电子商务零售进口税收政策的通知》（财关税〔2016〕18号）规定，B2C即企业对消费者模式的进口消费税政策与增值税的相同。自2019年1月1日起执行的《财政部 海关总署 国家税务总局关于完善跨境电子商务零售进口税收政策的通知》（财关税〔2018〕49号）规定进口消费税政策与增值税的相同。

（3）电子商务关税法律制度。

《中华人民共和国进出口关税条例》是关税的基本法律，跨境电子商务零售进口涉及征收进口关税。

财政部、海关总署、国家税务总局于 2016 年 3 月 24 日联合发布的，自 2016 年 4 月 8 日起执行的《财政部 海关总署 国家税务总局关于跨境电子商务零售进口税收政策的通知》（财关税〔2016〕18 号），规定了 B2C 即企业对消费者模式的进口税收政策。一是跨境电子商务零售进口商品按照货物征收关税，购买跨境电子商务零售进口商品的个人作为纳税义务人，以实际交易价格（包括货物零售价格、运费和保险费）作为完税价格，电子商务企业、电子商务交易平台企业或物流企业可作为代收代缴义务人。二是明确跨境电子商务零售进口税收政策的适用范围。三是跨境电子商务零售进口商品的单次交易限值为人民币 2 000 元，个人年度交易限值为人民币 20 000 元。在限值以内进口的跨境电子商务零售进口商品，关税税率暂设为 0%。超过单次限值、累加后超过个人年度限值的单次交易，以及完税价格超过 2 000 元限值的单个不可分割商品，均按照一般贸易方式全额征税。四是跨境电子商务零售进口商品自海关放行之日起 30 日内退货的，可申请退税，并相应调整个人年度交易总额。

财政部、海关总署、国家税务总局于 2018 年 11 月 29 日发布的，自 2019 年 1 月 1 日起执行的《财政部 海关总署 国家税务总局关于完善跨境电子商务零售进口税收政策的通知》（财关税〔2018〕49 号）规定：将跨境电子商务零售进口商品的单次交易限值由人民币 2 000 元提高至 5 000 元，年度交易限值由人民币 20 000 元提高至 26 000 元。完税价格超过 5 000 元单次交易限值低于 26 000 元年度交易限值，且订单下仅一件商品时，可以自跨境电商零售渠道进口，按照货物税率全额征收关税，交易额计入年度交易总额，但年度交易总额超过年度交易限值的，应按一般贸易管理。

2. 电子商务所得税法律法规

（1）电子商务企业所得税法律法规。

《中华人民共和国企业所得税法》是企业所得税的基本法律。电子商务交易双方如果是企业所得税纳税人，应沿用现有的企业所得税法律制度。

国家税务总局于 2019 年 10 月 26 日发布的，自 2020 年 1 月 1 日起施行的《关于跨境电子商务综合试验区零售出口企业所得税核定征收有关问题的公告》（以下简称《公告》）是为支持跨境电商新业态发展，推动外贸模式创新，有效配合《关于跨境电子商务综合试验区零售出口货物税收政策的通知》（财税〔2018〕103 号）落实工作，配合落实“无票免税”政策而出台的更加便利企业的所得税核定征收办法，其能促进跨境电子商务企业更好地开展出口业务。其从核定征收范围、条件、方式、程序、优惠政策等方面对综合试验区内跨境电子商务企业核定征收企业所得税相关事项进行了规定，旨在为综合试验区内跨境电商企业提供更为便利的操作办法。

（2）电子商务个人所得税法律法规。

《中华人民共和国个人所得税法》是个人所得税的基本法律。电子商务经营者包括自然人、法人和非法人组织。如果电子商务经营者是自然人，其通过电子商务交易取得的纯所得，应依法缴纳个人所得税。电子商务经营者如果是个人独资企业业主、合伙企业的自然人及个体工商户，其通过电子商务交易取得的纯所得，亦应依法缴纳个人所得税。

国务院于 2018 年 12 月 13 日发布的，自 2019 年 1 月 1 日起施行的《国务院关于印发个人所得税专项附加扣除暂行办法的通知》（国发〔2018〕41 号）规定了个人所得税的综合所得专项附加扣除具体办法。2019 年 12 月 7 日，财政部、国家税务总局发布的《财政部 税务总局关于个人所得税综合所得汇算清缴涉及有关政策问题的公告》,规定了个人所得税综合所得汇算清缴相关内容。

3. 电子商务印花税法律法规

《中华人民共和国印花税法》（以下简称《印花税法》）是印花税的基础法律。电子商务交易双方若存在书立应税凭证、进行证券交易的行为应依法缴纳印花税。

《印花税法》第十二条（八）规定下列凭证免征印花税：个人与电子商务经营者订立的电子订单。因此，电子商务经营者和个人订立的电子订单免征印花税。个人在电子商务经营者下单后，发票要求开给企业，虽然是企业采购和取得发票，但是因为印花税的纳税义务是在书立时确认的，所以也应属于免税订单，不应按发票确认。但如果用户账号是企业账户，在货运 App 上提交订单，则不属于免征印花税的订单，需要按运输合同双方缴纳印花税。此外，企业账户在线上提交订单即视为合同书立。

4. 电子商务税收确定法律法规

（1）电子商务税务登记法律法规。

《税收征收管理法》第二章税务管理第一节是税务登记。国家税务总局 2003 年 11 月 20 日发布的，自 2004 年 2 月 1 日起施行的《税务登记管理办法》（国家税务总局令第 7 号）是税务登记的直接法律规范。2006 年 3 月 16 日国家税务总局发布《财政部 国家税务总局关于完善税务登记管理若干问题的通知》（国税发〔2006〕37 号），2007 年 5 月 18 日国家税务总局发布《财政部 国家税务总局关于进一步加强个体工商户税务登记管理的通知》。

电子商务税收登记的主体是电子商务经营者，包括电子商务平台经营者、平台内经营者以及通过自建网站、其他网络服务销售商品或者提供服务的电子商务经营者。《电子商务法》第十一条规定：电子商务经营者应当依法履行纳税义务，并依法享受税收优惠。依照前款规定不需要办理市场主体登记的电子商务经营者在首次纳税义务发生后，应当依照税收征收管理法律、行政法规的规定申请办理税务登记，并如实申报纳税。

（2）电子商务账簿凭证管理法律法规。

为保证纳税人真实记录其经营活动，客观反映有关纳税的信息资料，防止纳税人伪造、变造、隐匿、擅自销毁账簿和记账凭证，《税收征收管理法》第二章税务管理第二节规定了账簿、凭证管理的相关内容。《中华人民共和国会计法》《中华人民共和国会计法实施细则》第二章均是会计核算，规定了会计账簿、会计凭证、财务会计报告和其他会计资料。

纳税人、扣缴义务人会计制度健全，能够通过计算机正确、完整地计算其收入和所得或者代扣代缴、代收代缴税款情况的，其计算机输出的完整的书面会计记录，可视同会计账簿。纳税人使用计算机记账的，应当在使用前将会计电算化系统的会计核算软件、使用说明书及有关资料报送主管税务机关备案。纳税人建立的会计电算化系统应当符合国家有关规定，并能正确、完整地核算其收入或者所得。

（3）电子商务纳税申报法律法规。

电子商务纳税申报是指经税务机关批准的纳税人通过电话语音、电子数据交换和网络传输等形式办理的纳税申报。

《税收征收管理法》第二章税务管理第三节规定了纳税申报的相关内容，《中华人民共和国税收征收管理法实施细则》（以下简称《税收征收管理法实施细则》）第四章规定了纳税申报，纳税人采用电子方式办理纳税申报的，应当按照税务机关规定的期限和要求保存有关资料，并定期书面报送主管税务机关。《国家税务总局关于发布〈网上纳税申报软件管理规范（试行）〉的公告》规定了加强网上纳税申报软件的管理，优化纳税服务，确保纳税人申报的电子涉税数据准确、完整、安全。2015 年 9 月，《"互联网+税务"行动计划》提出：为纳税人提供便捷高效的网上申报纳税平台，实现申报纳税网上办理全覆盖和资料网上采集全覆盖。借助银行等金融机构的第三方信息，探索自然人实名认证、在线开户，逐步通过互联网实现面向自然人的个人所得税、车船税申报纳税等业务。《电子商务法》规定：不需要办理市场主体登记的电子商务经营者在首次纳税义务发生后，应当依照税收征收管理法律、行政法规的规定申请办理税务登记，并如实申报纳税。

（4）电子商务发票管理法律法规。

电子发票是指单位和个人在购销商品、提供或者接受服务，以及从事其他经营活动中，按照税务机关要求的格式，使用税务机关确定的开票软件开具的电子收付款凭证。电子商务因其无纸化而使用电子发票。

《税收征收管理法》第二章税务管理第二节账簿、凭证管理规定了发票制度。为了加强发票管理和财务监督，保障国家税收收入，维护经济秩序，根据《税收征收管理法》，1993 年 12 月 23 日，财政部发布并施行了《中华人民共和国发票管理办法》（国函〔1993〕174 号）。该办法是发票管理的直接法律依据。2015 年 11 月 26 日，国家税务总局发布《国家税务总局关于推行通过增值税电子发票系统开具的增值税电子普通发票有关问题的公告》（国家税务总局公告 2015 年第 84 号）。2017 年 3 月 21 日，国家税务总局发布《国家税务总局关于进一步做好增值税电子普通发票推行工作的指导意见》（税总发〔2017〕31 号）。2018 年 7 月 23 日，国家税务总局发布《国家税务总局关于增值税电子普通发票使用有关事项的公告》（国家税务总局公告 2018 年第 41 号）。《电子商务法》第十四条规定：电子商务经营者销售商品或者提供服务应当依法出具纸质发票或者电子发票等购货凭证或者服务单据。电子发票与纸质发票具有同等法律效力。2019 年 7 月 22 日，《国家税务总局关于〈发布企业自建和第三方电子发票服务平台建设标准规范〉的通知》（税总发〔2019〕84 号），明确了电子发票服务平台的业务功能及服务、技术、安全、运维等保测评等要求，自 2019 年 6 月 30 日起实施。2020 年 12 月 20 日，国家税务总局发布的《国家税务总局关于在新办纳税人中实行增值税专用发票电子化有关事项的公告》（国家税务总局公告 2020 年第 22 号），对增值税专用发票的电子化及其管理进行规范。

5. 电子商务税款征收法律法规

税款征收是国家税务机关依照税收法律法规将纳税人应缴纳的税款组织征收入库的一系列活动的总称。税款征收是税收征收管理工作的中心环节，它既是纳税人依法履行纳税义务的重要体现，也是税收征收管理工作的目的和归宿。电子商务作为交易方式并不改变税款征收方式，因此应遵循税款征收基本制度。

《税收征收管理法》第三章税款征收包括：税款征收方式、应纳税额的核定及调整、应纳税款的缴纳和入库等税款征收的基本制度；纳税担保、税收保全、税收强制执行、税收代位权与撤销权、税收优先权、欠税清缴等税款征收的保障制度；税收减免、多缴税款的退还、未缴或少缴税款的补缴和追征等税款入库制度。《税收征收管理法实施细则》第四十条规定，税务机关应当根据方便、快捷、安全的原则，积极推广使用支票、银行卡、电子结算方式缴纳税款。国家税务总局于2005年5月24日发布，自2005年7月1日起施行的《纳税担保试行办法》(国家税务总局令第11号)。2007年3月5日，国家税务总局发布施行《国家税务总局关于税务机关实施税收保全措施有关问题的通知》(国税发〔2007〕24号)。2011年1月12日，国家税务总局发布施行《国家税务总局关于严格执行税款退库办理制度的通知》(国税函〔2011〕19号)。国家税务总局于2014年3月25日发布，自2014年9月1日起施行的《税款缴库退库工作规程》(国家税务总局令2014年第31号)。《"互联网+税务"行动计划》提出：明确电子数据的法律效力和配套规章，探索纳税人缴税和退税新模式，修订配套规章和制度，保障纳税人涉税事项备案、审批、缴税等全程无纸化。

6. 电子商务税务检查法律法规

税务检查是税务机关根据税收法律、行政法规的规定对纳税人、扣缴义务人履行纳税义务和扣缴义务的情况进行监督、审查和处理的总称。电子商务企业与传统企业并无本质区别，只是销售载体不同，电子商务税务检查程序依照《税收征收管理法》的规定进行。

《税收征收管理法》第四章税务检查、《税收征收管理法实施细则》第六章税务检查，规定了税务机关享有账证检查、场地检查、责成提供资料、询问、交通邮政检查、存款账户检查等检查权；履行出示税务检查证和税务检查通知书、保密、回避等义务。纳税人及扣缴义务人有拒绝非法检查权与保密权；接受检查、如实反映情况、提供有关资料等义务。电子商务的数字化、无纸化、跨省区甚至跨境结算的交易方式，给税务检查定性带来困难。无纸化网上交易，交易合同、订单销售票据等都以加密的电子票据形式存在，使以发票、凭证、账簿和报表为依据的税务检查失去了最直接的凭证依据。计算机网络加密系统给税务检查设置了防护屏障。以往税务机关通过查阅银行账户收支情况得到纳税人有关交易数据，以此判断其申报的收入情况是否属实，而电子货币的结合使用，使这种监督机制的作用明显降低。

7. 电子商务税务救济法律法规

税务救济是国家机关为排除税务具体行政行为对税收相对人合法权益的侵害，通过解决税收争议，制止和矫正违法或不当的税收行政侵权行为，从而使税收相对人的合法权益获得补救的法律制度的总称。税务救济方式包括税务行政复议、税务行政诉讼及税务行政赔偿。电子商务只是交易方式，并不改变税务救济程序，因此，电子商务税务救济程序包括电子商务税务行政复议、电子商务税务行政诉讼及电子商务税务行政赔偿。

(1)电子商务税务行政复议法律法规。

税务行政复议是指当事人不服税务机关及其工作人员作出的税务具体行政行为，认为税务具体行政行为侵犯其合法权益，依法向上一级税务机关提出申请，复议机关经审理对原税务机关具体行政行为依法作出维持、变更、撤销等决定的活动。税务行政复议的目的是发挥行政复议解决税务行政争议的作用，保护公民、法人和其他组织的合法权益，监督和保障税务机关依法行使职权。

《中华人民共和国行政复议法》是税务行政复议基本法，《税务行政复议规则》是税务行政复议特别法。主要内容包括：①救济主体：公民、法人和其他组织认为税务机关的具体行政行为侵犯其合法权益，可以书面或口头向税务行政复议机关申请行政复议。②救济途径：对各级税务局的具体行政行为不服的，向其上一级税务局申请行政复议。对税务所（分局）、各级税务局的稽查局的具体行政行为不服的，向其所属税务局申请行政复议。③救济期限：申请人可以在自知道税务机关作出具体行政行为之日起六十日内提出行政复议申请。

（2）电子商务税务行政诉讼法律法规。

税务行政诉讼是指纳税人认为征税机关的具体行政行为侵犯了其合法权益，向人民法院提起行政诉讼并由法院作出裁决的诉讼制度，其既包括纳税人对人民法院直接起诉，也包括纳税人对征税行为提起行政复议后对行政复议结果不服向人民法院提起的诉讼。税务行政诉讼原告是税收相对人，包括纳税人、扣缴义务人及其他税收相对人。被告是作出具体行政行为的税务机关。税务行政诉讼的对象只能是税务机关作出的税务具体行政行为。对于税务机关作出的抽象行政行为、内部行政行为和国家行为不得提起税收行政诉讼。

《中华人民共和国行政诉讼法》（以下简称《行政诉讼法》）是税务行政诉讼基本法，《税收征收管理法》是税务行政诉讼特别法。主要内容包括：①救济主体：公民、法人或者其他组织认为税务机关和税务工作人员的行政行为侵犯其合法权益，有权按照《行政诉讼法》向人民法院提起行政诉讼。②救济途径：申请人对征税行为不服的，应当先向行政复议机关申请行政复议；对行政复议决定不服的，可以向人民法院提起行政诉讼。申请人对征税行为以外的其他具体行政行为不服的，可以申请行政复议，也可以直接向人民法院提起行政诉讼。③救济期限：公民、法人或者其他组织直接向人民法院提起诉讼的，应当自知道或者应当知道作出行政行为之日起六个月内提出。法律另有规定的除外。公民、法人或者其他组织不服复议决定的，可以在自收到复议决定书之日起十五日内向人民法院提起诉讼。复议机关逾期不作出决定的，申请人可以在自复议期满之日起十五日内向人民法院提起诉讼。法律另有规定的除外。

（3）电子商务税务行政赔偿法律法规。

税务行政赔偿是指税务机关和税务机关工作人员违法行使税收征管职权，对纳税人合法权益造成损害的，由国家承担赔偿责任，并由致害的税务机关具体履行义务的法律救济制度。税务行政赔偿的侵权主体是行使国家税收征管职权的税务机关及其工作人员，税务机关及其工作人员行使税收征管职权的行为违法，存在合法权益受到损害的事实，违法行为与损害后果有因果关系。

《中华人民共和国国家赔偿法》是税务行政赔偿的基本法。主要内容包括：①救济主体：税务机关及其工作人员、受税务机关委托的组织或个人违法行使职权侵犯公民、法人和其他组织的合法权益造成损害的，受害的公民、法人和其他组织有权要求赔偿。②救济途径：赔偿请求人可以采取书面或口头形式自行向作为赔偿义务机关的税务机关提起行政赔偿申请，也可以委托他人提起行政赔偿申请。③救济期限：赔偿请求人请求国家赔偿的时效为两年，自其知道或者应当知道国家机关及其工作人员行使职权时的行为侵犯其人身权、财产权之日起计算，但被羁押等限制人身自由期间不计算在内。在申请行政复议或提起行政诉讼时一并提出赔偿请求的，适用行政复议法、行政诉讼法有关时效的规定。

讨论案例

网红补税第一例曝光！

日前，郑州市金水区税务局运用大数据实现信息系统自动提取数据，加大对文娱领域从业人员税收征管力度，追征一名网红的 662.44 万元税款收入国库。

前不久，在通过“自然人电子税务局”平台对汇缴欠税数据的例行监测中，该局税政二股在系统内查询到，文化路税务分局一笔 2020 年汇算清缴的大额欠税有疑团。二股的工作人员在第一时间与文化路税务分局进行沟通，了解这笔税款的来龙去脉。收到这一信息后，文化路税务分局税务人员立即着手了解情况，户籍管理员多次与纳税人联系，但纳税人一直不接电话，随后工作人员又联系其任职单位，向企业了解该笔大额申报情况。单位财务人员说该纳税人为一名网络主播，已离职前往北京。

经过税务人员对相关税收政策的宣讲，这家企业财务人员表示会尽快通知到这名网红，积极配合做好追征工作。随后，这名纳税人和文化路税务分局取得了联系，当即表态服从税收管理，清缴税款。但是由于本人在北京，受银行限额的规定，税款不能一次性缴纳，需要逐日分批支付。截至目前，这名纳税人分 15 笔结清了税款，共补交税款 634.66 万元，滞纳金 27.78 万元，合计 662.44 万元。

资料来源：根据新晚报内容改编。

根据本案的案情，讨论网红补税的法律依据是什么。

关键术语

电子商务税收　电子商务税收体系　电子商务纳税主体　电子商务征税对象
电子商务税率　电子商务发票管理　电子商务税收法律关系

综合练习

一、选择题

1. 我国电子商务流转税体系不包括（　　）。
A. 增值税　B. 消费税　C. 营业税　D. 关税

2. 电子商务税收原则的核心原则是（　　）。
A. 税收法定原则　B. 税收公平原则
C. 简便透明原则　D. 国家利益原则

3. 下列不是电子商务增值税一般纳税人税率的是（　　）。
A. 13%　B. 9%　C. 6%　D. 3%

4. 电子商务税收法律关系不包括（　　）。
A. 电子商务税收法律关系主体　B. 电子商务税收法律关系范围
C. 电子商务税收法律关系客体　D. 电子商务税收法律关系内容

5. 电子商务纳税申报方式不包括（　　）。

A. 电话语音　　B. 电子数据交换

C. 网络传输　　D. 电话短信

二、填空题

1. 电子商务税收是指国家为了实现其公共职能的需要，凭借其政治权力，根据法律规定，________、________、________对电子商务活动征税，使其参与国民收入分配的一种方式。

2. 电子商务消费者在购买跨境电子商务零售的进口商品时，按照货物缴纳________和________。

3. 除了货物、劳务、所得，电子商务交易中还出现了________与________等新型征税对象。

4. 电子发票是指单位和个人在购销商品、提供或者接受服务，以及从事其他经营活动中，按照税务机关要求的格式，使用税务机关确定的开票软件开具的________。

5. 电子商务税收程序法律法规包括________、________、________和________。

三、思考题

1. 试述电子商务税收体系的构成。
2. 试述电子商务税收法律关系的构成。
3. 试述电子商务税收法律法规的分类。
4. 试述电子商务税务救济法律法规的内容。
5. 试述电子商务财政法律法规的内容。

第9章 电子商务纠纷解决

【学习目标】

1. 掌握电子商务纠纷案件类型及纠纷解决途径。
2. 掌握电子商务纠纷协商和解、调解、仲裁及诉讼的概念。
3. 掌握在线纠纷解决机制的含义与主要形式。
4. 掌握电子商务纠纷在线协商的定义及流程。
5. 掌握电子商务纠纷在线调解的定义、类别及流程。
6. 掌握电子商务纠纷在线仲裁的定义、类别及流程。

电子商务纠纷解决

【本章重点】

1. 电子商务纠纷案件类型。
2. 电子商务纠纷传统解决途径：协商和解、调解、仲裁及诉讼。
3. 电子商务纠纷在线协商。
4. 电子商务纠纷在线调解。
5. 电子商务纠纷在线仲裁。

导入案例

史××公司、天×公司买卖合同纠纷案

某商户于2015年10月10日在史××公司位于天×公司经营的天猫网站上设立的"powerionics旗舰店"处购买了负离子健康手环9支，单价为348元，共计花费3 132元。商户表示上述产品存在以下问题：涉案产品没有史××公司宣传的功效；涉案产品不属于医疗器械，却作了具有治疗功效的宣传。史××公司表示其在宣传中只是强调了产品使用材料的功效，且提交了检测报告以及有关报道文章予以证明，其中，检测报告（复印件）由武汉产品质量监督检验所于2015年4月29日出具，委托单位为史××公司，样品名称为powerionics负离子能量手环，检验报告结果显示，该样品在摩擦或抖动状态下进行检测，检验结果取较大值，负离子浓度为810个/立方米。商户以上述产品虚假宣传构成欺诈为由，于2015年10月21日向原审人民法院提起诉讼。

人民法院经审理认为，原国家药品监督管理局作出的《国家药品监督管理局关于日常生活用品不作为医疗器械审批的通知》规定："各省、自治区、直辖市药品监督管理局：医疗器

械是人们用来预防、诊断和治疗疾病的重要医疗产品，必须具有明确的作用机理和适应症。但目前存在将生活日用品往医疗器械靠，误导消费者的状况。为规范医疗器械产品的注册审批，保护病患者的利益，特规定：凡属于人的日常生活用品、装饰品，如衣服、帽子、鞋、袜、手镯、耳环等产品，无论其采用何种材料，均不得作为医疗器械受理审批。企业也不得宣传产品的治疗、诊断功能。”

上述部门规范性文件的规定是行政主管部门行使行政管理职能时的依据。换言之，即使关某主张史××公司宣传涉案产品的用语违反了上述规定的事实成立，该事实也不能作为认定史××公司构成民事欺诈的充分依据，也不能判定史××公司的销售行为是欺诈。此外，涉案产品销售网页除了广告宣传用语外，还有涉案产品的“产品参数介绍”“产品材料为电气石、锗、远红外粉、钛钢、生物硅胶、磁石”，现关某并未主张史××公司交付给其的涉案产品与网页宣传所作的“产品参数介绍”“产品材料描述”不符，应视为史××公司已向关某交付了与网页商品描述相符的产品。

鉴此，二审人民法院无法认定关某主张的因受涉案产品广告宣传内容诱导而作出错误意思表示的事实。关某上诉主张史××公司构成欺诈的意见，据理不足，二审人民法院不予采信。原审判决根据史××公司的答辩意见，判令史××公司向关某退还货款，关某将购买的涉案产品退还给史××公司，并无不当，二审人民法院予以维持。

资料来源：根据百分网资讯改编。

【思考题】

结合案例，讨论该纠纷事件除了通过人民法院调解，还可以通过什么方式调解。

9.1 电子商务纠纷概述

9.1.1 电子商务纠纷的定义与特点

电子商务是通过互联网等信息网络销售商品或者提供服务的经营活动。电子商务纠纷是电子商务交易当事人之间因电子商务经营活动而产生的争议。

1. 电子商务纠纷的虚拟性

电子商务活动的发生可能不依附于任何有形的实体，而是通过计算机按照网络协议所进行的数码交换活动来完成的。当事人利用网络可以进行匿名交易，交易过程的完全数字化表现为交易双方基本只靠聊天、图片等方式达成交易。一旦产生纠纷，要证明电子商务交易是否存在及保存相关证据较为困难，这既不利于保护交易双方，又极易给人民法院调查取证带来挑战。

2. 电子商务纠纷的标的额相对较小

电子商务交易涉及众多商品和服务，其纠纷主要集中在食品、保健品、药品、电子产品、服饰等领域，纠纷标的额相对较小。

3. 电子商务纠纷的跨地域性

电子商务交易双方可在任何地理位置上进行交易，因此，电子商务交易行为的随意性和流动性易造成电子商务纠纷的跨地域性。由于互联网的全球性和无国界性，跨境电子商务纠纷的跨地域性转化为跨国别性。

4. 电子商务纠纷以消费者权益纠纷为主

由于电子商务交易通过网络进行，交易双方无需见面，买家了解所购商品只能通过网页图片和卖家描述，并不能亲眼看见。如果卖家不守诚信甚至恶意销售，则消费者权益易受到侵害并产生纠纷。

9.1.2 电子商务纠纷案件的类型

1. 电子商务合同纠纷

（1）按照电子商务交易对象分类。

① B2B 电子商务合同纠纷。B2B 是指企业与企业之间通过专用网络或互联网进行数据信息传递，开展商务活动的电子商务运行模式。B2B 电子商务合同纠纷是基于企业间供应商管理、库存管理、销售管理、信息传递以及支付管理等具体电子商务活动所产生的电子商务合同纠纷。

② B2C 电子商务合同纠纷。B2C 是指企业以互联网为主要服务提供渠道，向消费者销售产品和提供服务，并保证付款方式电子化的电子商务运营模式，它是普通消费者广泛接触的一类电子商务。B2C 电子商务合同纠纷是指企业与消费者通过互联网等信息网络实现各种商品消费和服务，由此产生的电子商务合同纠纷。

③ C2C 电子商务合同纠纷。C2C 是指网络服务提供商利用计算机和网络技术，提供有偿或无偿使用的电子商务平台和交易程序，允许交易双方在其平台上独立开展以竞价、议价为主的在线交易模式。C2C 电子商务合同纠纷是指消费者与消费者之间因通过电子商务平台完成交易而产生的电子商务合同纠纷。

④ B2G 电子商务合同纠纷。B2G 是指企业与政府之间通过网络进行交易活动的运作模式。B2G 电子商务合同纠纷是指政府作为电子商务使用者，因购买活动而与企业间产生的电子商务合同纠纷。

（2）按照电子商务合同纠纷内容分类。

① 生活消费合同纠纷。生活消费合同是指以生活消费为目的的合同。电子商务生活消费合同纠纷是指消费者通过互联网等信息网络购买商品或接受服务以满足生活消费而产生的合同纠纷。该纠纷常见于 C2C 电子商务合同及 B2C 电子商务合同。

② 生产购销合同纠纷。生产购销合同是指一方将货物所有权或经营管理权转移给对方，对方支付价款的合同，包括供应合同、采购合同、预购合同、购销结合合同、协作合同及调剂合同。生产购销合同纠纷是指购销双方通过互联网等信息网络完成购销活动而产生的合同纠纷。该纠纷常见于 B2B 电子商务合同及 B2G 电子商务合同。

③ 电子支付合同纠纷。电子商务要通过互联网等信息网络完成，电子支付是其支付的首选方式。电子支付合同纠纷是指电子商务主体因电子支付行为而产生的合同纠纷。四种电子商务交易模式均可能产生电子支付合同纠纷。

④ 虚拟财产合同纠纷。虚拟财产是指在网络环境下，模拟现实环境中的财产形态，以数字化形式存在的、具有独立价值和可独占性的财产利益。虚拟财产合同纠纷是指电子商务主体通过互联网等信息网络完成虚拟财产转让交易而产生的合同纠纷。

⑤ 物流运输合同纠纷。物流是电子商务交易中唯一需要实体载体支持的环节，物流运输合同是指承运人从起运地点将货物运输到托运人指定地点，托运人或收货人按照规定的价格支付票款或运输费用的合同。物流运输合同纠纷是指电子商务主体因商品物流运输而产生的合同纠纷。

⑥ 旅游休闲合同纠纷。旅游电子商务是指通过现代网络信息技术手段，采用数字化电子方式进行旅游信息数据交换和开展旅游休闲活动，包括信息发布、电子交易、信息交流、客户管理、网上预订和支付、售前售后服务等。旅游休闲合同纠纷是指旅游服务提供方与游客在通过互联网等信息网络完成旅游服务的过程中产生的合同纠纷。

2. 电子商务侵权纠纷

（1）电子商务人格权侵权纠纷。

① 电子商务姓名权侵权纠纷。其是指盗用他人名义发出要约签订电子合同，以及伪造他人姓名的电子签章等侵权行为引发的纠纷。

② 电子商务肖像权侵权纠纷。其是指在网站上刊登未经本人同意拍摄的、他人在非公开场合中的肖像；未经本人同意，在网站上使用与发布信息内容无关的他人肖像；未经本人同意，使用他人肖像在互联网上做广告，进行商业宣传；以及未经本人同意的，其他不当使用他人肖像行为引发的纠纷。

③ 电子商务名誉权侵权纠纷。其是指电子商务经营者利用电子商务平台侵害他人的名誉权，或是通过侵害他人的名誉权进行不正当竞争而引发的纠纷。

④ 电子商务隐私权侵权纠纷。其是指电子商务经营者非法收集、使用其用户的个人信息；有关主管部门未采取必要措施保护电子商务经营者提供的数据信息的安全，泄露、出售或者非法向他人提供其中的个人信息、隐私和商业秘密；对用户信息查询、更正、删除以及用户注销设置不合理条件；电子商务平台经营者未记录、保存平台上发布的商品和服务信息、交易信息，且未确保信息的完整性、保密性、可用性；商品和服务信息、交易信息保存时间自交易完成之日起少于三年等侵权行为引发的纠纷。

（2）电子商务消费者权益侵权纠纷。

① 电子商务消费者知情权侵权纠纷。其是指电子商务交易双方通过远程非面对面方式订立合同，消费者所获取的信息往往是商家或者经营者单方提供的。电子商务经营者未能全面、真实、准确、及时地披露商品或者服务信息；以虚构交易、编造用户评价等方式进行虚假或者引人误解的商业宣传，欺骗、误导消费者；搭售商品或者服务，未以显著方式提请消费者注意，将搭售商品或者服务作为默认同意选项等行为，侵犯电子商务消费者知情权而产生的纠纷。

② 电子商务消费者选择权侵权纠纷。其是指电子商务经营者仅根据消费者的兴趣爱好、消费习惯等特征向其提供商品或者服务的搜索结果，或者未遵守《广告法》的有关规定向消费者发送广告；电子商务平台经营者未能根据商品或者服务的价格、销量、信用等以多种方式向消费者显示商品或者服务的搜索结果，或者对于竞价排名的商品或者服务，未能显著标

明“广告”等行为，侵犯电子商务消费者选择权而产生的纠纷。

③ 电子商务消费者安全权侵权纠纷。其是指电子商务经营者销售的商品或者提供的服务不符合保障人身、财产安全的要求和保护环境的要求，销售或者提供法律、行政法规禁止交易的商品或者服务；或者电子商务平台经营者未采取技术措施和其他必要措施保证其网络安全、稳定运行，出现网络违法犯罪活动等行为，侵犯电子商务消费者安全权而产生的纠纷。

④ 电子商务消费者押金退还权侵权纠纷。其是指电子商务经营者按照约定向消费者收取押金的，未明示押金退还的方式、程序，或对押金退还设置不合理条件，侵犯电子商务消费者押金退还权而产生的纠纷。

（3）电子商务不正当竞争侵权纠纷。

① 滥用互联网平台市场优势地位引发的侵权纠纷。其是指电子商务平台经营者利用服务协议、交易规则以及技术等手段，对平台内经营者在平台内的交易、交易价格以及与其他经营者的交易等进行不合理限制、附加不合理条件，或者向平台内经营者收取不合理费用等侵权行为引发的纠纷。

② 实施虚假或者引人误解的商业宣传引发的侵权纠纷。其是指电子商务经营者违法销售的商品或者提供的服务不符合保障人身、财产安全的要求，实施虚假或者引人误解的商业宣传等不正当竞争行为引起的侵权纠纷。

③ 电子商务平台经营者集中交易及标准化合约交易引发的侵权纠纷。其是指电子商务平台经营者为经营者之间的电子商务提供服务，采取集中竞价、做市商等集中交易方式进行交易或进行标准化合约交易等不正当竞争行为引起的侵权纠纷。

（4）电子商务知识产权侵权纠纷。

① 电子商务平台经营者未履行删除义务引起的侵权纠纷。其是指知识产权权利人认为其知识产权受到侵害的，有权通知电子商务平台经营者采取删除、屏蔽、断开链接、终止交易和服务等必要措施。通知应当包括构成侵权的初步证据。电子商务平台经营者接到通知后，未及时采取必要措施，并未将该通知转送给平台内经营者，对知识产权权利人造成损害的侵权纠纷。

② 知识产权权利人因错误行使通知权引起的侵权纠纷。其是指知识产权权利人因通知错误或者恶意发出错误通知，造成平台内经营者损失的侵权纠纷。

③ 电子商务平台未采取必要措施制止侵权行为引起的侵权纠纷。其是指电子商务平台经营者知道或者应当知道平台内经营者侵犯知识产权，但未采取删除、屏蔽、断开链接、终止交易和服务等必要措施，对知识产权权利人造成损害的侵权纠纷。

9.1.3 电子商务纠纷解决途径

1. 电子商务争议解决的基本规则

（1）商品或服务质量担保机制。

国家鼓励电子商务平台经营者建立有利于电子商务发展和消费者权益保护的商品、服务质量担保机制。电子商务平台经营者所建立的质量担保机制，应当有利于电子商务发展和消费者权益保护。该质量担保机制的保证人并不限于电子商务经营者，也包括电子商务经营者或者第三方机构中的一方或者多方。

（2）设立消费者权益保证金。

电子商务平台经营者与平台内经营者协议设立消费者权益保证金。消费者权益保证金是指该电子商务平台经营者与平台内经营者之间达成协议，缴纳的用于保障消费者合法权益的专用款项。协议应当就消费者权益保证金的提取数额、管理、使用和退还办法等内容作出明确约定。此外，协议还需要对缴纳义务人、缴纳标准、期限、赔偿对象、赔偿范围、赔偿标准和赔偿程序等进行约定，以保障平台内经营者的合法权益。

（3）先行赔偿责任机制。

特定情况下，消费者有权要求电子商务平台经营者承担先行赔偿责任；电子商务平台经营者赔偿后，有权向平台内经营者追偿。消费者要求电子商务平台经营者先行赔偿的依据如下：一是法律规定。消费者向平台内经营者维权时，有权要求电子商务平台经营者提供平台内经营者的真实名称、地址和其他有效联系方式，电子商务平台经营者不能提供时，即应对消费者承担先行赔偿责任；二是电子商务平台经营者的承诺。若电子商务平台经营者不履行自己的承诺，则消费者同样可以直接以电子商务平台经营者为被告向人民法院起诉维权。

2. 电子商务经营者的投诉举报机制

针对日益增多的电子商务消费纠纷，电子商务经营者应当建立便捷、有效的投诉、举报机制，公开投诉、举报方式等信息，及时受理并处理投诉、举报。电子商务经营者在电商的主页面可以设置消费举报投诉专栏，直接让消费者在电商的主页面上进行投诉举报，且该投诉举报信息应与工商部门投诉举报网络互联，方便消费维权部门查处。

3. 电子商务争议解决方式

（1）协商和解。

对于电子商务争议，可以通过协商和解来解决。协商和解是指消费者与电子商务经营者在发生争议后，就与争议有关的问题进行协商，在自愿、互谅的基础上，通过直接对话分清责任，达成和解协议。

（2）调解组织调解。

对于电子商务争议，消费者可以请求消费者组织、行业协会或者其他依法成立的调解组织调解。

（3）向有关部门投诉。

对于电子商务争议，消费者可以向有关部门投诉。消费者因网络交易发生消费者权益争议的，可以向经营者所在地的市场监督管理部门投诉，也可以向第三方交易平台所在地的市场监督管理部门投诉。

（4）提请仲裁。

对于电子商务争议，可以提请仲裁。如果事先没有达成仲裁协议，发生消费争议后，消费者如果要提请仲裁，必须与电子商务经营者达成仲裁协议，只有双方同意才能提请仲裁机构仲裁。

（5）提起诉讼。

对于电子商务争议，可以提起诉讼。当消费者权益受到严重侵害，以及已尝试各种解决途径不能如愿时，消费者可以向人民法院提起诉讼。

（6）在线解决机制。

电子商务平台经营者可以建立争议在线解决机制，制定并公示争议解决规则，根据自愿原则，公平、公正地解决当事人的争议。

9.1.4 电子商务纠纷案件的司法管辖

司法管辖可分为级别管辖、地域管辖、指定管辖和移送管辖等。本书仅讲解地域管辖。

1. 电子商务侵权纠纷案件的司法管辖

（1）电子商务侵权纠纷案件司法管辖的一般规定。

《中华人民共和国民事诉讼法》第二十八条规定：因侵权行为提起的诉讼，由侵权行为地或被告住所地的人民法院管辖。

（2）电子商务侵权纠纷案件司法管辖的特殊规定。

① 被告是自然人时，由侵权行为地或被告住所地人民法院管辖。

② 被告是电子商务公司时司法管辖地的确定。一是住所地的确定。《民法典》第六十三条规定：法人以其主要办事机构所在地为住所。由于电子商务公司物理地址、服务器所在地可能不在一个地方，通常以其主要物理地址为主确定公司住所地。二是侵权行为地的确定。《最高人民法院关于适用〈中华人民共和国民事诉讼法〉若干问题的意见》第二十八条规定：侵权行为地包括侵权行为实施地和侵权结果发生地。《最高人民法院关于审理涉及计算机网络著作权纠纷案件适用法律若干问题的解释》第一条规定：网络著作权侵权纠纷案件由侵权行为地或者被告住所地人民法院管辖。侵权行为地包括实施被诉侵权行为的网络服务器、计算机终端等设备所在地。对难以确定侵权行为地和被告住所地的，原告发现侵权内容的计算机终端等设备所在地可以视为侵权行为地。另外，根据最高人民法院有关侵害名誉权案件的司法解释，原告所在地也有管辖权。

2. 电子商务合同纠纷案件的司法管辖

（1）电子商务合同纠纷案件司法管辖的一般规定。

《民事诉讼法》第二十三条规定：因合同纠纷提起的诉讼，由被告住所地或者合同履行地人民法院管辖。《最高人民法院关于适用〈中华人民共和国民事诉讼法〉若干问题的意见》第十八条规定：因合同纠纷提起的诉讼，如果合同没有实际履行，当事人双方住所地又都不在合同约定的履行地的，应由被告住所地人民法院管辖。

（2）电子商务合同纠纷案件司法管辖的特殊规定。

① 合同签订地的确定。原则上合同中写明了合同签订地点的，以合同写明的地点为准；未写明合同签订地点的，以双方在合同上共同签字盖章的地点为合同签订地；双方签字盖章不在同一地点的，以最后一方签字盖章的地点为合同签订地。电子商务交易中双方当事人相互间签订电子合同，替代传统合同中的签字盖章，电子合同采用数字签名方式，而双方当事人往往不能同时进行数字签名，最后签字一方的主营业地（没有主营业地的为经常居住地）为合同签订地。

② 合同履行地的确定。网上履行合同的双方当事人可以约定合同履行地点；若双方当事人没有约定或约定不明确的，双方补充协议；不能达成补充协议的，按照合同有关条款或交易习惯确定；仍不能确定的，一方交付信息产品或信息服务，而另一方交付货币的，接受货

币一方所在地为合同履行地；双方均向对方交付信息产品或信息服务的，即存在信息发送地和信息接收地两个地点时，信息接收地为合同履行地。

③ 被告住所地的确定。互联网交易过程中双方当事人虽然不知道对方真实的住所地，但能够很直观地知道所交易网站的 IP 地址。IP 地址网址具有唯一性及相对稳定性，网址存在于网络空间中，其位置是确定的，因此，通过网址确定被告身份从而确定被告的住所地。

9.2 电子商务纠纷传统解决机制

消费者在电子商务平台购买商品或者接受服务，与平台内经营者发生争议时，电子商务平台经营者应当积极协助消费者维护合法权益。

9.2.1 电子商务纠纷协商和解

1. 电子商务纠纷协商和解的定义

对于电子商务争议，可以通过协商和解。电子商务纠纷协商和解是指消费者与电子商务经营者在发生争议后，就与争议有关的问题进行协商，在自愿、互谅的基础上，通过直接对话摆事实、讲道理，分清责任，达成和解协议，使纠纷得以解决的活动。协商和解具有快速、简便、经济等特点，因程序简单、节省时间和精力，而成为解决消费者权益争议最主要、最常用的方式。

2. 电子商务纠纷协商和解的原则

（1）协作原则。消费者与电子商务经营者在融洽的气氛中，在互相谅解的基础上，本着实事求是、团结协作的精神，自愿达成协议，避免只从自己利益出发，坚持己见，互不相让。

（2）平等原则。消费者和电子商务经营者应在平等前提下自行协商解决消费者权益争议。绝不允许任何一方凭借某种势力，以强凌弱，以大压小，享有特权，获得不平等的利益。

（3）行政不干预原则。消费者和电子商务经营者的纠纷协商和解，应建立在双方互相谅解的基础上，行政部门不予干预。

3. 电子商务纠纷协商和解的注意事项

（1）准备好翔实、充足的证据和必要的证明材料。在电子商务争议处理中，电子商务经营者应当提供原始合同和交易记录。电子商务经营者丢失、伪造、篡改、销毁、隐匿或者拒绝提供前述资料，致使人民法院、仲裁机构或者有关机关无法查明事实的，电子商务经营者应当承担相应的法律责任。

（2）注意维权的时效性。当消费者与电子商务经营者发生争议后，应注意维权的实效性，不要因电子商务经营者的故意拖延，而丧失维权的机会。

（3）应对电子商务经营者故意拖延或无理拒绝消费者协商和解的措施。当电子商务经营者无诚意通过协商和解解决问题时，消费者应立即通过调解、投诉、仲裁、诉讼等其他途径解决纠纷。电子商务经营者故意拖延和无理拒绝，致使消费者财产损失增加的，除应当满足消费者正常要求外，还应当就增加部分的损失承担赔偿责任。

（4）应对电子商务经营者故意推卸赔偿责任的措施。当消费者遇到商品质量问题时，如果电子商务经营者故意推卸责任，《消费者权益保护法》第四十条规定：消费者在购买、使用商品时，其合法权益受到损害的，可以向销售者要求赔偿。销售者赔偿后，属于生产者的责任或者属于向销售者提供商品的其他销售者的责任的，销售者有权向生产者或其他销售者追偿。

4. 电子商务纠纷协商和解的后果

（1）协商和解成功，签订和解协议。消费者与电子商务经营者和解成功的，应当签订和解协议，和解协议经双方签字或盖章后生效，对双方具有约束力。如果当事人一方反悔，不履行或不完全履行该和解协议，则和解协议不再具有约束力。

（2）协商和解不成功，采取其他维权途径。若消费者与电子商务经营者经协商后未能达成和解，当事人可以依法通过调解、投诉、仲裁、诉讼等途径维护自己的权利。

9.2.2 电子商务纠纷调解

1. 电子商务纠纷调解的定义

调解是指中立的第三方在当事人之间调停疏导，帮助交换意见，提出解决建议，促成双方化解矛盾的活动。电子商务纠纷调解是指消费者与电子商务经营者在发生争议后，请求消费者组织、行业协会或者其他依法成立的调解组织调解。其性质是群众性组织的人民调解。

2. 电子商务纠纷调解的机构

（1）消费者组织。消费者组织即消费者保护团体，是指依法成立的对商品和服务进行社会监督，从而保护消费者合法权益的社会团体的总称。社会团体，以保护消费者合法权益为宗旨，不以营利为目的。我国主要的消费者组织是消费者协会，负责处理消费者的投诉，协助消费者处理消费纠纷。消费者协会调解是指消费者协会在受理消费者投诉以后，依法应当对投诉事项进行调查、调解的工作制度。《消费者权益保护法》第三十七条第五款规定：消费者协会受理消费者的投诉，并对投诉事项进行调查、调解。第三十九条第二款规定：消费者和经营者发生消费者权益争议的，可以请求消费者协会或者依法成立的其他调解组织调解。由此，消费者协会具有法定调解职能。

（2）行业协会。行业协会是指介于政府与企业之间、商品生产者与经营者之间，并为其服务、咨询、沟通、监督、公正、自律、协调的社会中介组织。行业协会属于民间组织，是非营利性社团法人。行业协会调解是指行业纠纷双方在行业协会的主持下，通过行业协会的专业优势促进当事人的沟通协调，并最终促成纠纷双方达成和解协议的纠纷解决过程。

（3）其他依法成立的调解组织。人民调解委员会是依法设立的调解民间纠纷的群众性组织。企业事业单位根据需要设立人民调解委员会。人民调解委员会应当建立健全各项调解工作制度，听取群众意见，接受群众监督。例如，为解决特定类型纠纷，如旅游纠纷、保险纠纷而设立的专业性人民调解委员会；为及时方便解决消费纠纷而在集贸市场、经济开发区等特定区域设立的区域性人民调解委员会等。此类调解组织具有与纠纷相关的专业知识，熟悉相关纠纷特点，较容易获得纠纷当事人认同，能够更加有效地调解相关纠纷。

3. 电子商务纠纷调解的原则

（1）自愿原则。自愿原则是指调解工作必须在双方当事人自愿的基础上进行，不能强迫任何一方当事人进行强行调解。调解协议内容必须出自双方自愿，任何人不得替代和强迫。

（2）合法原则。合法原则是指调解必须以事实为根据，以法律为准绳，不得损害国家、集体和他人的合法权益。

4. 电子商务纠纷调解的程序

电子商务纠纷调解的程序如下。

（1）消费者提出调解请求。

（2）调解组织接受调解请求。

（3）调查取证。

（4）组织调解。

（5）制作调解协议书。

调解协议书可以载明下列事项：①当事人的基本情况；②纠纷的主要事实、争议事项以及各方当事人的责任；③当事人达成调解协议的内容，调解协议履行的方式及期限。

电子商务纠纷调解的程序如图 9-1 所示。

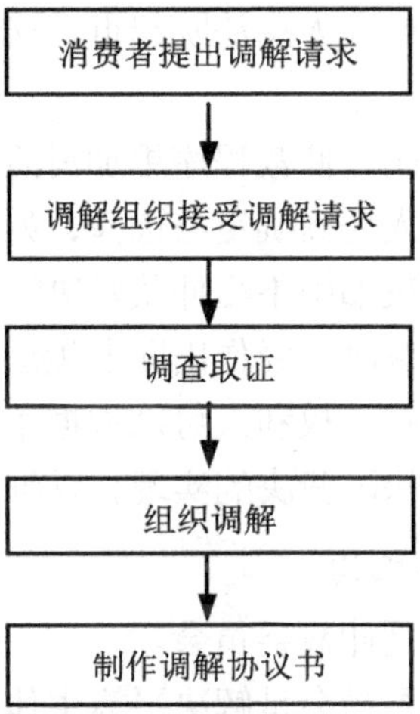

图 9-1　电子商务纠纷调解的程序

5. 电子商务纠纷调解的结果

（1）调解成功，签订调解协议。经调解组织调解达成调解协议的，可以制作调解协议书。当事人认为无需制作调解协议书的，可以采取口头协议方式，调解组织应当记录协议内容。调解协议书自各方当事人签名、盖章或者按指印，调解员签名并加盖调解组织印章之日起生效。调解协议书由当事人各执一份，由调解组织留存一份。口头调解协议自各方当事人达成调解协议之日起生效。经调解组织调解达成的调解协议，具有法律约束力，当事人应当按照约定履行。经调解组织调解达成调解协议后，双方当事人就调解协议的履行或者调解协议的内容发生争议的，一方当事人可以向人民法院提起诉讼。

（2）调解不成功，告知其他维权途径。调解组织调解纠纷，调解不成功的，应当终止调解，并依据有关法律、法规的规定，告知当事人可以依法通过投诉、仲裁、诉讼等途径维护自己的权利。

9.2.3 电子商务纠纷仲裁

1. 电子商务纠纷仲裁的定义和特点

电子商务纠纷仲裁是指消费者与电子商务经营者在争议发生前或发生后达成协议，自愿将纠纷交由中立的第三方仲裁机构，第三方仲裁机构按照一定的仲裁程序与规则进行审理，并作出对争议双方具有终局裁决效力的仲裁裁决书的一种解决纠纷方式。

电子商务纠纷仲裁的特点如下。

（1）仲裁的自愿性。自愿性是仲裁最突出的特点。仲裁以双方当事人自愿为前提，纠纷发生后是否通过仲裁方式解决由争议双方协商确定；由哪个仲裁机构裁决案件由双方协商选定；仲裁庭的组成形式以及仲裁员的选择由当事人约定；涉外仲裁中仲裁适用的程序规则以及实体规范也可由当事人协商确定。

（2）仲裁的独立性。仲裁机构与行政机关之间没有隶属关系，仲裁机构之间也没有隶属关系。仲裁机构不是官方机构，具有民间性。仲裁庭独立进行仲裁，不受任何机关、社会团体和个人的干涉，亦不受仲裁机构的干涉，有较大的独立性。

（3）仲裁的快速性。仲裁实行一裁终局制，仲裁裁决一经仲裁庭作出即发生法律效力，当事人不得就同一纠纷再申请仲裁或向人民法院起诉，这使当事人之间的纠纷能够迅速得以解决。

（4）仲裁的灵活性。与诉讼相比，仲裁程序更加灵活，更具有弹性。仲裁充分体现当事人意思自治，仲裁具体程序由当事人协商确定与选择，如开庭或不开庭审理案件、公开或不公开审理案件，甚至可以在协商裁决书中不写仲裁裁决的理由。

（5）仲裁裁决的强制性。仲裁裁决一经作出即发生法律效力，承担义务的一方当事人应当在指定的期限内履行其义务，否则，权利人可以依据生效的仲裁裁决向人民法院申请强制执行。仲裁裁决通过国家的司法权保障裁决的实现，以维护仲裁的权威性。

2. 处理电子商务纠纷仲裁的机构

处理电子商务纠纷仲裁的机构是仲裁委员会。

（1）仲裁委员会的性质。仲裁委员会是解决平等主体的公民、法人和其他组织之间发生的合同纠纷和其他财产权益纠纷的组织。仲裁委员会独立于行政机关，与行政机关之间没有隶属关系。仲裁委员会之间也没有隶属关系。

（2）仲裁委员会的设立。仲裁委员会可以在省和直辖市、自治区人民政府所在地的市设立，也可以根据需要在其他设区的市设立，不按照行政区划层层设立。仲裁委员会由市的人民政府组织有关部门和商会统一组建，并应经省、自治区、直辖市的司法行政部门登记，未经设立登记的，其仲裁裁决不具有法律效力。仲裁委员会应当有自己的名称、住所和章程，有必要的财产，有该仲裁委员会的组成人员，有聘任的仲裁员。

（3）仲裁委员会的组成成员。仲裁委员会由主任（一人）、副主任（二至四人）和委员（七至十一人）组成。仲裁委员会的主任、副主任和委员由法律、经济贸易专家和有实际工作经验的人员担任。仲裁委员会组成人员中，法律、经济贸易专家不得少于三分之二。仲裁委员会应当从公道正直的人员中聘任仲裁员。

3. 电子商务纠纷仲裁的原则

（1）自愿原则。

① 以仲裁的方式解决纠纷是当事人双方的共同意愿。仲裁必须基于当事人双方的共同选择，任何一方仅凭自己的单方意愿是不能将纠纷提请仲裁的。

② 向哪个仲裁机构提请仲裁由当事人双方协商选定。仲裁不实行级别管辖和地域管辖。当事人在选择、约定仲裁机构时，不因当事人所在地、纠纷发生地而受到地域管辖的限制，也不因争议标的额的大小和案件复杂程度而受到级别管辖的制约。

③ 组成仲裁庭的仲裁员由当事人在仲裁员名册中自主选定，也可以委托仲裁机构主任代为指定，仲裁庭的组成形式也可以由当事人约定。

④ 当事人可以约定交由仲裁解决的争议事项，即当事人将哪些纠纷交付仲裁，可以由当事人自主协商确定。当事人既可以约定把因履行合同所产生的任何争议均交由仲裁解决，也可以约定将某一项或几项争议交付仲裁。

⑤ 开庭和裁决程序中，当事人还可以约定审理方式、开庭形式等有关程序事项。

（2）独立仲裁原则。

① 仲裁与行政脱钩。仲裁依法独立进行，不受行政机关的干预。仲裁委员会独立于行政机关，与行政机关没有隶属关系。设立仲裁委员会虽需经司法行政部门登记，但也仅限于依法审查仲裁委员会的设立是否符合法定条件，对仲裁委员会的设立进行宏观上的管理，相互间无隶属关系。

② 仲裁庭对案件独立审理和裁决，仲裁委员会不能干预。在自仲裁庭组成至作出仲裁裁决期间，仲裁委员会不介入仲裁审理和裁决的实质性工作，案件的审理和裁决完全由仲裁庭独立进行。

（3）根据事实，符合法律规定，公平合理解决纠纷的原则。

① 根据事实是指在仲裁审理过程中，相关人员要全面、深入、客观地查清与案件有关的事实情况，包括纠纷发生的原因、发生的过程、现实状况以及争议各方的争执所在。

② 符合法律规定是指仲裁庭在查清事实的基础上，应当根据法律的有关规定确认当事人的权利和义务，确定承担赔偿责任的方式以及赔偿数额的大小。

③ 公平合理是指仲裁庭处理纠纷应当公平、公正、不偏不倚。若在仲裁中所适用的法律对有关争议的处理未作明确规定的，仲裁庭可以参照在经济贸易活动中被人们所普遍接受的做法，即依据国际贸易惯例或者行业惯例来判别责任。

（4）一裁终局原则。

仲裁实行一裁终局的制度。裁决作出后，当事人就同一纠纷再申请仲裁或者向人民法院起诉的，仲裁委员会或者人民法院不予受理。裁决被人民法院依法裁定撤销或者不予执行的，当事人就该纠纷可以根据双方重新达成的仲裁协议申请仲裁，也可以向人民法院起诉。

4. 电子商务纠纷仲裁的程序

（1）申请和受理。

① 电子商务纠纷仲裁申请是指电子商务纠纷的一方当事人根据合同仲裁条款或事后

达成的仲裁协议，将发生的争议依法请求仲裁委员会进行仲裁的行为。提起仲裁申请是当事人争取采用仲裁解决纠纷的请示，是仲裁程序开始的准备，也是仲裁机构行使仲裁权的前提。

a. 申请仲裁的条件。当事人申请仲裁应当有仲裁协议，有具体的仲裁请求和事实、理由，且该事项属于仲裁委员会的受理范围。b. 申请仲裁的文件。当事人申请仲裁，应当向仲裁委员会递交仲裁协议、仲裁申请书及副本。c. 仲裁申请书内容。仲裁申请书内容包括：当事人的姓名、性别、年龄、职业、工作单位和住所；法人或者其他组织的名称、住所。法定代表人或者主要负责人的姓名、职务；仲裁请求和所根据的事实、理由；证据和证据来源、证人姓名和住所。

② 仲裁受理是指仲裁机构对电子商务纠纷当事人的申请进行审查后，认为符合受理条件，决定立案进行仲裁的程序。受理是仲裁程序的开始，是仲裁机构开始行使管辖权的标志。仲裁委员会自收到仲裁申请书之日起五日内，认为符合受理条件的，应当受理，并通知当事人；认为不符合受理条件的，应当书面通知当事人不予受理，并说明理由。

（2）仲裁庭的组成。

仲裁机构仲裁案件，不是由仲裁委员会直接进行仲裁，而是通过仲裁庭实现的。仲裁庭行使仲裁权基于当事人的授权。仲裁庭的组织形式由当事人约定，仲裁员由当事人选定或委托仲裁委员会主任指定。当事人没有在仲裁规则规定的限期内约定仲裁庭的组织形式或选定仲裁员的，由仲裁委员会主任指定。

① 独任仲裁庭。独任仲裁庭是由一名仲裁员组成的仲裁庭。当事人应当共同选定或共同委托仲裁委员会主任指定仲裁员。

② 合议仲裁庭。合议仲裁庭即由三名仲裁员组成的仲裁庭。当事人约定由三名仲裁员组成仲裁庭的，应当各自选定或者各自委托仲裁委员会主任指定一名仲裁员，第三名仲裁员由当事人共同选定或者共同委托仲裁委员会主任指定。第三名仲裁员是首席仲裁员。

（3）开庭和裁决。

① 开庭是仲裁庭在双方当事人和其他仲裁参与人参加下，对仲裁请求进行实体审理和裁决的活动。开庭是仲裁活动的实质阶段，其目的是查清事实、分清是非、正确适用法律、确认当事人之间的权利义务关系。仲裁一般应开庭进行，但当事人协议不开庭的，仲裁庭可以书面审理。

② 裁决是指仲裁庭在实体上对当事人的权利义务作出裁断。裁决标志着案件的审结，是仲裁审理的最终程序，一经作出即发生法律效力。

5. 电子商务纠纷仲裁的结果

（1）制作仲裁裁决书。仲裁裁决书是仲裁庭对电子商务纠纷当事人提交仲裁的争议事项进行审理，并在审理终结时所作出的对当事人有约束力的法律文书。仲裁裁决书自作出之日起发生法律效力，非经法定程序，任何人不得随意变更和修改。

① 先行裁决。先行裁决是指在仲裁程序进行过程中，仲裁庭就已经查清的部分事实所作出的裁决。

② 最终裁决。最终裁决即通常意义上的仲裁裁决，是指仲裁庭在查明事实、分清责任的基础上，就当事人申请仲裁的全部争议事项作出的终局性判定。

③ 缺席裁决。缺席裁决是指仲裁庭在被申请人无正当理由不到庭或未经许可中途退庭情况下作出的裁决。

④ 合意裁决。合意裁决即仲裁庭根据上访当事人达成协议的内容作出的仲裁裁决。合意裁决包括根据当事人自行和解达成的协议而作出的仲裁裁决，以及根据经仲裁庭调解双方达成的协议而作出的仲裁裁决。

（2）申请撤销仲裁裁决。

第一，申请撤销裁决的条件。电子商务纠纷当事人提出证据证明裁决有下列情形之一的，可以向仲裁委员会所在地的中级人民法院申请撤销裁决：①没有仲裁协议；②裁决的事项不属于仲裁协议的范围或者仲裁委员会无权仲裁；③仲裁庭的组成或者仲裁的程序违反法定程序；④裁决所依据的证据是伪造的；⑤对方当事人隐瞒了足以影响公正裁决的证据；⑥仲裁员在仲裁该案时有索贿受贿、徇私舞弊、枉法裁决行为；⑦违背社会公共利益。

第二，期限。当事人申请撤销裁决的，应当自收到裁决书之日起六个月内提出。人民法院应当在受理撤销裁决申请之日起两个月内作出撤销裁决或者驳回申请的裁定。

第三，申请撤销裁决的后果。人民法院受理撤销裁决的申请后，认为可以由仲裁庭重新仲裁的，通知仲裁庭在一定期限内重新仲裁，并裁定中止撤销程序。仲裁庭拒绝重新仲裁的，人民法院应当裁定恢复撤销程序。

9.2.4 电子商务纠纷诉讼

1. 电子商务纠纷诉讼的定义和特点

电子商务纠纷诉讼是人民法院受理消费者与电子商务经营者之间因财产关系和人身关系提起的民事诉讼，依法审理和解决民事纠纷的活动。

电子商务纠纷诉讼的特点如下。

（1）公权性。民事诉讼以司法方式解决平等主体之间的纠纷，由人民法院代表国家行使审判权解决民事争议，既不同于人民调解委员会以调解方式解决纠纷，也不同于由民间性质的仲裁委员会以仲裁方式解决纠纷。

（2）强制性。民事诉讼的强制性既表现在案件受理上，也反映在裁判执行上。只要原告的起诉符合民事诉讼法规定的条件，无论被告是否愿意，诉讼均会发生。若当事人不自动履行生效裁判所确定的义务，人民法院可以依法强制执行。

（3）程序性。民事诉讼是依照法定程序进行的诉讼活动，无论是人民法院还是当事人和其他诉讼参与人，都需要按照《民事诉讼法》设定的程序实施诉讼行为，不按诉讼程序实施会引起一定的法律后果。

2. 电子商务纠纷诉讼的机构

人民法院作为国家审判机关，职能之一是审判民事案件，解决民事纠纷。

（1）诉讼管辖。诉讼管辖是指各级人民法院之间以及不同地区的同级人民法院之间，受理第一审民事、商事案件的职权范围和具体分工。级别管辖和地域管辖最重要、最常用。级别管辖，是按照案件的性质、影响范围、复杂程度，在上、下级人民法院之间进行分工，确定由哪一级人民法院对案件进行审理。地域管辖、专属管辖、协议管辖均不得违反级别管辖的规定。地域管辖，是按照当事人的住所地、诉讼标的的所在地或者引起法律关系发生、变更、消灭的法律事实所在地的关系在同级人民法院之间进行分工。民事诉讼主要以人民法院的辖区和当事人诉讼标的所在地确定管辖，分为普通地域管辖和特别地域管辖。

（2）审判组织。审判组织是指人民法院审理案件的内部组织形式，分为独任制与合议制。

① 人民法院审理第一审民事案件，由审判员、陪审员共同组成合议庭或者由审判员组成合议庭。合议庭的成员人数，必须是单数。适用简易程序审理的民事案件，由审判员独任审理。陪审员在执行陪审职务时，与审判员有同等的权利义务。

② 人民法院审理第二审民事案件，由审判员组成合议庭。合议庭的成员人数必须是单数。发回重审的案件，原审人民法院应当按照第一审程序另行组成合议庭。审理再审案件，原来是第一审的，按照第一审程序另行组成合议庭；原来是第二审的或者是由上级人民法院提审的，按照第二审程序另行组成合议庭。

3. 电子商务纠纷诉讼的原则

（1）同等原则和对等原则。

① 同等原则是指外国、无国籍当事人在我国参加民事诉讼，享有和我国当事人相同的诉讼权利义务。

② 对等原则是指外国法院对我国公民、法人和其他组织的民事诉讼权利加以限制的，我国人民法院对该国公民、企业和组织的民事诉讼权利进行同样的限制。

（2）人民法院独立审判原则。民事案件的审判权由人民法院行使。人民法院依照法律规定对民事案件独立进行审判，不受行政机关、社会团体和个人的干涉。

（3）人民法院审判原则。人民法院审理民事案件，必须以事实为根据，以法律为准绳。

（4）当事人平等原则。民事诉讼当事人有平等的诉讼权利。人民法院审理民事案件，应当保障和便利当事人行使诉讼权利，当事人在适用法律上一律平等。

（5）人民法院调解原则。人民法院审理民事案件，应当根据自愿和合法的原则进行调解；调解不成的，应当及时判决。

4. 电子商务纠纷诉讼的程序

（1）第一审程序。

① 原告起诉。向有管辖权的人民法院立案庭递交起诉书。

② 人民法院受理后将起诉书副本送达被告。

③ 被告在十五日内提交答辩状，人民法院在五日内将答辩状副本送达原告。即使被告不提交答辩状，也不影响审理。

④ 决定开庭审理的案件，人民法院在三日前通知当事人并公告。

⑤ 法庭调查。该阶段包括：当事人陈述；告知证人的权利义务，证人作证，宣读未到庭的证人证言；出示书证、物证和视听资料；宣读鉴定结论；宣读勘验笔录。

⑥ 法庭辩论。该阶段包括：原告及其诉讼代理人发言；被告及其诉讼代理人答辩；第三人及其诉讼代理人发言或者答辩；互相辩论。法庭辩论终结，由审判长按照原告、被告、第三人的先后顺序征询各方最后意见。

⑦ 法庭辩论终结，应当依法作出判决。判决前能够调解的，还可以进行调解，调解不成功的，应当及时判决。

⑧ 判决宣告。

电子商务纠纷诉讼的第一审程序如图 9-2 所示。

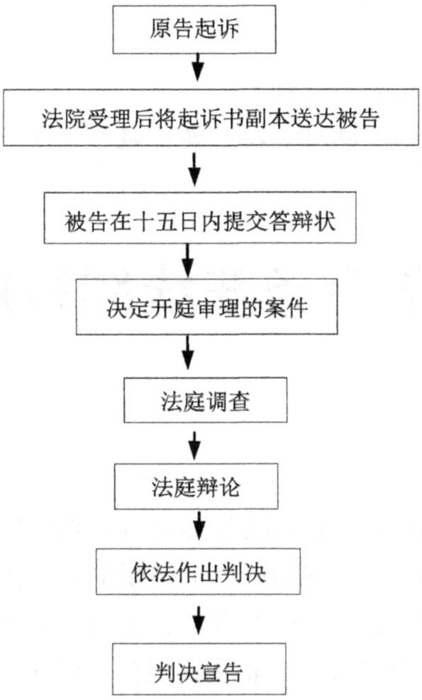

图 9-2　电子商务纠纷诉讼的第一审程序

（2）第二审程序。

① 当事人不服基层人民法院第一审判决的,有权在自判决书送达之日起十五日内向上一级人民法院提起上诉。当事人不服地方人民法院第一审裁定的，有权在裁定书送达之日起十日内向上一级人民法院提起上诉。上诉状应当通过原审人民法院提出，并按照对方当事人或者代表人的人数提出副本。当事人直接向第二审人民法院上诉的，第二审人民法院应当在五日内将上诉状移交原审人民法院。

② 法院受理。

③ 审理程序大致与第一审一样，不同之处主要在审查范围和内容方面。

5. 电子商务纠纷诉讼的结果

（1）当事人不服第一审判决，可上诉到第二审人民法院。

（2）第二审人民法院对上诉案件，经过审理，按照下列情形，分别处理。

① 原判决认定事实清楚，适用法律正确的，判决驳回上诉，维持原判决。

② 原判决适用法律错误的，依法改判。

③ 原判决认定事实错误，或者原判决认定事实不清，证据不足，裁定撤销原判决，发回原审人民法院重审，或者查清事实后改判。

④ 原判决违反法定程序，可能影响案件正确判决的，裁定撤销原判决，发回原审人民法院重审。

当事人对重审案件的判决、裁定，可以上诉。

第二审人民法院审理上诉案件，可以进行调解。调解达成协议，应当制作调解书，由审判人员、书记员署名，加盖人民法院印章。调解书送达后，原审人民法院的判决即视为撤销。

课堂讨论

1. 电子商务争议解决方式分为几种？
2. 电子商务纠纷仲裁的程序包括哪些？其仲裁结果有几种情况？

9.3 电子商务在线纠纷解决机制

9.3.1 在线纠纷解决机制

1. 在线纠纷解决机制的定义

在线纠纷解决机制是指借助电子通信以及其他信息和通信技术解决纠纷的一种机制，简称 ODR（Online Dispute Resolution）。ODR 产生初期主要是化解司法诉讼体制外的电子商务纠纷和网络域名纠纷。根据美国联邦贸易委员会、欧盟、经济合作与发展组织以及全球电子商务论坛所下的定义，ODR 是指网络上由非法庭但公正的第三人，解决电子商务经营者和消费者之间电子商务纠纷的所有方式。

随着电子商务的发展，ODR 逐渐发展成为中立第三方利用网络信息技术在虚拟空间协助当事人解决各种纠纷的平台。

2. ODR 的基本原则

（1）合法性原则。纠纷解决服务应符合国家相关法律法规及有关规定。

（2）自愿性原则。纠纷解决服务应坚持自愿原则，充分尊重纠纷当事人自由意愿。

（3）独立性原则。纠纷解决过程应具有独立性和客观性，不受外来因素影响。

（4）公正性原则。纠纷解决过程应公平、公正，保护电子商务纠纷各方当事人的合法权益。

（5）保密性原则。纠纷解决过程中涉及的个人信息、企业信息、纠纷信息等应进行必要的保密处理，并提供必要的信息安全保障。

3. 在线纠纷解决机制的主要形式

（1）在线协商。在线协商是指无中立人参与，由电子商务纠纷各方当事人通过 ODR 服务平台进行信息的传输、交流、沟通以协商解决纠纷的方式。一般只涉及一定数额的金钱支付问题。

（2）在线调解。在线调解是指在中立人的协助下，电子商务纠纷当事人利用网络信息技术所打造的网络纠纷解决环境，在没有会面的情况下，利用网络信息技术进行纠纷解决的信息传输、交流、沟通，最后达成纠纷解决的协议并最终解决纠纷的方式。

（3）在线仲裁。在线仲裁是指在中立人主持下，电子商务纠纷当事人通过 ODR 服务平台，在线进行案件庭审以及中立人之间的在线合议等其他程序性事项，最后作出在线仲裁的纠纷解决方式。

（4）在线消费者投诉处理。在线消费者投诉处理是指电子商务消费者以在线方式投诉电子商务经营者，由服务网站与被投诉方取得联系，尝试和解。若和解不成，则启动简易调解程序，双方采用电子邮件或电话方式联络，以便在最初阶段解决纠纷。

9.3.2 电子商务纠纷在线协商

1. 电子商务纠纷在线协商的定义

在线协商是指电子商务纠纷双方当事人在没有第三人参与的情况下，通过电子邮件、电子布告栏、视频设备等网络工具进行信息的传输、沟通、交流，最终解决纠纷的方式。

2. 电子商务纠纷在线协商的特点

（1）简单、便利、和平。在线协商没有过于复杂的协商过程，同时不需要任何第三方介入，更不用提交证据或进行陈述，能够有效避免双方当事人的冲突。

（2）适用范围有限。在线协商需要双方当事人能够相对主动地利用互联网技术进行有效的在线沟通，及时解决纠纷，使双方矛盾得到有效解决。在线协商应用范围相对较小，只适用于交易数额小、事实较为清楚的案件。

3. 电子商务纠纷在线协商的流程

（1）申请协商。

① 任何一方、双方或多方当事人均可通过 ODR 服务平台向可提供在线协商服务的服务提供方申请协商。

② 当事人申请协商的，应通过 ODR 服务平台向服务提供方提交协商申请书、证据及当事人主体资格证明文件等材料。协商申请书内容应包括：各方当事人的名称（姓名）、地址、电话、电子邮件或其他联系方式，以及纠纷事实和协商请求。

（2）受理协商。服务提供方在收到协商申请书后，应及时通知对方当事人。对方当事人宜自收到通知之日起在规定的工作日内书面确认是否同意参与协商，在该期限内不予确认的，视为拒绝协商。

（3）协商通知。各方当事人同意参与协商后，协商程序开始。服务提供方应及时向各方当事人发送协商受理通知和在线协商规则。

（4）协商。各方当事人通过 ODR 服务平台直接进行在线协商。

（5）协商程序的终止。出现下列情形之一的，协商程序应终止。

① 对方当事人在收到协商通知后明确表示不同意参加协商程序或在规定期限内未回复。

② 任何一方当事人书面通知终止协商程序。

③ 当事人就解决纠纷达成一致的，协商程序在和解协议制作发出后终止。

④ 其他协商程序应当终止的情形。

电子商务纠纷在线协商的流程如图 9-3 所示。

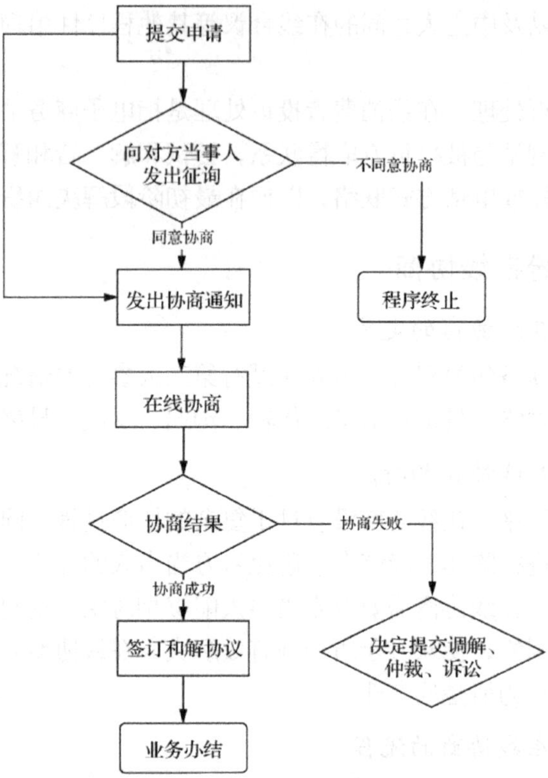

图 9-3　电子商务纠纷在线协商的流程

9.3.3　电子商务纠纷在线调解

1. 电子商务纠纷在线调解的定义

在线调解是指调解人运用计算机和网络技术，努力促成电子商务纠纷当事人达成解决争议协议的一种非诉讼纠纷解决方式。

2. 电子商务纠纷在线调解的特点

（1）能够迅速解决争议。在线调解以自愿为原则，以双方合意为基础，由电子商务纠纷的一方当事人向 ODR 服务平台提出申请，在双方均同意之后，由专业的调解人员组织，最终达成调解协议。纠纷解决程序较为灵活、便捷，调解结果自动履行率较高。

（2）受案范围远大于离线调解。在线调解与离线调解最大的不同之处在于调解的物理空间变化。离线调解的物理空间是现实存在的，而在线调解的空间是互联网空间，因不受物理空间限制，所以在线调解的受案范围远大于离线调解。

（3）纠纷解决成本低。在线调解过程中，所有送达工作均可通过电子送达平台“数据流量”实现。纠纷当事人在线上沟通，能够节省当事人交通费用，降低时间成本。大部分案件不用聘请代理人，可以节省代理费。

3. 电子商务纠纷在线调解的分类

（1）完全自动化的在线调解。完全自动化的在线调解是指在线调解服务网站的调解程序完全以在线方式进行，并且完全针对金额方面的单纯争议，通过计算机程序自动化的辅助，没有自然调解员介入就可以解决争议的调解方式。

（2）调解员介入的在线调解。调解员介入的在线调解通常使用网络协商程序及计算机软件编程，同时有第三方当事人，即中立调解人加入争议解决过程中。使用多阶段过滤筛选的调解程序，融合了在线协商、自动化调解程序及调解员的优势，使得争议得到迅速有效的解决。

4. 电子商务纠纷在线调解的流程

（1）申请调解。

① 任何一方、双方或多方当事人均可通过 ODR 服务平台向可提供在线调解服务的服务提供方申请调解。

② 当事人申请调解的，应通过 ODR 服务平台向服务提供方提交调解申请书、证据及当事人主体资格证明文件等材料。调解申请书中应包括以下内容：各方当事人的名称（姓名）、地址、电话、电子邮件或其他联系方式，以及纠纷事实和调解请求。

（2）受理调解。服务提供方在收到调解申请书后，应及时通知对方当事人。对方当事人自收到通知之日起在规定的工作日内书面确认是否同意参与调解，在该期限内不予确认的，视为拒绝调解。

（3）调解通知。各方当事人同意参与调解后，调解程序开始。服务提供方应及时向各方当事人发送调解受理通知、在线调解规则及调解员名册。

（4）选定调解员。

① 调解宜由一名调解员进行，当事人另有约定的除外。

② 当事人可从服务提供方提供的调解员名册中选择调解员，也可选择在该名册外的调解员。选择在该名册外的调解员的，应征得服务提供方确认并提交该调解员的必要联系方式。

③ 当事人宜在收到调解通知之日起规定的工作日内共同选定一名调解员。逾期未能共同选定调解员的，由服务提供方指定。

（5）调解员的替换。调解员无法继续履行或者不适宜履行职责的，服务提供方应按照规定重新选定调解员，各方当事人另有约定的除外。

（6）调解。除非当事人另有约定，调解员可按其认为适当的方式进行调解，包括但不限于以下几点。

① 单独或者同时通过 ODR 服务平台会见当事人。

② 要求当事人提出书面或者口头的解决纠纷的方案。

③ 征得当事人同意后，聘请有关专家就技术性问题提供咨询或者鉴定意见。

④ 根据已掌握的情况，依据公平合理的原则，向当事人提出解决纠纷的建议和意见。

（7）保密。

① 除非当事人另有约定，调解不公开进行。

② 调解员、当事人以及其他调解参与人对调解的一切事项负有保密义务。

（8）调解程序的终止。出现下列情形之一的，调解程序应终止。

① 对方当事人在收到调解通知后明确表示不同意参加调解程序或在规定期限内未回复。

② 任何一方当事人书面通知终止调解程序。

③ 在调解程序进行的任何阶段，如果调解员认为各方当事人已经失去达成一致的可能，

在征求各方当事人意见后，调解员可书面通知各方当事人终止程序。

④ 当事人就解决纠纷达成一致的，调解程序在调解协议制作发出后终止。

⑤ 其他调解程序应当终止的情形。

电子商务纠纷在线调解的流程如图 9-4 所示。

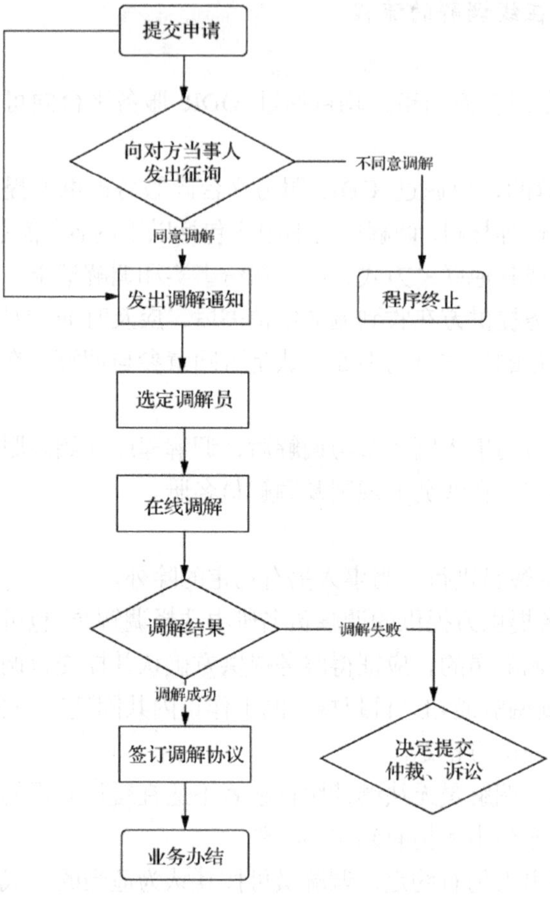

图 9-4　电子商务纠纷在线调解的流程

5. 电子商务纠纷在线调解的协议

（1）在调解程序进行的任何阶段，各方当事人均可自行达成解决纠纷的协议或在调解员的主持下达成协议。

（2）各方当事人及调解员在调解协议上签字或盖章后，由服务提供方加盖印章。

（3）调解协议对各方当事人均具有约束力，各方当事人均应善意遵守并执行。

（4）各方当事人就部分调解请求达成和解的，可据此签署部分调解协议。

9.3.4 电子商务纠纷在线仲裁

1. 电子商务纠纷在线仲裁的定义

电子商务纠纷在线仲裁是指在中立人主持下，电子商务纠纷当事人通过 ODR 服务平台，在线进行案件庭审以及中立人之间的在线合议等其他程序性事项，最后作出在线仲裁的纠纷解决方式。在所有的 ODR 中，在线仲裁最为正式。

2. 电子商务纠纷在线仲裁的特点

（1）开放性。由于互联网没有特定空间、地点及国界限制，电子商务纠纷各方当事人、仲裁员或仲裁庭等可以分别位于不同国家，使用特定软件，使相关计算机联网，形成全球性网络，从而使当事人无论何时何地均可获得仲裁服务。

（2）便利性。在线仲裁网站全天开放，有关仲裁的各种文件、证据等通过互联网即刻传送，双方当事人通过特定软件和相关音像设施，即可在各自地点通过互联网参加开庭，无需到仲裁庭所在地参加开庭，节省了时间与差旅费。

（3）高效性。在线仲裁从立案到作出仲裁裁决及仲裁裁决的送达均在互联网上进行，可以克服空间距离带来的障碍，信息交换的即时性大大提高了解决纠纷的效率。

3. 电子商务纠纷在线仲裁的分类

（1）完全在线仲裁。完全在线仲裁是最狭义的在线仲裁，是指整个仲裁程序包括向仲裁庭提出仲裁申请（包括仲裁协议的订立），以及其他仲裁程序（如仲裁案件的立案、答辩或者反请求、仲裁员的指定和仲裁庭的组成、仲裁审理和仲裁裁决的作出），均在网上进行。

（2）封闭在线仲裁系统仲裁。封闭在线仲裁系统仲裁是最常用的，是介于完全在线仲裁与采用网络信息交流方式仲裁之间的在线仲裁。封闭在线仲裁系统由一个在线争议解决提供者维持，通过密码和用户身份卡安全连接而进行访问。只要是网上争议解决机构提供的仲裁，无论其利用网络设施的程度如何，都属于网上仲裁。

（3）采用网络信息交流方式仲裁。采用网络信息交流方式仲裁是最广义的在线仲裁，某仲裁只要仲裁程序的一个环节利用了网络媒介，其就属于网上仲裁。

4. 电子商务纠纷在线仲裁的流程

（1）申请仲裁。

① 申请人应通过 ODR 服务平台向可提供在线仲裁服务的服务提供方提出仲裁申请。

② 当事人申请仲裁的，应通过 ODR 服务平台向服务提供方提交仲裁申请书、证据及当事人主体资格证明文件等材料。仲裁申请书内容应包括：a. 各方当事人的名称（姓名）、地址、电话、电子邮件以及其他联系方式；b. 申请仲裁所依据的仲裁协议；c. 仲裁请求；d. 案情和纠纷要点；e. 仲裁请求所依据的事实和理由。

（2）受理申请。对当事人提交的仲裁申请，服务提供方宜在规定工作日内作出受理或不予受理的决定，并通知当事人。

（3）仲裁通知。服务提供方受理仲裁申请后，应及时将受理通知书、在线仲裁规则及仲裁员名册等送达申请人，并将仲裁通知书、仲裁申请书、申请人提交的证据材料、在线仲裁规则及仲裁员名册等送达被申请人。

（4）答辩。被申请人宜自收到仲裁通知书之日起在规定工作日内通过 ODR 服务平台提交答辩意见、质证意见及有关证据材料。

（5）变更仲裁申请。当事人变更仲裁请求的，宜自收到受理通知书之日起在规定工作日内提出。若逾期提出，由服务提供方或仲裁庭决定是否受理。

（6）反请求。

① 被申请人提出反请求的，宜自收到仲裁通知书之日起在规定工作日内提出，逾期提出

的，由服务提供方或仲裁庭决定是否受理。

② 反请求的申请、受理、通知、答辩、变更等程序，适用前述规定。

（7）管辖异议。当事人对仲裁协议的存在、效力或仲裁案件的管辖权有异议的，应自收到仲裁通知书之日起在规定工作日内提出。

（8）组成仲裁庭。

① 仲裁庭由一名仲裁员成立。当事人约定由三名仲裁员组成仲裁庭的，从其约定。

② 一名仲裁员成立仲裁庭的，当事人宜自被申请人收到仲裁通知书之日起在规定工作日内共同选定或委托服务提供方指定仲裁员。当事人未能依照上述规定选定或委托服务提供方指定仲裁员的，由服务提供方指定。

③ 当事人约定由三名仲裁员组成仲裁庭的，当事人宜自收到仲裁通知书之日起在规定工作日内各自选定或委托服务提供方指定一名仲裁员，并自被申请人收到仲裁通知书之日起在规定工作日内共同选定或委托服务提供方指定首席仲裁员，当事人未能依照上述规定选定或委托服务提供方指定仲裁员的，由服务提供方指定。

④ 服务提供方应及时将仲裁庭的组成情况通知当事人，并将有关案件材料送达仲裁庭成员。

（9）审理。

① 仲裁庭对仲裁案件进行书面审理。审理中，仲裁庭可通过 ODR 服务平台向各方当事人发送问题单。当事人宜自收到问题单之日起在规定工作日内通过 ODR 服务平台作出说明，逾期不说明的，视为放弃说明的权利。

② 仲裁庭认为必要时，可通过网络视频庭审、网络交流、电话会议等适当的方式审理案件。

③ 仲裁庭采用网络视频庭审审理案件的，应于开庭规定工作日前将开庭时间和庭审方式通知各方当事人。

（10）裁决。

① 仲裁庭宜自组成之日起在规定工作日内作出裁决。特殊情况需要延长的，由仲裁庭提出申请，经服务提供方批准可适当延长。

② 当事人达成调解协议的，由仲裁庭根据调解协议的内容制作调解书，或按照各方当事人要求制作裁决书。

③ 申请人撤回仲裁申请的，仲裁庭组成前由服务提供方作出决定，仲裁庭组成后由仲裁庭作出决定。

（11）结案文书送达。裁决书、调解书、决定书送至各方当事人的电子送达地址即视为送达。当事人要求纸质结案文书的，服务提供方应制作纸质结案文书并按照仲裁规则的规定送达各方当事人。

（12）程序转换。在线仲裁过程中，各方当事人一致同意或者服务提供方、仲裁庭认为必要时，该案件的程序可以通过线上线下相结合的方式处理，线下的程序适用仲裁规则的相关规定。

电子商务纠纷在线仲裁的流程如图 9-5 所示。

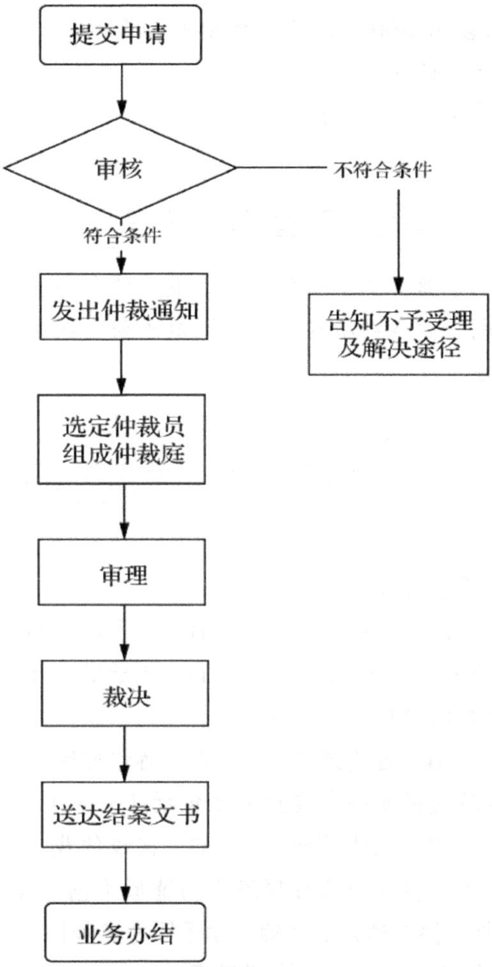

图 9-5　电子商务纠纷在线仲裁的流程

讨论案例

×××与××××公司信息网络买卖合同纠纷案

2019 年 9 月 10 日，原告通过淘宝网平台在被告经营的店铺购买了 1 瓶名为“麦卡伦×高原骑士 23 年 IB 松蝠送福限量版绝版礼品单一纯麦威士忌”，订单编号为“×××××××××”，产品标价 3 888 元，卖家优惠 208 元，原告付款 3 680 元。原告付款后，被告通过顺丰快递将货物送至原告处。原告收到包裹后发现该产品外包装上全是外文，没有任何中文标示产品的基本信息，原告将涉案产品赠送朋友时，经朋友提醒，且原告也通过网络查询得知，进口食品都应该依法进行中文说明和相关的进口检验检疫证明，进行检验合格后才能进口。原告就相关问题咨询被告，被告答复“一般知道客人是送人的我们都不会贴上，我们在外国买回来就没有中文标签”。原告认为预包装食品包装上使用中文标签是食品安全法与国家强制标准的共同要求。涉案产品属于不符合食品安全标准的食品，被告违法销售明知是不符合食品安全标准的食品，应依法赔偿原告。

原告向本院提出诉讼请求：被告退还购物款 3 680 元，原告将货物退还给被告；被告按支付购物款的 10 倍赔偿原告 36 800 元；诉讼费由被告承担。

资料来源：根据法律文书改编。

根据本案的案情，讨论买家主张的退还货款并支付十倍赔偿款的诉求能否获得支持。

关键术语

电子商务纠纷　电子商务纠纷协商和解　电子商务纠纷调解　电子商务纠纷仲裁　电子商务纠纷诉讼　电子商务纠纷在线协商　电子商务纠纷在线调解　电子商务纠纷在线仲裁

综合练习

一、选择题

1. 电子商务侵权纠纷不包括（　　）。

A. 电子商务人格权侵权纠纷　B. 电子商务消费者权益侵权纠纷
C. 电子商务不正当竞争侵权纠纷　D. 电子商务支付侵权纠纷

2. 电子商务纠纷调解原则包括（　　）。

A. 独立原则　B. 自愿原则　C. 协作原则　D. 快速原则

3. 电子商务在线纠纷解决机制的主要形式不包括（　　）。

A. 在线和解　B. 在线调解　C. 在线仲裁　D. 在线协商

4. 下列关于电子商务纠纷在线协商程序终止的情形不包括（　　）。

A. 对方当事人在收到协商通知后明确表示不同意参加协商程序或在规定期限内未回复
B. 任何一方当事人书面通知终止协商程序
C. 当事人就解决纠纷达成一致的，协商程序在和解协议制作发出后终止
D. 当事人就部分协商请求达成和解的，可据此签署部分和解协议

5. 下列关于电子商务纠纷在线仲裁的分类不正确的是（　　）。

A. 完全在线仲裁　B. 封闭在线仲裁系统仲裁
C. 采用网络信息交流方式仲裁　D. 通过 ODR 服务平台直接进行在线仲裁

二、填空题

1. 电子商务纠纷以____________为主，具有虚拟性、跨地域性等特点。

2. 按照电子商务__________分类，电子商务合同纠纷可分为 B2B 电子商务合同纠纷、B2C 电子商务合同纠纷、C2C 电子商务合同纠纷及 B2G 电子商务合同纠纷。

3. 电子商务纠纷诉讼是人民法院受理消费者与电子商务经营者之间因________________提起的民事诉讼。

4. 电子商务纠纷在线仲裁是指在______主持下，电子商务纠纷当事人通过__________，在线进行案件庭审以及中立人之间的在线合议等其他程序性事项，最后作出在线仲裁的纠纷解决方式。

5. 电子商务纠纷在线调解具有____________、____________及____________的特点。

三、思考题

1. 试述电子商务纠纷案件的类型。
2. 试述电子商务纠纷传统解决途径。
3. 试述电子商务纠纷在线协商的流程。
4. 试述电子商务纠纷在线调解的流程。
5. 试述电子商务纠纷在线仲裁的流程。

参考文献

[1] 温希波，邢志良，薛梅．电子商务法：法律法规与案例分析（微课版）[M]．北京：人民邮电出版社，2019.

[2] 赵旭东．中华人民共和国电子商务法释义与原理[M]．北京：中国法制出版社，2018.

[3] 郭锋等．中华人民共和国电子商务法法律适用与案例指引[M]．北京：人民法院出版社，2018.

[4] 李少伟，张晓飞．合同法[M]．北京：法律出版社，2021.

[5] 孙祥和．电子商务法律实务[M]．2 版．北京：中国人民大学出版社，2019.

[6] 朱晓娟．电子商务法[M]．北京：中国人民大学出版社，2019.

[7] 吴景明．《中华人民共和国电子商务法》消费者权益保护法律制度：规则与案例[M]．北京：中国法制出版社，2019.

[8] 凌斌．电子商务法[M]．北京：中国人民大学出版社，2019.

[9] 杨立钒，赵延波．经济法与电子商务法简明教程[M]．2 版．北京：中国人民大学出版社，2019.

[10] 万福成，何向真．多语言电子商务平台实训[M]．北京：电子工业出版社，2018.

[11] 宋燕妮．中华人民共和国电子商务法精释与适用[M]．北京：中国民主法制出版社，2018.

[12] 韩晓平．电子商务法律法规[M]．3 版．北京：机械工业出版社，2018.

[13] 徐焕然．论电子签名认证机构的民事责任[D]．烟台：烟台大学，2018.

[14] 罗慧．我国电子商务的监管机制研究[J]．商场现代化，2018(13):28-29.